高职高专会计专业工学结合规划教材

U0692520

财务报表分析

主　编　王　茜

副主编　王春青　季光伟

ZHEJIANG UNIVERSITY PRESS

浙江大学出版社

图书在版编目(CIP)数据

财务报表分析/王茜主编. —杭州:浙江大学出版社,
2009.9(2021.1重印)

高职高专会计专业工学结合规划教材

ISBN 978-7-308-06922-9

Ⅰ.财… Ⅱ.王… Ⅲ.会计报表—会计分析—高等学
校:技术学校—教材 Ⅳ.F231.5

中国版本图书馆 CIP 数据核字(2009)第 121815 号

财务报表分析

土茜 主编

策划组稿	孙秀丽(sunly428@163.com)
责任编辑	曾 熙
文字编辑	何 瑜
封面设计	俞亚彤
出版发行	浙江大学出版社
	(杭州天目山路 148 号 邮政编码 310028)
	(网址:http://www.zjupress.com)
排 版	杭州大漠照排印刷有限公司
印 刷	广东虎彩云印刷有限公司绍兴分公司
开 本	787mm×1092mm 1/16
印 张	14.75
字 数	358 千
版 印 次	2009 年 9 月第 1 版 2021 年 1 月第 8 次印刷
书 号	ISBN 978-7-308-06922-9
定 价	39.00 元

　　本书是根据"任务驱动、项目导向"的教学改革需要进行编写的。全书根据实际工作岗位和工作过程进行内容设计,在内容选取上打破了以往教材的知识学科体系,以够用、适用为度,突出能力培养,并全程贯穿职业道德培养和职业素养养成意识。

　　该书从六个模块介绍了财务报表分析的核心知识和核心能力,包括财务报表分析概述、资产负债表及偿债能力分析、利润表及盈利能力分析、现金流量表及现金能力分析、营运能力分析与发展能力分析、财务报表综合分析应用等内容,并精心选取了大量实际的财务报告实例,引领学生掌握分析企业财务状况、经营成果以及现金流量的能力和思路。

PREFACE　　　前　言

　　为积极贯彻执行教育部 2006 年 16 号文件精神,大力推进以就业为导向、以学生为主体、以素质为基础、以能力为目标的具有真正职业教育特色的课程改革,我们依据高职高专人才培养目标,在收集大量资料、调查研究和认真总结实际教学经验的基础上,配合课程改革进展,编写了这本与"工学结合、能力本位"课程标准相匹配的高职高专规划教材。

　　本书努力实现教材内容的创新。在教材内容选取上,以学生未来的就业岗位所需要的知识结构为切入点,以必需、够用为度,从会计报表阅读、财务能力分析、综合财务分析几个方面讲述了财务报表分析的基本方法和技能技巧,通过大量的财务报告实例计算和案例分析,引领学生掌握评价企业财务状况、经营成果及现金流量的基本视角和思路,把学生的应知应会知识点和能力要素落实到教材内容体系中,并全程贯穿职业道德的培养和职业素养的养成。

　　同时,在实际教学中,我们突破以单一统编教材进行教学的模式,建设了理念领先、功能齐全、方便实用、高质量高水平的网络教学平台,为实现课堂重实训、讲授突出重点、课堂教学和网络教学有机结合的教学模式创造了条件。此外,我们还建立了课程网站,为学生进行自主学习、自我训练、研究性学习和扩充性学习以及与教师的交流提供了一个功能强大的教育平台。

　　本书在编写中,力图做到由浅入深,系统完整,注重实务性、可操作性。在每个教学模块后附有能力训练,读者可根据自身需要有针对性地学习。

　　本书编写分工如下:王茜(浙江经济职业技术学院),第二、三、四、五模块;季光伟(丽水职业技术学院),第一模块;王春青(浙江经贸职业技术学院),第六模块。本书由王茜任主编,王春青、季光伟任副主编。在本书编写过程中,我们参阅了大量文献资料,在此向原作者表示感谢。

本书可作为高职高专财经类专业学生的教学用书,同时也适合成人高校、各职业高中以及一些培训学校使用。

由于时间仓促,作者水平有限,书中错误或遗漏在所难免,敬请教师和学生在教学过程中批评指正。

编　者

2009 年 6 月

CONTENTS 目 录

模块 1

财务报表分析概述

知 识 目 标	能 力 目 标
1. 理解企业对外报送各种财务报表的主要内容。 2. 熟悉资产负债表、利润表、现金流量表、股东权益变动表提供的信息内容。	1. 熟练编制财务报表。 2. 通过财务报表数据对企业经济业务进行基本的分析。 3. 运用报表中指标间的相互关系对企业经营成果及财务状况进行合理评价。

项目 1   阅读财务报表

案例导入

中远公司财务报表解读

中远公司是一家经营多个品牌手机的经销商,下面是中远公司的三张财务报表(表1-1、表1-2、表1-3),试结合公司的经营特点来解读财务报表中有关项目的数据含义。

表 1-1 资产负债表   单位:万元

时 间 项 目	2007.12.31	2006.12.31
货币资金	200	136
应收票据	100	122
应收账款	50	60
预付款项	60	70
存 货	150	120
流动资产合计	560	508
固定资产	10	12
无形资产	0	0

续　表

项　目＼时　间	2007.12.31	2006.12.31
资产合计	570	520
短期借款	100	100
应付票据	100	100
应付账款	100	80
预收款项	80	74
应付职工薪酬	10	4
应交税费	10	2
流动负债合计	400	360
长期借款	0	0
负债合计	400	360
实收资本	160	160
未分配利润	10	0
所有者权益合计	170	160
负债及所有者权益	570	520

表1-2　利润表　　　　　　　　　　　　　　　　　单位：万元

项　目＼时　间	2007 年	2006 年
营业收入	4 000	3 800
减：营业成本	3 500	3 450
营业税金及附加	85	60
销售费用	215	240
利润总额	200	50
减：所得税费用	66	16.5
净利润	134	33.5

表1-3　现金流量表　　　　　　　　　　　　　　　单位：万元

项　目＼时　间	2007 年	2006 年
经营活动产生的现金流量		
销售商品收到的现金	3 780	3 600
现金流入小计	3 780	3 600
购买商品支付的现金	3 340	3 280

时　间 项　目	2007 年	2006 年
支付的工资	150	140
支付的税金	151	130
支付的其他与经营活动有关的现金	75	60
现金流出小计	3 716	3 610
经营活动产生的现金流量净额	64	−10
投资活动产生的现金流量	0	0
筹资活动产生的现金流量		
借款收到的现金	100	100
现金流入小计	100	100
还款支付的现金	100	0
现金流出小计	100	0
筹资活动产生的现金流量净额	0	100
现金净增加额	64	90

【讨论分析】

请对中远公司的财务报表进行如下分析：

(1) 对资产负债表的主要项目进行解读。

(2) 对利润表的主要项目进行解读。

(3) 对现金流量表的主要项目进行解读。

(4) 对权益变动表的主要项目进行解读。

任务 1　阅读资产负债表

一、资产负债表概述

　　资产负债表是反映企业某一特定日期资产、负债、所有者权益等财务状况的会计报表。它反映企业在某一特定日期所拥有或控制的经济资源、所承担的现时义务和所有者对净资产的要求权。根据有关规定,股份制企业中的各上市公司必须公告其年度报告,其中,资产负债表就是一项很重要的公告内容。通俗地说,在资产负债表上,企业有多少资产,是什么资产,有多少负债,是哪些负债,净资产是多少,其构成怎样,都反映得清清楚楚。在对财务报表的学习中,资产负债表是一个很好的开端,因为它体现了企业的财务结构和状况。资产负债表描述了其在发布那一时点企业的财务状况,正如同我们拿相机按下快门拍高速行进的车辆,我们得到的是一幅静态的画面,它只描述了当时的状况,也说明信息具有时效性。这里的"车辆"可以比喻为资金流。

企业编制资产负债表的目的是通过如实反映企业的资产、负债和所有者权益金额及其结构,从而有助于使用者评价企业资产的质量以及短期偿债能力、长期偿债能力、利润分配能力等。

(一)资产负债表的功能与作用

1. 资产负债表向人们揭示了企业拥有或控制的能用货币表现的经济资源,即资产的总规模及具体的分布形态。由于不同形态的资产对企业的经营活动有不同的影响,因而通过企业资产结构的分析可以对企业的资产质量作出一定的判断。

2. 把流动资产(一年内可以或准备转化为现金的资产)、速动资产(流动资产中变现能力较强的货币资金、债权、短期投资等)与流动负债(一年内应清偿的债务责任)联系起来分析可以评价企业的短期偿债能力。这种能力对企业的短期债权人尤为重要,因为从资产负债表中可以清楚地知道,在特定时点上企业欠了谁多少钱,该什么时候偿还。

3. 通过对比企业债务规模、债务结构及所有者权益,可以对企业的长期偿债能力及举债能力(潜力)作出评价。一般而言,企业的所有者权益占负债与所有者权益的比重越大,企业清偿长期债务的能力越强,企业进一步举借债务的潜力也就越大。

4. 通过比较企业不同时点的资产负债表,可以对企业财务状况的发展趋势作出判断。可以肯定地说,企业某一特定日期(时点)的资产负债表对信息使用者的作用极其有限。只有把不同时点的资产负债表结合起来分析,才能把握企业财务状况的发展趋势。同样,将不同企业同一时点的资产负债表进行对比,可对不同企业的相对财务状况作出评价。

5. 通过比较资产负债表与利润表的有关项目,可以对企业各种资源的利用情况作出评价,如可以考察资产利润率、资本报酬率、存货周转率、债权周转率等。

6. 通过将资产负债表与利润表、现金流量表和所有者权益变动表联系起来分析,可以对企业的财务状况和经营成果作出整体评价。

资产负债表由资产、负债和所有者权益这三个静态会计要素所构成。资产和负债应当分别以流动资产和非流动资产、流动负债和非流动负债列示。金融企业的各项资产或负债,按照流动性列示,能够提供可靠且更相关的信息的,可以按照其流动性顺序列示。

(二)资产负债表的格式

目前世界各国主要有两种资产负债表格式:一是账户式表格,二是报告式表格。

1. 账户式表格。资产负债表要披露三大数字:一是此时此刻有多少资产,二是此时此刻有多少负债,三是此时此刻拥有多少所有者权益。如果把这三个数字及其内容按"资产=负债+所有者权益"的会计平衡等式分左右排列,左边列示企业拥有的资产,反映全部资产的分布及存在形态;右边列示企业的负债及所有者权益,反映全部负债和所有者权益总计,即"资产=负债+所有者权益"。资产负债表很像账户,所以人们称其为账户式的资产负债表。此外,为了使使用者通过比较不同时点资产负债表的数据,掌握企业财务状况的变动情况及发展趋势,企业需要提供比较资产负债表,资产负债表就各项目再分为"年初余额"和"期末余额"两栏分别填列。我国会计制度规定的参考格式是账户式,如表 1-4 所示,一般商店里出售的也是账户式表格,手工编制报表也用账户式表格。

表 1-4 账户式资产负债表格式

资　产	行次	金额	负债及所有者权益	行次	金额
流动资产			流动负债		
……			……		
……			非流动负债		
……			……		
非流动资产			负债合计		
……			所有者权益（或股东权益）		
……			……		
……			所有者权益（或股东权益）合计		
资产总计			负债和所有者权益（或股东权益）总计		

2. 报告式表格。报告式的资产负债表,它的特点是把资产负债和所有者权益改成上下排列,即首先列示企业的所有资产,其次列示企业的所有负债,然后列示企业的所有者权益。由于上下排列类似于领导的报告,所以称为报告式的资产负债表,如表 1-5 所示。

表 1-5 报告式资产负债表格式

资　产	行　次	金　额
流动资产		
……		
非流动资产		
……		
资产合计		
负债		
流动负债		
……		
非流动负债		
……		
负债合计		
所有者权益（或股东权益）		
……		
所有者权益（或股东权益）合计		
负债和所有者权益（或股东权益）合计		

虽然制度上的参考格式是账户式资产负债表,可是现实生活中所见到、所使用的一般都是报告式的资产负债表。因为现在手工编制报表的比较少,一般都是用计算机打印报表,使

用的纸型一般都是 A4 纸型,如果用账户式的资产负债表,不仅字小,而且不美观,而使用报告式的表格,不仅字比较清晰,而且格式也比较美观。

(三) 资产负债表项目的分类

资产负债表由资产、负债和所有者权益这三个静态会计要素所构成,资产则又分为流动资产和非流动资产,负债又分为流动负债与非流动负债。

1. 满足下列条件之一的资产,应当归类为流动资产:

(1) 预计在一个正常营业周期中变现、出售或耗用。

(2) 主要为交易目的而持有。

(3) 预计在资产负债表日起一年内(含一年)变现。

(4) 自资产负债表日起一年内,交换其他资产或清偿负债的能力不受限制的现金或现金等价物。

流动资产以外的资产应当归类为非流动资产。其中,正常营业周期通常是指企业从购买用于加工的资产起至实现现金或现金等价物的期间。正常营业周期通常短于一年,在一年内有几个营业周期,但是也存在正常营业周期长于一年的情况,如房地产开发企业开发出售的房地产开发产品、造船企业制造用于出售的大型船只等,往往超过一年才变现、出售或耗用,仍应划分为流动资产。正常营业周期不能确定的,应当以一年(12 个月)作为正常营业周期。

列在流动资产下的项目主要有:货币资金、交易性金融资产、应收票据、应收账款、预付款项、应收利息、应收股利、其他应收款、存货、一年内到期的非流动资产、其他流动资产。

列在非流动资产下的项目主要有:可供出售金融资产、持有至到期投资、长期应收款、长期股权投资、投资性房地产、固定资产、在建工程、工程物资、固定资产清理、生产性生物资产、油气资产、无形资产、开发支出、商誉、长期待摊费用、递延所得税资产、其他非流动资产。

把资产分成这样几类的意义是什么,就是让读者一看到流动资产就知道一年内它能够变现;看到长期投资就知道回收期要超过一年;看到固定资产就知道它们的具体表现形式就是机器设备等;看到无形资产就知道是专利等。而且从上往下,变现能力是越来越差。如果企业需要资金,需要把资产变成现金,上边比较容易实现,例如流动资产很容易变成现金,但是要想把其他资产、无形资产变成现金则比较困难。因此,读表时会发现,下边资产占的比重越大,企业变现能力就越差。

2. 满足下列条件之一的负债,应当归类为流动负债:

(1) 预计在一个正常营业周期中清偿。

(2) 主要为交易目的而持有。

(3) 自资产负债表日起一年内到期应予清偿。

(4) 企业无权自主地将清偿推迟至资产负债表日后一年以上。

流动负债以外的负债应当归类为非流动负债。

对于在资产负债表日起一年内到期的负债,企业预计能够自主地将清偿义务展期到资产负债表日后一年以上的,应当归类为非流动负债;不能自主地将清偿义务展期到期的,即使在资产负债表日后,财务报告批准报出日前签订了重新安排清偿计划协议,该项负债仍应当归类为流动负债。

企业在资产负债表日或之前违反了长期借款协议,导致贷款人可随时要求清偿的负债,应当归类为流动负债。贷款人在资产负债表日或之前同意提供在资产负债表日后一年以上的宽限期,企业能够在此期限内改正违约行为,且贷款人不能要求随时清偿,该项负债应当归类为非流动负债。

列在流动负债下的项目主要有:短期借款、交易性金融负债、应付票据、应付账款、预收款项、应付职工薪酬、应交税费、应付利息、应付股利、其他应付款、一年内到期的非流动负债、其他流动负债几个方面的内容。

列在非流动负债下的项目主要有:长期借款、应付债券、长期应付款、专项应付款、预计负债、递延所得税负债、其他非流动负债几个方面的内容。

此外,还有一部分权益即为所有者权益,列在所有者权益项目下的主要有:实收资本(或股本)、资本公积(减:库存股)、盈余公积、未分配利润几个方面的内容。

二、资产负债表填列方法

(一)"年初余额"的填列方法

"年初余额"栏内各项目数字,应根据上年末资产负债表"期末余额"栏内所列数字填列。如果本年度资产负债表规定的各个项目的名称和内容同上年度不相一致,应对上年年末资产负债表各项目的名称和数字按本年度的规定进行调整,按调整后的数字填入本表"年初余额"栏内。

(二)"期末余额"的填列方法

1. 直接根据总账科目的余额填列。例如,交易性金融资产、固定资产清理、长期待摊费用、递延所得税资产、短期借款、交易性金融负债、应付票据、应付职工薪酬、应交税费、应付利息、应付股利、其他应付款、递延所得税负债、实收资本、资本公积、库存股、盈余公积等项目,应当根据相关总账科目的余额直接填列。

2. 根据几个总账科目的余额计算填列。例如,"货币资金"项目,应当根据"库存现金"、"银行存款"、"其他货币资金"等科目期末余额合计填列。

3. 根据有关明细科目的余额计算填列。例如,"应付账款"项目,应当根据"应付账款"、"预付款项"等科目所属明细科目期末贷方余额合计填列。

4. 根据总账科目和明细账科目的余额分析计算填列。例如,"长期应收款"项目,根据"长期应收款"总账科目余额,减去"未实现融资收益"总账科目余额,再减去所属相关明细科目中将于一年内到期的部分填列;"长期借款"项目应当根据"长期借款"总账科目余额扣除"长期借款"科目所属明细科目中将于一年内到期的部分填列;"应付债券"项目,应当根据"应付债券"总账科目余额扣除"应付债券"科目所属明细科目中将于一年内到期的部分填列;"长期应付款"项目,应当根据"长期应付款"总账科目余额,减去"未确认融资费用"总账科目余额,再减去所属相关明细科目中将于一年内到期的部分填列。

5. 根据总账科目与其备抵科目抵消后的净额填列。例如,"存货"项目,应当根据"原材料"、"库存商品"、"发出商品"、"周转材料"等科目期末余额,减去"存货跌价准备"科目期末余额后的金额填列;"持有至到期投资"项目,应当根据"持有至到期投资"科目期末余额,减去"持有至到期投资减值准备"科目期末余额后的金额填列;"固定资产"项目,应当根据"固定资产"科目期末余额,减去"累计折旧"、"固定资产减值准备"等科目期末余额后的金额填列。

三、资产负债表解读举例

见导入案例,中远公司资产负债表中有关项目的含义分析如下:

中远公司流动资产所占比例最大,而固定资产较少,正是经销商典型的特点。在流动资产中,存货是其重要部分。预付款项是预先支出部分,也要记入流动资产。无形资产一般用于上市公司,对于还没有太多品牌概念的经销商而言,无形资产几乎为零。流动负债的各项目都比较好理解,预收账款(款项)记入流动负债,是因为客户给你先打入账款给企业但并没有收到货,因此也应算作负债。至于长期负债,没有特殊情况,经销商很少出现长期负债。当然,单纯靠这些面上的数字还不能看出问题的实质,我们还需要对这些数据进行一些简单的分析。

首先看看企业的实力,这个在表上一目了然,主要看总资产状况和所有者权益情况(即净资产)。

其次可以透过资产负债表看出企业的偿还债务能力,常用两个指标进行反映。

1. 资产负债率。它反映企业资产中负债所占的比重,资产负债率的公式为:

$$资产负债率＝负债总额/资产总额$$

资产负债率用来衡量企业中长期的偿债能力。资产负债率是个较难分析的指标,按照常理,该比率越小,企业长期偿债能力越强,但透过资产负债率也能够反映出企业对于未来业务发展的信心。有一种观点认为,如果企业资产负债率过低,则说明此企业借不到钱,或者对业务畏惧不前,未来前景肯定存在问题。当然企业资产负债率也不宜过高,否则每天都举债过日,抵抗偿债风险的能力就低。

该经销商资产负债率为:400/570＝70.1%,可以看出它的资产负债率是很高的,说明此经销商主要靠债务来维系业务发展,较少使用自有资金。

2. 流动比率。它反映企业流动资产和流动负债比例关系的指标。其公式为:

$$流动比率＝流动资产总额/流动负债总额$$

这个指标主要是衡量企业偿还短期债务的能力,因此只考虑流动资产和流动负债。企业流动资产大于流动负债,流动比率大于1,表明企业偿还短期债务能力强;企业流动资产小于流动负债,则流动比率小于1,表明企业偿还短期债务能力弱。

这个指标根据行业的不同而异。该经销商流动比率为:560/400＝1.4,这个值大于1,说明偿还短期债务能力较强。

任务 2 阅读利润表

一、利润表概述

利润表,又称为收益表或损益表,它是反映企业在一定会计期间经营成果的会计报表。根据有关规定,股份制企业中的各上市公司必须公告其年度报告。其中,利润表就是一项很重要的公告内容。利润表从第一项"营业收入"到"利润总额",是用来说明企业经过一年的生产经营以后所取得的经营成果(即利润)大小及其构成情况;从"利润总额"到"净利润",是用来说明企业对所取得的利润的分配情况以及年末留存于可供继续营运的未分配利润的结存情况。

(一) 利润表的作用

根据利润表中的数据,并结合年度报告中的其他有关资料,特别是资产负债表中的有关

资料,投资者可以从以下几个方面进行阅读和分析:

1. 把握结果。在看利润表时,一般都有一个习惯动作,即从下往上地看,很少有人从上往下看。也就是说,首先看的是净利润,然后是利润总额,这就是检查经营成果的第一步。把握结果的目的是要看一看企业是赚钱还是赔钱,如果净利润是正数,说明企业赚钱;如果净利润是负数,说明企业赔钱。

2. 分层观察。在利润表中,企业的营业利润是企业日常经营活动所得利润,最能说明企业盈利能力的大小。如果一个企业在营业利润上赚了钱,说明企业具有较好的盈利能力;如果一个企业确实赚了很多钱,但不是营业利润,而是通过无法控制的事项或偶然的交易获得的,不能说明企业盈利能力的大小。这就是检查经营成果的第二步。分层观察的目的就是要让企业明白到底在哪儿赚钱。

3. 项目对比。项目对比通常是与两个目标进行比较:第一个是与上年相比;第二个是与年初所定的目标(预算目标)相比。通过与这两个目标的比较,在某种程度上确定对本年度业绩是否满意。这就是检查经营成果的第三步。项目对比的目的就是让企业明白赚钱目标的实现程度。

由此可见,利润表的作用主要体现在以下几个方面:

(1) 利润表主要用来充分反映经营业绩的来源和构成,进而有助于报表使用者判断企业净利润的质量及其风险,有助于报表使用者预测净利润的持续性,从而作出正确的决策。

(2) 利润表采用"功能法"列报,有助于报表使用者了解盈利费用发生的活动领域。

(3) 使用者可以通过利润表提供的财务成果等会计信息与资产负债表中的信息相结合,还可以提供进行财务分析的基本资料,及时反映企业资金周转情况及企业盈利能力和水平,从而为报表使用者判断企业未来的发展趋势,作出经济决策。

(二) 利润表的格式

利润表的格式一般有两种:单步式利润表和多步式利润表。我国实施的新会计准则要求企业采用多步式编制利润表,即要求通过对当期的收入、费用、支出项目按性质加以归类,按利润形成的主要环节列示一些中间性利润指标,分步计算当期净利润。

采取多步式利润表可以知道企业赚钱是否可靠,比如说企业营业利润中的主营业务利润,是企业日常的经营活动所获取的,这就是企业最稳定、最可靠、最可以信赖的盈利方式,它代表企业有比较好的盈利能力。有的利润的获取是来自于偶然的交易和事项,或者来自你根本无法控制的交易事项,这些可以增加企业的利润,但是不能说企业利润的来源是可靠的。比如,一个企业的利润总额有 1 000 万元,但是其他业务利润有 800 万元,实际企业自身的主营业务利润只占 200 万元,这样,企业虽然赚了很多钱,但是要担心的地方仍然是比较多的,不能说明企业有较强的获利能力。

利润表中利润部分的格式分为三步:

第一步,以营业收入为基础,减去营业成本、营业税金及附加、销售费用、管理费用、财务费用、资产减值损失,加上公允价值变动收益(减去公允价值变动损失)和投资收益(减去投资损失),计算出营业利润。

第二步,以营业利润为基础,加上营业外收入,减去营业外支出,计算出利润总额。

第三步,以利润总额为基础,减去所得税费用,计算出净利润(或净亏损)。

利润表中利润部分的具体格式如表1-6所示。

表1-6　利润表利润部分格式

编制单位：　　　　　　　　　　　年　　月　　　　　　　　　单位：

项　　　目	本年金额	上年金额
一、营业收入		
减：营业成本		
营业税金及附加		
销售费用		
管理费用		
财务费用		
资产减值损失		
加：公允价值变动收益（损失以"－"号填列）		
投资收益（损失以"－"号填列）		
其中：对联营企业和合营企业的投资收益		
二、营业利润（亏损以"－"号填列）		
加：营业外收入		
减：营业外支出		
其中：非流动资产处置损失		
三、利润总额（亏损总额以"－"号填列）		
减：所得税费用		
四、净利润（净亏损以"－"号填列）		
五、每股收益		
（一）基本每股收益		
（二）稀释每股收益		

在我国，企业利润表采用的基本上是多步式结构，主要包括以下五个方面的内容。

（1）营业收入。营业收入由主营业务收入和其他业务收入组成。

（2）营业利润。营业收入减去营业成本（主营业务成本、其他业务成本）、营业税金及附加、销售费用、管理费用、财务费用、资产减值损失，加上公允价值变动收益、投资收益，即为营业利润。其中投资收益属于公司购买的持有至到期投资取得的股利和债券利息收益；公允价值变动损益是公司购买的交易性金融资产升值变动数额；资产减值损失是公司固定资产减值损失数额。

（3）利润总额。营业利润加上营业外收入，减去营业外支出，即为利润总额。

（4）净利润。利润总额减去所得税费用，即为净利润。

（5）每股收益。每股收益包括基本每股收益和稀释每股收益两项指标。普通股或潜在普通股已公开交易的企业以及正处于公开发行普通股或潜在普通股过程中的企业应当在利润表分别列示基本每股收益和稀释每股收益两项指标,基本每股收益＝归属于公司普通股股东的净利润(或扣除非经常性损益后归属于普通股股东的净利润)÷发行在外的普通股加权平均数,稀释每股收益＝考虑稀释性潜在普通股影响后确定的归属于普通股股东的当期净利润/(计算基本每股收益时普通股的加权平均数＋假设转换所增加普通股的加权平均数)。此外,在附注中披露下列相关信息:

1)基本每股收益和稀释每股收益分子、分母的计算过程。

2)列报期间不具有稀释性,但以后期间很可能具有稀释性的潜在普通股。

3)在资产负债表日至财务报告批准报出日之间,企业发行在外普通股或潜在普通股股数发生重大变化的情况。

二、利润表填列方法

(一)"上期金额"的填列方法

利润表各项目均需要填列"本期金额"和"上期金额"两栏。其中,"上期金额"栏各项数字,应根据上年该期利润表的"本期金额"栏内所列数字填列。

(二)"本期金额"的填列方法

"本期金额"栏内各期数字,除"基本每股收益"和"稀释每股收益"项目外,应当按照相关账户的发生额分析计算填列。

按照企业会计准则的规定,利润表中主要项目的编制方法如下:

1."营业收入"项目,反映企业经营业务所取得的收入总额。本项目应根据"主营业务收入"和"其他业务收入"账户的发生额分析计算填列。

2."营业成本"项目,反映企业销售商品和提供劳务等经营业务发生的实际成本。本项目应根据"主营业务成本"和"其他业务成本"账户发生额分析计算填列。

3."营业税金及附加"、"销售费用"、"管理费用"、"财务费用"、"资产减值损失"、"营业外收入"、"营业外支出"和"所得税费用"项目,分别按相对应账户的发生额填列。

4."公允价值变动收益"、"投资收益"项目,分别按各对应账户的发生额填列,其中借方发生额用"一"填列。

5."营业利润"项目,根据"营业收入－营业成本－营业税金及附加－销售费用－管理费用－财务费用－资产减值损失＋公允价值变动收益(损失为'一')＋投资收益(损失为'一')"计算填列。

6."利润总额"项目,根据"营业利润＋营业外收入－营业外支出"计算填列。

7."净利润"项目,根据"利润总额－所得税费用"计算填列。

三、利润表解读举例

见导入案例,中远公司利润表中有关项目的含义分析如下。

资产负债表是企业财务状况的瞬间写照,而利润表则是企业某一段时间内的业绩反映,因此很多人将资产负债表比喻为企业的一张"快照",利润表是反映企业的一段"录像"。从这个角度来说,利润表的编制必须基于某一段时间,以了解该段时间销售额是多少,赚了多少,亏了多少。利润表涉及三个重要要素:收入、费用、利润(即:收入＝利润－费用)。透过利润表,我们能够得到一些对于企业而言非常重要的指标,比如销售净利率,其计算公式为销售净利率＝净利润/营业收入＝134/4 000＝3.35％。

　　厂商、经营单个品牌或者产品的经销商、经营单个品牌或者产品的零售店非常容易统计出净利润，因为其成本不需要几个品牌或产品分摊，但如果某个经销商经营多个品牌或者产品，就很难将其中的一个品牌或者产品的成本从总成本中提取出来，也就很难计算出此品牌或产品的净利润。因此，很多行业的分销领域，都喜欢使用更为简单的毛利润：

毛利润＝业务收入－进货成本

销售毛利率是利润表中重要的指标，它的公式为：

销售毛利率＝毛利润/营业收入

　　销售净利率和销售毛利率最大的不同是扣除了各种费用成本，将企业真正赚取的利润呈现在面前。由于每个地方会针对一些企业给予所得税优惠等条件，每个企业交纳所得税的税率并不相同，为了方便统计，很多企业喜欢用税前净利率来做预测和统计。

　　销售毛利率和销售净利率是考察企业获利能力的关键参考指标，但由于产品不同，每一种类型产品提供的毛利率是有差异性的，不同类型的产品不太具备可比性。

任务3　阅读现金流量表

一、现金流量表概述

　　现金流量表是企业对外报送的三大会计报表之一。随着经济的发展，企业间经济业务日益复杂，不确定因素明显增多，无论是企业所有者还是债权人，或其他利害关系人，不能光看逼真的"快照"——资产负债表，或是精彩的"录像"——利润表，还要看这张财务管理的王牌报表——现金流量表，因为只有现金流量表才是企业业绩的"真金白银"。因此，为了更清晰准确地反映企业的偿债风险和资产的收益质量，现金流量表凸显了它的重要性。

　　现金流量表是以现金为基础编制的反映公司财务状况变动的报表，它反映了上市公司一定会计期间内有关现金和现金等价物的流出和流入的信息，表明公司获得现金和现金等价物的能力。

　　报表中的"现金"是指公司库存现金以及可以随时用于支付的存款。此处的现金有别于会计上所讲的库存现金，不仅包括"库存现金"账户核算的现金，而且还包括公司"银行存款"账户核算的存入金融机构随时可以用于支付的存款，也包括"其他货币资金"账户核算的外埠存款、银行汇票存款、银行本票存款、信用卡存款、信用证保证金存款、存出投资款等。现金等价物是指公司持有的期限短、流动性强、易于转换为已知金额现金、价值变动风险很小的投资。现金等价物虽然不是现金，但其支付能力与现金的差别不大，可视为现金。

　　现金流量是某一段时期内公司现金流入和流出的数量，如公司出售商品、提供劳务、出售固定资产、向银行借款等取得现金，形成公司的现金流入；购买原材料、接受劳务、购置固定资产、对外投资、偿还债务等而支付现金，形成公司的现金流出。现金流量信息表明了公司经营状况是否良好、资金是否紧缺、公司偿付能力大小等，从而为投资者、债权人、公司管理者提供非常有用的信息。同时还应注意，公司现金形式的转换不会产生现金的流入和流出，例如：公司从银行提取现金，是公司现金存放形式的转换，并未改变现金流量；同样，现金与现金等价物之间的转换也不改变现金流量,如公司将一个月前购买的有价证券变现,收回现金,并不增加和减少现金流量。

(一) 现金流量表的作用

现金流量表以现金的流入和流出反映公司在一定期间内的经营活动、投资活动和筹资活动的动态情况,反映公司现金流入和流出的全貌。现金流量表的主要作用有:

1. 现金流量表可以提供公司的现金流量信息,从而对公司整体财务状况作出客观评价。

2. 现金流量表能够说明公司一定期间内现金流入和流出的原因,能进一步说明公司的偿债能力和支付能力。

3. 通过现金流量表能够分析公司未来获取现金的能力,并可预测公司未来财务状况的发展情况。

4. 现金流量表(补充资料)能够提供不涉及现金的投资和筹资活动的信息。

(二) 现金流量表的格式

现金流量表格式分一般企业、商业银行、保险公司、证券公司等企业类型予以规定。企业应当根据其经营活动的性质,确定本企业适用的现金流量表格式。

政策性银行、信托投资公司、租赁公司、财务公司、典当公司应当执行商业银行现金流量表格式规定,如有特别需要,可以结合本企业的实际情况,进行必要调整和补充。

担保公司应当执行保险公司现金流量表格式规定,如有特别需要,可以结合本企业的实际情况,进行必要调整和补充。

资产管理公司、基金公司、期货公司应当执行证券公司现金流量表格式规定,如有特别需要,可以结合本企业的实际情况,进行必要的调整和补充。

一般企业的现金流量表格式如表1-7所示。

表1-7 现金流量表格式

编制单位:　　　　　　　　　年　　月　　　　　　　　　单位:

项　　目	本期金额	上期金额
一、经营活动产生的现金流量		
销售商品、提供劳务收到的现金		
收到的税费返还		
收到其他与经营活动有关的现金		
经营活动现金流入小计		
购买商品、接受劳务支付的现金		
支付给职工以及为职工支付的现金		
支付的各项税费		
支付其他与经营活动有关的现金		
经营活动现金流出小计		
经营活动产生的现金流量净额		

续　表

项　　目	本期金额	上期金额
二、投资活动产生的现金流量		
收回投资收到的现金		
取得投资收益收到的现金		
处置固定资产、无形资产和其他长期资产收回的现金净额		
处置子公司及其他营业单位收到的现金净额		
收到其他与投资活动有关的现金		
投资活动现金流入小计		
购建固定资产、无形资产和其他长期资产支付的现金		
投资支付的现金		
取得子公司及其他营业单位支付的现金净额		
支付其他与投资活动有关的现金		
投资活动现金流出小计		
投资活动产生的现金流量净额		
三、筹资活动产生的现金流量		
吸收投资收到的现金		
取得借款收到的现金		
收到其他与筹资活动有关的现金		
筹资活动现金流入小计		
偿还债务支付的现金		
分配股利、利润或偿付利息支付的现金		
支付其他与筹资活动有关的现金		
筹资活动现金流出小计		
筹资活动产生的现金流量净额		
四、汇率变动对现金及现金等价物的影响		
五、现金及现金等价物净增加额		
加：期初现金及现金等价物余额		
六、期末现金及现金等价物余额		

　　现金流量表附注适用于一般企业、商业银行、保险公司、证券公司等各类企业。企业应当采用间接法在现金流量表附注中披露将净利润调节为经营活动现金流量的信息，如表 1 - 8 所示。

表 1-8 补充资料格式

项　　目	金　额
1. 将净利润调节为经营活动的现金流量:	
净利润	
加: 资产减值准备	
固定资产折旧、油气资产折耗、生产性生物资产折旧	
无形资产摊销	
长期待摊费用摊销	
处置固定资产、无形资产和其他长期资产的损失(收益以"一"号填列)	
固定资产报废损失(收益以"一"号填列)	
公允价值变动损失(收益以"一"号填列)	
财务费用(收益以"一"号填列)	
投资损失(收益以"一"号填列)	
递延所得税资产减少(增加以"一"号填列)	
递延所得税负债增加(减少以"一"号填列)	
存货的减少(增加以"一"号填列)	
经营性应收项目的减少(增加以"一"号填列)	
经营性应付项目的增加(减少以"一"号填列)	
其他	
经营活动产生的现金流量净额	
2. 不涉及现金收支的重大投资和筹资活动:	
债务转为资本	
一年内到期的可转换公司债券	
融资租入固定资产	
3. 现金及现金等价物净变动情况:	
现金的期末余额	
减: 现金的期初余额	
加: 现金等价物的期末余额	
减: 现金等价物的期初余额	
现金及现金等价物净增加额	

二、现金流量表填列方法

(一)经营活动产生的现金流量

1. "销售商品、提供劳务收到的现金"项目,反映企业本期销售商品、提供劳务收到的现金,以及前期销售商品、提供劳务本期收到的现金(包括销售收入和应向购买者收取的增值税销项税额)和本期预收的款项,减去本期销售本期退回的商品和前期销售本期退回的商品支付的现金。企业销售材料和代购代销业务收到的现金,也在本项目反映。

2.“收到的税费返还”项目,反映企业收到返还的增值税、营业税、所得税、消费税、关税和教育费附加返还款等各种税费。

3.“收到其他与经营活动有关的现金”项目,反映企业收到的罚款收入、经营租赁收到的租金等其他与经营活动有关的现金流入,金额较大的应当单独列示。

4.“购买商品、接受劳务支付的现金”项目,反映企业本期购买商品、接受劳务实际支付的现金(包括增值税进项税额),以及本期支付前期购买商品、接受劳务的未付款项和本期预付款项,减去本期发生的购货退回收到的现金。

5.“支付给职工以及为职工支付的现金”项目,反映企业本期实际支付给职工的工资、奖金、各种津贴和补贴等职工薪酬,但是应由在建工程、无形资产负担的职工薪酬以及支付的离退休人员的职工薪酬除外。

6.“支付的各项税费”项目,反映企业本期发生并支付的、本期支付以前各期发生的以及预交的教育费附加、矿产资源补偿费、印花税、房产税、土地增值税、车船使用税、预交的营业税等税费,计入固定资产价值、实际支付的耕地占用税、本期退回的增值税、所得税等除外。

7.“支付的其他与经营活动有关的现金”项目,反映企业支付的罚款支出、支付的差旅费、业务招待费、保险费、经营租赁支付的现金等其他与经营活动有关的现金流出,金额较大的应当单独列示。

(二) 投资活动产生的现金流量

1.“收回投资收到的现金”项目,反映企业出售、转让或到期收回除现金等价物以外的交易性金融资产、长期股权投资而收到的现金,以及收回长期债权投资本金而收到的现金,但长期债权投资收回的利息除外。

2.“取得投资收益收到的现金”项目,反映企业因股权性投资而分得的现金股利,从子公司、联营企业或合营企业分回利润而收到的现金,以及因债权性投资而取得的现金利息收入,但股票股利除外。

3.“处置固定资产、无形资产和其他长期资产收回的现金净额”项目,反映企业出售、报废固定资产、无形资产和其他长期资产所取得的现金(包括因资产毁损而收到的保险赔偿收入),减去为处置这些资产而支付的有关费用后的净额,但现金净额为负数的除外。

4.“处置子公司及其他营业单位收到的现金净额”项目,反映企业处置子公司及其他营业单位所取得的现金减去相关处置费用后的净额。

5.“购建固定资产、无形资产和其他长期资产支付的现金”项目,反映企业购买、建造固定资产、取得无形资产和其他长期资产所支付的现金及增值税款、支付的应由在建工程和无形资产负担的职工薪酬现金支出,但为购建固定资产而发生的借款利息资本化部分、融资租入固定资产所支付的租赁费除外。

6.“投资支付的现金”项目,反映企业取得的除现金等价物以外的权益性投资和债权性投资所支付的现金以及支付的佣金、手续费等附加费用。

7.“取得子公司及其他营业单位支付的现金净额”项目,反映企业购买子公司及其他营业单位购买出价中以现金支付的部分,减去子公司或其他营业单位持有的现金和现金等价物后的净额。

8. "收到其他与投资活动有关的现金"、"支付其他与投资活动有关的现金"项目,反映企业除上述 1 至 7 各项目外收到或支付的其他与投资活动有关的现金流入或流出,金额较大的应当单独列示。

(三)筹资活动产生的现金流量

1. "吸收投资收到的现金"项目,反映企业以发行股票、债券等方式筹集资金实际收到的款项,减去直接支付给金融企业的佣金、手续费、宣传费、咨询费、印刷费等发行费用后的净额。

2. "取得借款收到的现金"项目,反映企业举借各种短期、长期借款而收到的现金。

3. "偿还债务支付的现金"项目,反映企业以现金偿还债务的本金。

4. "分配股利、利润或偿付利息支付的现金"项目,反映企业实际支付的现金股利、支付给其他投资单位的利润或用现金支付的借款利息、债券利息。

5. "收到其他与筹资活动有关的现金"、"支付其他与筹资活动有关的现金"项目,反映企业除上述 1 至 4 项目外,收到或支付的其他与筹资活动有关的现金流入或流出,包括以发行股票、债券等方式筹集资金而由企业直接支付的审计和咨询等费用、为购建固定资产而发生的借款利息资本化部分、融资租入固定资产所支付的租赁费、以分期付款方式购建固定资产以后各期支付的现金等。

(四)"汇率变动对现金的影响"项目

1. 企业外币现金流量及境外子公司的现金流量折算为记账本位币时,所采用的现金流量发生日的即期汇率或按照系统合理方法确定的、与现金流量发生日即期汇率近似的汇率折算的金额。

2. "现金及现金等价物净增加额"中外币现金净增加额按期末汇率折算的金额。

此项目反映的是上面两个项目的差额。

(五)现金流量表补充资料有关内容

企业应当采用间接法在现金流量表附注披露将净利润调节为经营活动现金流量的信息。间接法,是指以净利润为起算点,调整不涉及现金的收入、费用、营业外收支等有关项目,剔除投资活动、筹资活动对现金流量的影响,据此计算出经营活动产生的现金流量。

1. "将净利润调节为经营活动的现金流量"各项目。

"资产减值准备"项目,反映企业本期计提的坏账准备、存货跌价准备、短期投资跌价准备、长期股权投资减值准备、持有至到期投资减值准备、投资性房地产减值准备、固定资产减值准备、在建工程减值准备、无形资产减值准备、商誉减值准备、生产性生物资产减值准备、油气资产减值准备等资产减值准备。

"固定资产折旧"、"油气资产折耗"、"生产性生物资产折旧"项目,分别反映企业本期计提的固定资产折旧、油气资产折耗、生产性生物资产折旧。

"无形资产摊销"、"长期待摊费用摊销"项目,分别反映企业本期计提的无形资产摊销、长期待摊费用摊销。

"处置固定资产、无形资产和其他长期资产的损失"项目,反映企业本期处置固定资产、无形资产和其他长期资产发生的损益。

"公允价值变动损失"项目,反映企业持有的金融资产、金融负债以及采用公允价值计量模式的投资性房地产的公允价值变动损益。

"财务费用"项目,反映企业利润表"财务费用"项目的金额。

"投资损失"项目,反映企业利润表"投资收益"项目的金额。

"递延所得税资产减少"项目,反映企业资产负债表"递延所得税资产"项目的期初余额与期末余额的差额。

"递延所得税负债增加"项目,反映企业资产负债表"递延所得税负债"项目的期初余额与期末余额的差额。

"存货的减少"项目,反映企业资产负债表"存货"项目的期初余额与期末余额的差额。

"经营性应收项目的减少"项目,反映企业本期经营性应收项目(包括应收票据、应收账款、预付账款、长期应收款和其他应收款中与经营活动有关的部分及应收的增值税销项税额等)的期初余额与期末余额的差额。

"经营性应付项目的增加"项目,反映企业本期经营性应付项目(包括应付票据、应付账款、预收账款、应付职工薪酬、应交税费、应付利息、应付股利、长期应付款、其他应付款中与经营活动有关的部分及应付的增值税进项税额等)的期初余额与期末余额的差额。

在以前的报表中还会有"待摊费用减少"项目和"预提费用增加"项目,分别反映企业资产负债表"待摊费用"项目和"预提费用"项目的期初余额与期末余额的差额。

2. "不涉及现金收支的重大投资和筹资活动"项目。此项目反映企业一定期间内影响资产或负债但不形成该期现金收支的所有投资和筹资活动。

(1)"债务转为资本"项目,反映企业本期转为资本的债务金额。

(2)"一年内到期的可转换公司债券"项目,反映企业一年内到期的可转换公司债券的本息。

(3)"融资租入固定资产"项目,反映企业本期融资租入固定资产的最低租赁付款额扣除应分期计入利息费用的未确认融资费用的净额。

3. "现金及现金等价物净增加额"与现金流量表中的"现金及现金等价物净增加额"项目的金额应当相等。

三、现金流量表解读举例

仍以导入案例为例,中远公司现金流量表中有关项目的含义分析如下。

利润表中的利润不代表企业拥有相同数量的现金,也就是说账面的利润跟账户里的钱是不相等的,这是因为利润表是按照权责发生制记账的。所谓权责发生制就是在记录收入时,无论是否收到了现金,都在账面上记录你产生了收入;在费用支出时,无论是否真的把钱花出去了,都必须记录费用产生了,所以实际现金跟账面上的现金不对等。因此,我们不得不通过第三张表,把资产负债表和利润表联系起来,这就是现金流量表。与前面不同,现金流量表采取收付实现制,即只有真正发生了现金流入、流出时才予以记录,其关注的是现金收支情况,因此现金流量表也是比较难作假的一张表。

现金流量表反映的只是企业一定期间现金流入和流出的情况,它既不能反映企业的盈利状况,也不能反映企业的资产负债状况。但由于现金流量表是连接两者的纽带,利用现金流量表内的信息,通常能够挖掘出更多、更重要的关于企业财务与经营状况的信息,从而对企业作出更全面、客观和正确的评价。现金流量表将资产负债表和损益表联系起来,可以发现一些等式,而这些等式正体现了现金流量表的"纽带"作用。

公式一：现金净增加值＝期末货币资金－期初货币资金，即 64＝200－136。这说明资产负债表上期末期初的现金差异，等于现金流量表的现金净增加值。

公式二：现金净增加值＝经营活动产生的现金流量净值＋筹资活动产生的现金流量净值＋投资活动产生的现金流量净值，即 64＝64＋0＋0。

公式三：资产负债表上期末期初的所有者权益差异，恒等于利润表的净利润，即 170＝36＋134。

任务 4　阅读权益变动表

一、权益变动表概述

权益变动表即为所有者权益变动表（又称股东权益变动表），指反映所有者权益的各组成部分当期的增减变动情况的财务报表。当期损益、直接计入所有者权益的利得和损失，以及与所有者的资本交易导致的所有者权益的变动，应当分别列示，如表 1－9 所示。

所有者权益变动表解释在某一特定时间内，股东权益如何因企业经营的盈亏及现金股利的发放而发生的变化。它是说明管理阶层是否公平对待股东的最重要的信息。

所有者权益变动表全面反映了企业股东权益在年度内的变化情况，便于会计信息使用者深入分析企业股东权益的增减变化情况，并对企业的资本保值增值情况作出正确判断，从而提供对决策者有用的信息。

表 1－9　所有者权益变动表格式

编制单位：　　　　　　　　　　年　　月　　　　　　　　　　单位：

项　　目	本年金额						上年金额					
	实收资本（或股本）	资本公积	减：库存股	盈余公积	未分配利润	所有者权益合计	实收资本（或股本）	资本公积	减：库存股	盈余公积	未分配利润	所有者权益合计
一、上年年末余额												
加：会计政策变更												
前期差错更正												
二、本年年初余额												
三、本年增减变动金额（减少以"－"号填列）												
（一）净利润												
（二）直接计入所有者权益的利得和损失												
1. 可供出售金融资产公允价值变动净额												
2. 权益法下被投资单位其他所有者权益变动的影响												

续　表

项　目	本年金额						上年金额					
	实收资本（或股本）	资本公积	减：库存股	盈余公积	未分配利润	所有者权益合计	实收资本（或股本）	资本公积	减：库存股	盈余公积	未分配利润	所有者权益合计
3. 与计入所有者权益项目相关的所得税影响												
4. 其他												
上述（一）和（二）小计												
（三）所有者投入和减少资本												
1. 所有者投入资本												
2. 股份支付计入所有者权益的金额												
3. 其他												
（四）利润分配												
1. 提取盈余公积												
2. 对所有者（或股东）的分配												
3. 其他												
（五）所有者权益内部结转												
1. 资本公积转增资本（或股本）												
2. 盈余公积转增资本（或股本）												
3. 盈余公积弥补亏损												
4. 其他												
四、本年年末余额												

所有者权益变动表至少应当单独列示反映下列信息的项目：

（1）净利润。

（2）直接计入所有者权益的利得和损失项目及其总额。

（3）会计政策变更和差错更正的累积影响金额。

（4）所有者投入资本和向所有者分配利润等。

（5）按照规定提取的盈余公积。

（6）实收资本（或股本）、资本公积、盈余公积、未分配利润的期初和期末余额及其调节情况。

二、权益变动表填列方法

1."上年年末余额"栏,反映企业上年资产负债表中实收资本（或股本）、资本公积、盈余公积、未分配利润的年末余额。

2."会计政策变更"和"前期差错更正"栏,反映企业采用追溯调整法处理的会计政策变更的累积影响金额和采用追溯重述法处理的会计差错更正的累积影响金额。

3."本年增减变动额"栏下相关项目反映的内容。

(1)"净利润"项目,反映企业当年实现的净利润(或净亏损)金额,并对应列在"未分配利润"栏。

(2)"可供出售金融资产公允价值变动净额"项目,反映企业持有的可供出售金融资产当年公允价值变动的金额,并对应列在"资本公积"栏。

(3)"权益法下被投资单位其他所有者权益变动的影响"项目,反映企业对按照权益法核算的长期股权投资,在被投资单位除当年实现的净损益以外其他所有者权益当年变动中应享有的份额,并对应列在"资本公积"栏。

(4)"与计入所有者权益项目相关的所得税影响"项目,反映企业根据《企业会计准则第18号——所得税》规定应计入所有者权益项目的当年所得税影响金额,并对应列在"资本公积"栏。

(5)"净利润"项目和"直接计入所有者权益的利得和损失"项目,反映企业当年实现的净利润(或净亏损)金额和当年直接计入所有者权益的利得和损失金额的合计额。

(6)"所有者投入资本"项目,反映企业当年所有者投入的资本,包括实收资本和资本溢价,并对应列在"实收资本"和"资本公积"栏。

(7)"股份支付计入所有者权益的金额"项目,反映企业处于等待期中的权益结算的股份支付当年计入资本公积的金额,并对应列在"资本公积"栏。

(8)"利润分配"下各项目,反映当年对所有者(或股东)分配的利润(或股利)金额和按照规定提取的盈余公积金额,并对应列在"未分配利润"和"盈余公积"栏。

(9)"所有者权益内部结转"下各项目,反映不影响当年所有者权益总额的所有者权益各组成部分之间当年的增减变动,包括资本公积转增资本(或股本)、盈余公积转增资本(或股本)、盈余公积弥补亏损等项金额。

项目2 熟悉财务报表的分析基础

任务1 熟悉财务报表分析的目标

财务报表分析的目的就是通过财务报表提供的会计信息揭示数字背后的信息,了解企业的生产经营状况和未来的发展趋势,为信息使用者进行经济决策提供依据。不同的报表分析主体进行报表分析的目的是不同的。

财务报表分析的主体是指"谁"进行财务分析,实际上就是与企业存在直接或间接利益关系的组织或个人,即利益相关者。财务报表分析的主体主要包括:企业的投资者、债权人、经营者、政府机构以及其他与企业有利害关系的人士等。由于财务报表使用者与企业利益关系的程度不同,实现自身财务利益的具体途径和方式不同,所关心的重点是不同的。企业开展财务报表分析时的主要依据是在财务报表所披露信息的基础上,进一步提供和利用财务信息。财务报表分析是一个判断过程,科学的评价标准和适用的分析方法是财务报表分析的手段。

1. 投资人分析财务报表的目的。投资人包括企业所有者和潜在的投资者。他们进行财务报表分析的最根本目的是了解企业的盈利能力状况,因为盈利能力是投资人资本保值和增值的关键,但是投资人仅关心盈利能力还是不够的。为了解资本保值增值,他们还要研究企业的权益结构、支付能力及营运状况。只有投资人认为企业有着良好的发展前景,企业的所有者才会保持或增加投资,潜在投资者才能把资金投入该企业。否则,企业所有者将会尽可能抛售股权,潜在投资者将会转向其他企业投资。另外,对企业所有者而言,财务报表也可用来评价企业经营者的经营业绩,发现经营过程中存在的问题,从而通过行使股东权利,为企业未来发展指明方向。

2. 债权人分析财务报表的目的。债权人包括企业借款的银行及金融机构,以及购买企业债券的单位与个人等。债权人进行报表分析的目的与经营者和投资者都不同。他们一方面从各自经营或收益目的出发,愿意将资金贷给企业;另一方面又要非常小心地观察和分析该企业有无违约或清算破产的可能性。一般情况下,银行、金融机构及其他债权人不仅要求本金及时收回,而且要得到相应的报酬或收益,而收益的大小又与其承担的风险程度相适应,通常偿还期越长,风险越大。因此,从债权人角度进行财务报表分析的主要目的,一是看其对企业的借款或其他债权是否能及时、足额收回,即研究企业偿债能力的大小;二是看债权人的收益状况与风险程度是否相适应。为此,还应将偿债能力与盈利能力结合起来进行分析。

3. 经营者分析财务报表的目的。经营者主要是指企业的经理以及各分厂、部门、车间的管理人员,他们进行报表分析的目的是综合性和多方面的。从对所有者负责的角度,他们首先也关心盈利能力,这只是他们的总体目标,但是在报表分析中,他们不仅关心盈利的结果,还关心盈利的原因及过程,如资产结构分析、营运状况与效率分析、经营风险与财务风险分析、支付能力与偿债能力分析等。其目的是及时发现生产经营中存在的问题与不足,并采取有效措施解决这些问题,使企业不仅能用现有资源实现更多盈利,而且使企业盈利能力保持持续增长。

4. 政府机构分析财务报表的目的。政府机构主要是指工商、财政、税务以及审计等部门。他们最关注国家资源配置和运用情况,其进行财务报表分析的目的,一是监督检查国家的各项经济政策、法规、制度在企业的执行情况;二是保证企业财务信息和财务报表的真实性、准确性,为宏观决策提供可靠信息。

5. 业务关联单位分析财务报表的目的。业务关联单位主要指材料供应者、产品购买者等。这些单位出于保护自身利益的需要,也非常关心往来企业的财务状况,并进行财务报表分析。他们在分析时最关注的是企业的信用状况,包括商业上的信用和财务上的信用。商业信用是指按时、按质完成各种交易的行为,财务信用则指及时清算各种款项的信誉。对企业信用状况进行分析,既可以通过对企业支付能力和偿债能力的评估进行,又可以通过对企业利润表中反映的企业交易完成情况进行分析判断。

6. 企业内部职工分析财务报表的目的。企业内部职工最关注的是企业为其所提供的就业机会及其稳定性、劳动报酬高低和职工福利好坏等方面的情况。而这些情况又与企业的债务结构及其盈利能力密切相关。因此,依据企业财务报表,除了需要分析以上信息外,还需关注和评价有关职工福利等方面的情况。

任务 2　熟悉财务报表分析的原则与程序

一、财务报表分析的原则

财务报表分析要从实际出发,坚持实事求是,反对主观臆断、结论先行、搞数字游戏。财务报表分析的原则是:

第一,要全面看问题,坚持一分为二,反对片面和形而上学。

第二,要注重事物间的联系,坚持相互联系地看问题,反对孤立地看问题。

第三,要发展地看问题,反对静止地看问题,注意过去、现在和将来的关系。

第四,要定量分析与定性分析相结合,坚持定量为主。

二、财务报表分析的步骤

企业开展财务报表分析时,需要按一定的程序进行,否则会出现重复现象或是遗漏现象。财务报表分析的步骤一般分为三步。

第一,确定分析目标。不同的财务报表使用者,希望借助于财务报表分析作出不同的决策。因此,在进行分析伊始,就需要确定分析的目标,以便向其提供适当的信息。

第二,收集分析所需的资料。目标确定之后应着手研究判断按照既定目标需收集哪些资料,作为分析之用。一般而言,除前面提到的几张报表之外,财务分析的资料还包括:审计人员的查账报告,财务报表的附注,以及来自于证券管理委员会、行业主管部门和有关刊物的财务资料。

第三,分析与解释。根据收集的资料进行分析,在分析时,先选定适用的分析方法。对得出的结论,用简明的文字予以解释。

项目 3　掌握财务报表的分析方法

案例导入

A 公司 2006 年与 2007 年的财务数据如表 1−10 所示,试分析该公司 2007 年的净资产利润率为什么会比 2006 年升高 10.03%,它的升高是由哪些因素影响造成的,试展开具体的分析。

表 1−10　A 公司的财务报表

时间 指标名称	2006 年	2007 年
销售净利润率(%)	17.62	18.83
总资产周转率(次/年)	0.80	1.12
权益乘数	2.37	2.06
净资产收益率(%)	33.41	43.44

任务 1　掌握比较分析法

一、比较分析法概述

比较分析法是利用同一企业不同时期，或同一时期不同企业的同一性质或类别的指标，进行对比分析，进而确定差异，分析原因的一种方法。

(一) 比较数据

采用比较的数据有绝对数比较和相对数比较两种。

1. 绝对数比较。绝对数比较，即利用财务报表中两个或两个以上的绝对数进行比较，以揭示其数量差异。绝对数比较只通过差异数说明差异金额，但没有表明变动程度。

2. 相对数比较。相对数比较，即利用财务报表中有相关关系的数据的相对数进行对比，如将绝对数换算成百分比、结构比重、比率等进行对比，以揭示相对数之间的差异。相对数比较可以进一步说明变动程度。

(二) 比较标准

经常使用的比较标准有：

1. 预定目标、计划或定额：本期实际与预定目标、计划或定额比较。

2. 上年同期实际、上年实际、历史最好水平以及若干期的历史资料：本期实际与上年同期实际，本年实际与上年实际或历史最好水平比较，以及与若干期的历史资料比较。

3. 国内外先进水平：本企业实际与国内外先进水平比较。

4. 评价标准值：本企业实际与评价标准值进行比较。

(三) 比较方法

比较分析法有横向比较法和纵向比较法。

1. 横向比较法。通常所说的横向比较是指：企业自身的实际与同行业企业的实际比较。此处的横向比较法指的是水平分析法，是指将实际达到的结果同某一标准作比较，包括某一期或数期财务报表中的相同项目的实际数据作比较。

比较财务报表采用的就是横向比较分析法。这种比较财务报表可以选取最近两期的数据并列编制，也可以选取数期的数据并列编制。

2. 纵向比较法。通常所说的纵向比较是指：企业自身的本期实际与前期（包括以前数期）实际比较。此处的纵向比较分析法指的是垂直分析法或动态分析法，即以资产负债表、损益表等财务报表中的某一关键项目为基数项目，计算出其余项目的金额分别各占关键项目金额的百分比，通过这个百分比的大小及变化情况，对各项目作出判断和评价。

共同比财务报表采用的就是纵向比较分析法。当共同比财务报表用于几个会计期间的比较时，实质是结合使用了横向比较法和纵向比较法，为此而编制的财务报表称为比较共同比财务报表。

(四) 运用比较分析法应注意的问题

总的来说，运用比较分析法应注意相关指标的可比性。具体来说，主要包括如下应注意的问题：

1. 指标内容、范围和计算方法的一致性。

2. 会计计量标准、会计政策和会计处理方法的一致性。

3. 时间单位和长度的一致性。

4. 企业类型、经营规模、财务规模以及财务目标大体一致。

二、比较分析法的主要形式

第一,实际指标与计划指标对比,借以分析检查计划的完成情况。

第二,本期实际指标与上期实际或历史最好水平、历史平均水平的指标对比,其结果可以揭示企业有关该指标的变动情况。

第三,本企业实际指标与同行业相应指标的平均水平或先进水平对比,从中分析企业的现状,在行业中所处位置,寻找差异,采取对策。

第四,几期报表数据的比较,可以揭示某一项目发展的趋势。

第五,各项目占关键项目比重的分析,可以评价各项目对关键项目的影响程度。

三、比较分析法的举例

举例:某企业 2007 年利润总额指标的对比情况如表 1-11 所示。

表 1-11　利润总额指标的对比　　　　　　　　　　　　　　单位:元

指　标	实际数	计划数	差　异	
			金　额	百分比
利润总额	7 718 408	7 493 600	224 808	3%

差异额:7 718 408-7 493 600=224 808(元)

差异百分比:224 808÷7 493 600=3%

该对比分析表明,该企业实际利润总额比计划利润总额增加了 224 808 元,超额完成利润总额计划的 3%,经营状况较好。

任务 2　掌握比率分析法

比率分析法是通过计算经济指标的比率来揭示指标关系合理性,考察、计量和评价经济活动变动程度的分析方法,是指在同一会计报表的不同项目之间,或在不同会计报表的有关项目之间进行对比,以计算出的比率反映各个项目之间的相互关系,据此评价企业的财务状况和经营成果。由于比率是个相对数,因此使得在比较法下不可比的财务指标有了可比性。在这里必须注意的是,在运用比率分析方法进行分析时,在某一特定比率中涉及的各项目之间必须有联系。把互不相联的两个财务数据放在一起所计算出的比率无任何意义。

一、比率分析法的主要形式

比率分析法所用的比率种类很多,其关键是要选择有意义的、互相关联的项目数据进行比较。作为投资者,需要掌握和运用以下四类比率来进行财务分析。

(一)反映企业偿债能力的比率

这一类比率根据期限又可分为两类:

1. 反映企业短期偿债能力的比率,如流动比率、速动比率、流动资产构成比率等。
2. 反映企业长期偿债能力的比率,如资产负债率、产权比率、利息保障倍数等。

(二)反映企业盈利能力的比率

主要有净资产报酬率也称股东权益报酬率、销售净利率、每股盈余、股利分配率等。

(三)反映企业营运能力的比率

主要有应收账款周转率、存款周转率、固定资产周转率、资本周转率、总资产周转率等。

(四)反映企业发展能力的比率

主要是通过再投资率来反映公司的内部扩展能力,通过资产负债率、固定资产对长期负债比率来反映企业外部的扩展经营能力。

根据需要计算出相应的比率后,可以通过与通用的标准值的比较来判断企业的经营状况,也可以将比率与经验值,或者行业平均水平进行比较,也可以考察比率在各时期上的变化。比率分析法的具体运用将在以后的教学内容中详细阐述。

二、比率分析法的局限性

首先,计算财务比率的数据来自于历史的财务报表,其预测价值是基于这样的假定,即过去的事实是未来发展的合理基础,但在现实生活中,往往会有其他因素作用,从而使该预测不够准确。

其次,比率分析法忽视了企业资金流向的动态方面,只能提供静态的信息。

再次,不同企业之间由于采用的会计方法不同,计算的同一指标往往缺乏可比性,无法作出准确分析。

正因为比率分析具有以上的局限性,所以在采用比率分析法进行分析时需要注意以下几点:

第一,所分析的项目要具有可比性、相关性,将不相关的项目进行对比是没有意义的。

第二,对比口径的一致性,即比率的分子项与分母项必须在时间、范围等方面保持口径一致。

第三,选择比较的标准要具有科学性,要注意行业因素、生产经营情况差异性等因素。

第四,要注意将各种比率有机联系起来进行全面分析,不可孤立地看某种或某类比率,同时要结合其他分析方法,这样才能对企业的历史、现状和将来有一个详尽的分析和了解,达到财务分析的目的。

任务 3　掌握因素分析法

因素分析法是依据分析指标与其影响因素之间的关系,按照一定的程序和要求,从数值上测定各因素对有关经济指标差异影响程度的各种具体方法的总称。通过因素分析法,可以衡量各项因素影响程度的大小,有利于分清原因和责任,使分析结果更有说服力,并可作为定措施、挖潜力的参考。

一、因素分析法的主要形式

因素分析法具体有两种:一是连环替代法;二是差额分析法。

（一）连环替代法

这种方法是因素分析法的最基本形式，该方法的名称是由其采用连环替代程序来测算各因素变动对经济指标影响数额的特点决定的。其计算程序有以下四步：

第一步，根据影响某项经济指标完成情况的因素按其依存关系将经济指标的基数（计划数或上期数等）和实际数分解为两个指标体系。

第二步，以基数指标体系为计算的基础，用实际指标体系中每项因素的实际数逐步顺序地替换其基数，每次替换后实际数就被保留下来，有几个因素就替换几次，每次替换后计算出由于该因素变动所得新的结果。

第三步，将每次替换新的结果，与这一因素被替换前的结果进行比较，两者的差额就是这一因素变化对经济指标差异的影响程度。

第四步，将每个因素的影响数值相加，其代数和应同该经济指标的实际数与基数之间的总差异数相符。

（二）差额分析法

这种方法是连环替代法的一种简化形式，它是利用各个因素的实际数与基数之间的差额，直接计算各个因素对经济指标差异的影响数值。应用这种方法与应用连环替代法的要求相同，只是在计算上简化一些。所以，在实际工作中应用比较广泛。其计算程序如下：

第一步，确定各因素的实际数与基数的差额。

第二步，以各因素造成的差额，乘上计算公式中该因素前面的各因素的实际数，以及列在该因素后面的其余因素的基数，就可求得各因素的影响值；将各个因素的影响值相加，其代数和应同该项经济指标的实际数与基数之差相符。

二、因素分析法举例

见导入案例，采用因素分析的差额分析法，其因素分析的关系式为：

净资产利润率＝销售净利润率×总资产周转率×权益乘数

销售净利润率的影响＝（报告期销售净利润率－基期销售净利润率）

×基期总资产周转率×基期权益乘数

＝（18.83％－17.62％）×0.80％×2.37＝2.29％

总资产周转率的影响＝报告期销售净利润率×（报告期总资产周转率－

基期总资产周转率）×基期权益乘数

＝18.83％×（1.12％－0.80％）×2.37＝14.28％

权益乘数的影响＝报告期销售净利润率×报告期总资产周转率×

（报告期权益乘数－基期权益乘数）

＝18.83％×1.12％×（2.06－2.37）＝－6.54％

净资产收益率的变化＝报告期净资产收益率－基期净资产收益率

＝销售净利润率的影响＋总资产周转率的影响

－权益乘数的影响

＝43.44％－33.41％＝2.29％＋14.28％－6.54％

＝10.03％

综合以上分析,可以看到:A公司的净资产收益率2007年相对2006年升高10.03个百分点,其中由于销售净利润率的提高使净资产收益率提高2.29个百分点,而由于总资产周转率的速度加快,使净资产收益提高14.28个百分点;由于权益乘数的下降,使得净资产收益率下降了6.54个百分点,该因素对净资产收益率的下降影响较大,需要进一步分析原因。

三、因素分析法应用注意事项

因素分析法既可以全面分析各因素对某一经济指标的影响,又可以单独分析某个因素对某一经济指标的影响,在财务分析中应用颇为广泛,但在应用这一方法时必须注意以下几个问题:

第一,因素分解的关联性。即确定构成经济指标的因素,必须是客观上存在着的因果关系,要能够反映形成该项指标差异的内在构成原因,否则就失去了其分析的价值。

第二,因素替代的顺序性。替代因素时,必须按照各因素的依存关系,排列成一定的顺序并依次替代,不可随意加以颠倒,否则就会得出不同的计算结果。

第三,顺序替代的连环性。因素分析法在计算每一个因素变动的影响时,都是在前一次计算的基础上进行,并采用连环比较的方法确定因素变化影响结果。

第四,计算结果的假定性。由于因素分析法计算的各因素变动的影响数,会因替代计算顺序的不同而有差别,因而计算结果不免带有假定性,即它不可能使每个因素计算的结果都达到绝对的准确。

知识链接

如何看透财务报表

财务报表分析是一门"艺术",背后隐藏着企业生存和发展的玄机。认真解读与分析财务报表,能帮助我们剔除财务报表的"粉饰",公允地评估企业的决策绩效。

财务报表看什么?

要读懂财务报表,除了要有基本的财务会计知识外,还应掌握以下几方面:

1. 浏览报表,探测企业是否有重大的财务问题

拿到企业的报表,首先不是做一些复杂的比率计算或统计分析,而是通读三张报表,即利润表、资产负债表和现金流量表,看看是否有异常科目或异常金额的科目,或从表中不同科目金额的分布来看是否异常。比如,在国内会计实务中,"应收、应付是个筐,什么东西都可以往里装"。其他应收款过大往往意味着本企业的资金被其他企业或人占用甚至长期占用,这种占用要么可能不计利息,要么可能变为坏账。在分析和评价中应剔除应收款可能变为坏账的部分并将其反映为当期的坏账费用以调低利润。

(1) 研究企业财务指标的历史长期趋势,以辨别有无问题。一家连续盈利的公司业绩一般来讲要比一家前三年亏损,本期却盈利丰厚的企业业绩来得可靠。我们对国内上市公司的研究表明:一家上市公司的业绩必须满五年以上才基本上能看清楚,如果以股东权益报酬率作为绩效指标来考核,那么会出现一个规律,即上市公司上市当年的该项指标相对于其上市前三年的平均水平下跌50%以上,以后的年份再也不可能恢复到上市前的水平。解释只有一个:企业上市前的报表"包装"得太厉害。

(2) 比较企业的利润水平是否与其现金流量水平一致。有些企业在利润表上反映了很

高的经营水平,而在其经营活动产生的现金流量方面却表现贫乏,那么我们就应提出这样的问题:"利润为什么没有转化为现金? 利润的质量是否有问题?"银广夏在其被曝光前一年的盈利能力远远超过同业的平均水平,但是其经营活动产生的现金流量净额却相对于经营利润水平贫乏,事后证明该公司系以其在天津的全资进出口子公司虚做海关报关单,然后在会计上虚增应收账款和销售收入的方式吹起利润的"气球"。而这些子虚乌有的所谓应收账款是永远不可能转化为经营现金的,这也就难怪其经营活动产生的现金流量如此贫乏。

（3）将企业与同行业比较。将企业的业绩与同行业指标的标准进行比较会给我们带来更深刻的企业画面:一家企业与自己比较也许进步已经相当快了,比如销售增长了20%,但是放在整个行业的水平上来看,可能就会得出不同的结论:如果行业平均的销售增长水平是50%,那么低于此速度的、跑得慢的企业最终将败给自己的竞争对手。

2．小心报表中的"粉饰"

财务报表中粉饰、制造泡沫的一些手法,对企业决策绩效的评估容易产生偏差甚至完全出错现象。

（1）以非经常性业务利润来掩饰主营业务利润的不足或亏损状况。非经常性业务利润是指企业不经常发生或偶然发生的业务活动产生的利润,通常出现于投资收益、补贴收入和营业外收入等科目中。如果我们分析中发现企业扣除非经常性业务损益后的净利润远低于企业净利润的总额,比如不到50%,那么我们可以肯定企业的利润主要不是来源于其主营的产品或服务,而是来源于不经常发生或偶然发生的业务,这样的利润水平是无法持续的,并非反映企业经理人在经营和管理方面提高的结果。

（2）将收益性支出或期间费用资本化以高估利润。这是中外企业"粉饰"利润的惯用手法,比如将本应列支为本期费用的利润表项目反映为"待摊费用"或"长期待摊费用"的资产负债表项目。在国内房地产开发行业中,可以经常地看到企业将房地产项目开发期间发生的销售费用、管理费用和利息支出任意地和长时间地"挂账"于"长期待摊费用"科目,这样,这些企业的利润便被严重地高估。

（3）以关联交易方式"改善"经营业绩。采用这一手法的经典例子是"琼民源"。为了掩盖亏损的局面不惜采用向其子公司出售土地以实现当期利润,而下一年再从该子公司买回土地的伎俩,后来"东窗事发",遭到财政部和证监会的严厉惩处。所以,我们在分析中应关注企业关联方交易的情况,研究其占企业总的销售、采购、借款以及利润的比例,并应审查这些交易的价格是否有失公允。

（4）通过企业兼并"增加"利润。某些企业在产品或服务已经丧失盈利能力的情况下,采用兼并其他盈利企业的手段来"增加"其合并报表的利润,将被兼并企业全年的利润不合适地并入合并报表中。在分析中应特别注意企业的收购日期,收购前被兼并企业的利润水平,在合并利润表的利润总额和净利润之间有无除所得税(费用)和少数股东收益以外的异常科目出现。

（5）通过内部往来资金粉饰现金流量。有的企业在供、产、销经营活动产生的现金流量不足,便采用向关联企业内部融通资金,并把这些资金的流入列为"收到的其他与经营活动有关的现金"的手法使现金流量表中经营活动产生的现金流量看起来更好。

3．不夸大财务报表分析的作用

对财务报表进行分析,有助于我们全面地把握公司的财务情况和评估决策绩效,但是也应清醒地认识到财务报表分析的局限性。

首先,企业的资产以及利润表中的产品销售成本是按资产或存货获得时所支付的金额记录的,因此资产和销售成本不是按资产或存货现行价值反映的。在通货膨胀的情况下,有可能引起资产报酬率或权益报酬率的高估。另外,历史成本的原则还导致同行业新老企业比较的困难。比如,假设甲、乙两家企业生产完全一样的产品,生产能力一样,本年销售收入也完全一样,都是1亿元。甲企业是10年前成立的企业,由于固定资产购建比较早,因此当初的成本比较便宜,再由于使用中折旧的缘故,故其固定资产的账面值较低,仅为2 000万元;而乙企业是刚成立3年的企业,固定资产的购建成本较高,累计提取的折旧较少,所以其账面值较高,为6 000万元。我们计算甲、乙两家企业的固定资产周转率可得:甲企业为10 000/2 000=5(次),而乙企业为10 000/6 000=1.67(次)。若我们将两家企业的周转率相比,则会得到乙企业的周转率仅仅为甲企业的1/3,乙企业的资产管理效率似乎远远不如甲企业的结论。这样的结论显然是有失公允的。解决这一局限性的方法是在企业内部考核中采用资产的现行价值来计量资产的价值,比如甲、乙企业的对比中,可以按固定资产重新购建的成本——重置成本来替换其账面值。

其次,会计方法选择和会计估计的普遍存在。财务会计准则和制度中常常允许对相同的业务采取多个可选择的方法之一,即使对同类固定资产都采用直线法折旧,不同企业对资产的使用年限、未来能够在市场上可变卖的价值(残值)的估计也可能是不一样的。克服这些问题的方法有:其一,在企业集团内部的绩效考核之前,应该按行业统一企业会计制度,尽可能地减少或甚至禁止对同一类经济业务的不同会计处理方法;其二,作为分析人员,应采用一些方法剔除由于会计政策不一致对财务指标的影响。

另外,财务指标也具有局限性。企业的内部控制程序是否有效、企业作为组织的创新和学习能力怎样等是财务指标所不能反映或不能完全反映的,必须借助于其他的非财务指标,甚至是难以量化的指标来考核。

财务报表分析是一门"艺术",正如对同一片自然的景色,画匠和大师的笔下诠释会有很大差距一样,不同的分析人员在解析同一份报表时可能得到十分不同的结论。

(资料来源:邹平会计网 http://zpacc.com)

实战模拟

世界通信与美国电报电话公司的经营业绩比较

在申请破产保护之前,世界通信的业务规模仅次于美国电报电话公司,世界通信与美国电报电话公司的经营业绩比较如表1-12所示。

表1-12 世界通信公司与美国电话电报公司经营业绩比较 单位:百万美元

公司名称	2001年度			2002年第一季度		
	经营收入	对外报告经营收益	剔除线路成本影响后的经营收益	经营收入	对外报告经营收益	剔除线路成本影响后的经营收益
世界通信	35 179	2 392	−642	8 120	240	−578
美国电报电话公司	52 550	−6 842	−6 842	12 023	−297	−297

【实战模拟要求】

（1）进行比较分析时，可选择的标准有哪些？

（2）横向比较和纵向比较各有什么作用？

（3）世界通信与美国电报电话公司的经营业绩比较的结果是什么？

（4）分析在虚增利润的同时，对现金流量产生什么影响？

（资料来源：电大在线网 http://www1.open.edu.cn）

【实战模拟解析】

（1）比较分析时，可选择的标准既包括空间上的比较，也包括时间上的比较。在实际比较时这两方面往往结合使用。按比较的对象分类，可以划分为历史标准、同业标准和预算标准；按比较的指标分类，可以划分为总量指标、财务比率和结构指标。

（2）横向比较也称为同行业比较，是将本企业的主要财务指标与同行业的平均指标或同行业中先进企业的指标对比，并据以分析判断该企业在同行业中所处的位置。同时通过与先进管理方法和先进的科学技术成就的比较，有利于吸收先进经验，克服本企业的缺点。

纵向比较是将本企业分析期与前期财务报表中有关项目的金额对比，通过连续数期财务报表项目的比较，能够反映出企业的发展动态，能够揭示当期财务状况和经营成果的增减变化，判断引起变动的主要项目，并预测未来的发展趋势。

（3）从表中数据分析可知，2001 年世界通信对外报告的税前利润为 23.92 亿美元，通过冲销线路成本虚增税前利润高达 30.34 亿美元，实际亏损 6.42 亿美元。2002 年第一季度对外报告的税前利润为 240 亿美元，但剔除造假因素后，实际亏损 5.78 亿美元。挤去水分后，世界通信的盈利图像与其竞争对手美国电报电话公司大致相同。通过将经营费用调整为资本支出，世界通信歪曲了其最大的费用项目——线路成本占营业收入的比例，误导了投资者的盈利能力判断。

（4）世界通信在编制现金流量表时采用的间接法。在其他条件相同的情况下，高估利润必然会加大经营活动产生的现金流量。根据美国的现金流量表准则，在线路成本方面的支出属于经营活动产生的现金流出，而资本支出则属于投资活动的现金流出。该公司将线路成本的经营费用转作资本支出，相当于对线路成本支出进行重分类，使得本应该反映为经营活动产生的现金流出，却反映在投资活动产生的现金流出，严重误导了报表使用者对世界通信现金流量创造能力的判断。

思考题

1．试说明不同分析主体财务分析侧重点有何不同？

2．简要说明几个基本的财务分析方法。

3．财务分析的基本程序是什么？

4．运用比较分析法应注意的问题有哪些？

5．如何理解财务比率分析的局限性？

6．财务分析需要收集哪些信息？如何收集？

能力训练

一、从事财务分析工作,你如何做准备

张文是一名财务分析人员,结合自己多年的财务分析工作,提出做一名称职的财务分析人员,需要具备熟练的专业技能、独立的思考能力和良好的行为习惯。

【能力训练要求】

1. 如果你将从事财务分析岗位的工作,你将从哪几方面培养张文所说的三方面素质,可以利用调研的方式,同时结合所学项目来说明。

2. 如果你是一名财务分析人员,应详细了解企业的哪些信息?

3. 如果你是一名财务分析人员,要取得所需的财务分析数据,应具备什么样的能力?

二、如何关注报表中存在的异常现象

资料一:一家经济发展公司在向银行的首次贷款申请中,提出了一次性贷款 4 200 万元人民币的请求。银行信贷人员在对该公司进行信贷调查分析时发现,公司当年上半年财务会计报表显示:公司注册资金 4 950 万元,总资产 5.13 亿元,其中对外债权投资总额近 2.5 亿元(占总资产约 48.73%),应收及预付款项近 2 亿元(占总资产约 38.99%),其余为固定资产和存货(约占总资产约 12.28%)。而其目前负债总额中,长期与短期借款总额约 2.45 亿元,与公司同期的对外债权投资总额相差无几。

资料二:2005 年底,某公司向中国银行申请短期贷款,银行考察了该公司的流动比率和速动比率,如表 1-13 所示。发现该公司 2005 年各月的流动比率和速动比率中,12 月的流动比率和速动比率都远远高于前 11 个月的比率数值,于是中国银行认定该公司目前的短期偿债能力很强,于是同意向其贷款 1 000 万元。

表 1-13　公司 2005 年流动比率和速动比率变动表

时间 指标	1月	2月	3月	4月	5月	6月	7月	8月	9月	10月	11月	12月
流动比率	1.9	1.8	1.6	1.7	1.6	1.7	1.5	1.6	1.8	1.9	1.7	2.9
速动比率	1.1	0.6	0.9	0.8	0.7	0.8	0.6	0.7	0.6	0.8	0.7	1.4

【能力训练要求】

1. 如何看待资料一中长期与短期借款总额与公司同期的对外债权投资总额相差无几的巧合现象?

2. 请根据资料二,判断银行的决策是否正确?资料二中 12 月的流动比率和速动比率都远远高于前 11 个月的比率数值,产生这种现象有哪些可能?

3. 作为一名财务分析人员,应如何发现和分析财务报表数据的异常现象?

模块 2

资产负债表及偿债能力分析

知 识 目 标	能 力 目 标
1. 掌握资产负债表分析的主要内容、重点项目的分析方法。 2. 掌握企业偿债能力分析常用财务指标的计算方法及评价方法。	1. 运用趋势比较对资产负债表进行分析。 2. 运用多个偿债能力指标综合分析评价企业的偿债能力。

项目1　掌握资产负债表分析

案例导入

鸿运公司 2007 年资产负债表如表 2-1 所示。

表 2-1　资产负债表(账户式)　　　　　　　会企 01 表

编制单位：鸿运公司　　　　　　　2007 年 12 月 31 日　　　　　　　单位：万元

资　产	行次	期末余额	年初余额	负债和所有者权益 (或股东权益)	行次	期初余额	年初余额
流动资产：				流动负债：			
货币资金		280	324	短期借款		200	360
交易性金融资产				交易性金融负债			
应收票据				应付票据			
应收账款		160	108	应付账款		120	144
预付款项				预收款项			
应收利息				应付职工薪酬		40	36
应收股利				应交税费		80	108

续　表

资　产	行次	期末余额	年初余额	负债和所有者权益 （或股东权益）	行次	期末余额	年初余额
其他应收款		40	108	应付利息			
存货		800	540	应付股利		240	72
一年内到期的非流动资产		120	36	其他应付款			
其他流动资产				一年内到期的非流动负债			
流动资产合计		1 400	1 116	其他流动负债			
非流动资产：				流动负债合计		680	720
可供出售金融资产			360	非流动负债：			
持有至到期投资				长期借款		280	180
长期应收款				应付债券			
长期股权投资		400	252	长期应付款		280	360
投资性房地产				专项应付款			
固定资产		1 800	1 440	预计负债			
在建工程		280	360	递延所得税负债			
工程物资				其他非流动负债			
固定资产清理				非流动负债合计		560	540
生产性生物资产				负债合计		1 240	1 260
油气资产				所有者权益（或股东权益）：			
无形资产		120	72	实收资本（或股本）		2 000	1 800
开发支出				资本公积		80	108
商誉				减：库存股			
长期待摊费用				盈余公积		320	216
递延所得税资产				未分配利润		360	216
其他非流动资产				所有者权益（或股东权益）合计		2 760	2 340
非流动资产合计		2 600	2 484				
资产总计		4 000	3 600	负债和所有者权益（股东权益）合计		4 000	3 600

企业负债人：　　主管会计：　　制表：　　报出日期：　　　　年　月

【讨论分析】

请对鸿运公司的资产负债表进行如下分析：

（1）对资产和权益总量的变动情况进行分析。

（2）对资产结构及其合理性进行分析。

（3）对资本结构及其稳健性进行分析。

任务 1　资产负债表项目分析

一、资产类项目的阅读与分析

资产按其变现能力可以分为流动资产和非流动资产。流动资产包括货币资金、应收及预付款项、交易性金融资产、存货等。非流动资产包括持有至到期投资、长期股权投资、投资性房地产、固定资产、生产性生物资产、递延所得税资产、无形资产等。

(一) 货币资金

货币资金是指在企业生产经营活动中处于货币形态的那部分资金,是企业资产中流动性最强的资产,具体包括现金、银行存款和其他货币资金。其他货币资金又包括外埠存款、银行汇票存款、银行本票存款、信用证保证金存款、信用卡存款和存出投资款等。

一个企业的货币金越多,说明企业的支付能力和财务适应能力越强。当然,如果货币资金过多,也会导致资金的闲置,从而影响货币资金使用效率,还会增加企业的筹资成本。因此,企业应根据自身实际情况,确定和保持一个合理的货币资金持有量。

(二) 交易性金融资产

交易性金融资产是指企业购入的随时能变现并且持有时间不准备超过 1 年(含 1 年)的投资,一般包括企业购买的各种股票、债券、基金等。该资产的变现能力非常强,流动性仅次于现金。

交易性金融资产是现金的后备来源,因此,该资产越多,企业的支付能力和财务适应能力就越强,但它与货币资金又有不同。比较而言,该资产的风险要大于货币资金,尤其是在证券市场不完善时期。因此,对持有该资产的企业来说,应当注意防范风险。此外,该资产是企业利用暂时闲置的资金进行的短期投资,主要的目的是获利,因此,企业还必须结合投资的效益情况进行分析。

(三) 应收及预付款项

应收款项是指企业因销售商品、提供劳务等,应向购货单位和接受劳务单位收取的款项或由其他事项产生的应收款,包括应收账款、应收票据、其他应收款等;预付款项是指企业按照购货合同规定预付给供货单位的款项,主要包括预付账款。

企业应按应收账款余额的一定百分比来提取坏账准备金。企业应收账款的结余越多,发生坏账损失的风险就越大。从这个意义上说,应收账款越少越好;其次应收账款反映本企业的资金被信用单位占用,并且一般是无偿占用,不付利息,体现的是一种资金沉淀。在企业资金总量一定时,应收账款占用越多,资产的使用效率越差,并且现金也越短缺。从这个意义上说,应收账款也是越少越好。

应收票据是指企业因销售商品或提供劳务而收到的商业汇票。按承兑人的不同,商业汇票可分为商业承兑汇票和银行承兑汇票两种形式。

票据的法律约束力和兑付力强于一般的商业信用,尤其是银行承兑汇票,其信用程度更高,风险更小,因此被企业所广泛使用。但当应收票据有确凿证据证明不能收回或收回的可能性不大,也应将这部分应收票据并入应收账款计提坏账准备。

其他应收款是指企业发生非购销活动产生的应收债权,包括企业应收的各种赔偿款、存出保证金、备用金以及应向职工收取的各种垫付款项等,有人称之为资产负债表中的"杂物箱"。其他应收款仅仅是暂付款,一般数额较小、期限较短。这类项目也是越少越好。在分析时,要通过报表附注仔细分析它的构成、内容和发生时间,特别是其中的金额较大、时间较长的款项,要警惕企业利用该项目粉饰利润以及转移销售收入偷逃税款。

预付账款是企业在实际购买商品或劳务之前按协议预付的货款,体现的是一种普通的商业信用和资金的无偿占用。预付账款的数额取决于市场环境。对企业来说,预付账款总是越少越好,过多的预付账款反映企业理财存在问题。

应收股利是指因股票投资而应收取的现金股利或应收其他单位的利润。由于现金股利多是按照权责发生制原则确认的,而被投资单位宣布分配股利时,一般都是充分考虑了本单位的现金支付能力,因此,应收股利的风险一般较小,比应收账款甚至比应收票据、应收利息的风险还小。所以,应收股利的多少是预测企业未来现金流量的重要依据。

应收利息是指已到付息期但尚未领取的债券利息。债券投资的利息收入一般是按照权责发生制原则确认的,并且企业在预计利息收入时,一般不考虑被投资单位的财务状况和现金支付能力,因此,应收利息的风险要大于应收股利。分析本项目时,必须结合被投资单位的现金流量状况,充分考虑其风险,并将其作为估计未来现金流量的依据。

(四) 存货

存货是指企业日常活动中持有以备出售的产品或商品、处在生产过程中的在产品、在生产过程或提供劳务过程中耗用的材料和物料等,包括原材料、在产品、半成品、产成品、库存商品、包装物、低值易耗品、委托代销商品、委托加工物资等。

企业的经营者应当从生产经营的需要出发,采用科学的方法,确定合理的存货经济批量,确定最优的存货成本,并以此作为企业存货数量控制的标准。如果企业实际存货数量大于这一标准,则应分析原因,采取必要的措施,降低存货的库存。

此外,由于存货数量大、品种多、易损耗,所以在分析该项目时,不仅要控制库存数量,更要关注库存结构及质量,以保证资产的安全、完整及合理流动。

(五) 持有至到期投资

持有至到期投资是指到期日固定、回收金额固定或可确定,且企业有明确意图和能力持有至到期的非衍生金融资产。

(六) 长期股权投资

长期股权投资包括企业持有的对其子公司、合营企业及联营企业的权益性投资以及企业持有的对被投资单位不具有控制、共同控制或重大影响,且在活跃市场中没有报价、公允价值不能可靠计量的权益性投资。

长期股权投资涉及企业的经营发展战略,且有较高的风险,所以企业的经营者在进行长期股权投资时要十分谨慎。

(七) 投资性房地产

投资性房地产是指为了赚取租金或资本增值,或两者兼而有之而持有的房地产。报表内容包括投资性房地产、投资性房地产减值准备。投资性房地产主要包括出租的土地使用权、持有并准备其增值后转让的土地使用权和企业拥有并已出租的建筑物。

投资性房地产属于企业实物性投资。该投资金额大,受国家宏观政策、经济发展规划及地方经济发展水平等多种因素的影响,风险大,资金回笼较慢。

（八）固定资产

固定资产是指企业使用期限超过 1 年的房屋、建筑物、机器、机械、运输工具,以及其他与生产、经营有关的设备、器具、工具等。

固定资产的特点是:为生产商品、提供劳务、出租或经营管理而持有;使用寿命超过一个会计期间;单位价值较高。

由于企业的经营内容、经营规模等各不相同,固定资产的标准也不可能要求一致,各企业应根据制度中的规定,结合企业的具体情况,制订适合本企业实际情况的固定资产目录、分类方法、每类或每项固定资产的折旧年限、折旧方法等。

由于固定资产在使用中是逐渐被消耗,周期较长,因此,企业所拥有的固定资产越多,在总资产中所占比重越大,则资产的流动性和变现能力就越差。固定资产的规模和结构,与企业所处的行业性质直接相关。一般情况下,制造企业的固定资产比重较大。对于需要清理的固定资产,企业应加快清理,通过盘活资产来优化企业资产分布结构。

（九）生物资产

生物资产是指有生命的动物和植物。根据生物资产的用途,将生物资产分为消耗性生物资产、生产性生物资产、公益性生物资产三大类。这种分类的目的是便于对不同类别的生物资产进行区别确认与计量,便于为信息使用者提供决策信息。

消耗性生物资产是指为出售而持有的、或在将来收获为农产品的生物资产,包括生长中的大田作物、蔬菜、用材林以及存栏待售的牲畜。

生产性生物资产是指为产出农产品、提供劳务或出租等目的而持有的生物资产,包括经济林、薪炭林、产畜和役畜等。

公益性生物资产是指以防护、环境保护为主要目的的生物资产,包括防风固沙林、水土保持林和水源涵养林等。

（十）递延所得税资产

递延所得税资产是指在资产负债表债务法核算下,资产的账面价值小于其计税基础的,表明该项资产于未来期间产生的经济利益流入低于按照税法规定允许税前扣除的金额,产生可抵减未来期间应纳税所得额的因素,减少未来期间以应缴所得税的方式流出企业的经济利益,应确认为递延所得税资产。它的变动不仅影响资产负债表的资产结构,也影响企业现金流量的变动。

（十一）无形资产

无形资产是指企业拥有或控制的没有实物形态的可辨认非货币性资产。合并商誉不包括在无形资产之内。可辨认无形资产包括专利权、非专利技术、商标权、著作权、土地使用权、特许权等。

报表中反映的无形资产仅仅是企业所控制的全部无形资源的一部分,有时甚至是很小的一部分。因为相当一部分无形资源,目前还没有理想的或适当的计量方法,如人力资源、品牌、企业文化等。

二、负债类项目的阅读与分析

负债按其流动性分为流动负债和非流动负债。

流动负债包括短期借款、应付及预收款项、应交税费、应付职工薪酬、应付利息等。非流动负债又依次分为长期借款、长期应付款、应付债券、递延所得税负债等。

（一）短期借款

短期借款是指企业为了弥补日常生产经营所需流动资金的不足,向银行或其他金融机构等借入的期限在 1 年以下(含 1 年)的各种借款。其包括：短期流动资金借款、结算借款、卖出信贷、票据贴现借款等。

企业应结合对借款的使用情况以及使用效果分析该项目。一定数量的短期借款是企业经营所必需的,但如果数量太大,超过企业的偿债能力,就会对企业的持续发展带来不利影响。短期借款适度与否,可以根据流动负债的总量、目前的现金流量状况和对未来 1 年内的现金流量的预期来确定。在一个现金流量较差的企业里,过高的短期借款将会增加财务风险。

（二）应付及预收款项

应付及预收款项具体包括应付票据、应付账款、预收账款、应付股利、其他应付款等内容。

应付票据是指企业因赊购交易而开出、承兑的在不超过 1 年的限期内,按票据上规定日期支付一定金额的银行承兑汇票和商业承兑汇票。在资产负债表上,"应付票据"项目反映的是尚未到期付款的应付票据面额。

应付账款是企业进行赊购交易而发生的债务,它是由于购进商品或接受劳务的发生时间与付款时间不一致造成的,它表明企业占用了其他单位的资金。在市场经济条件下,应付账款的发生是正常的,但如果超过信用期的应付账款的数额太大且时间太长,则表明企业的信用观念较差,也会影响企业的信誉。

预收账款是指企业在实际销售商品或提供劳务之前,按协议预先收取的货款,体现的是一种商业信用和资金的无偿占用。预收账款在卖方市场条件下多有发生,对企业来讲可解决资金临时短缺带来的困难,但在企业中一般数量不大。

应付股利是指企业尚未支付的现金股利；其他应付款是指企业应付或暂收其他单位或个人的款项,如应付租入固定资产和包装物的租金、存入保证金等。

应付股利和其他应付款均是企业暂时占用的其他单位的资金,品种杂,数量不稳定,分析时要注意与货币资金相对照,以分析货币保证程度和偿还的及时性。

（三）应交税费

应交税费是指企业由于生产经营活动需要向国家交纳的各种税金及费用,在上交之前暂时停留在企业的款项。应交税费具体包括增值税、营业税、消费税、城市维护建设税、房产税、车船使用税、土地使用税、所得税、资源税、教育费附加和矿产资源补偿费等。如果该项目的金额过多,一般情况下,说明该企业有拖欠国家税款的现象,应引起企业的重视。

（四）应付职工薪酬

职工薪酬是指企业为了获取职工提供的服务而给予的各种形式的报酬以及其他相关支出。职工薪酬的内容除了包括工资和福利费之外,还包括工会经费和职工教育经费等,这些非货币福利费也属于职工薪酬的一部分。

（五）长期借款

长期借款是指企业从银行或其他金融机构借入的、偿还期在 1 年以上的债务。长期借款按借款用途可分为基建借款、生产经营借款、技术改造借款；按有无抵押担保可分为抵押借款和无抵押借款；按偿还方式可分为定期偿还借款和分期偿还借款。长期借款的本金、利息以及外币折算差价,均应计入"长期借款"项目。

由于多数企业仍不能通过证券市场融资,资金来源的主要渠道还是银行借款,因此在多数企业的负债结构中,长期借款都占有较大比例,这无疑增大了企业的财务风险。

企业长期举债的目的在于希望通过发挥财务杠杆作用,既有效弥补资金的不足,又不至于陷入长久的财务困境之中。如果企业长期负债增长的同时,利润水平也明显提高,则说明企业长期负债资金使用效益较好,负债经营正确,财务状况发展良好。

(六)应付债券

应付债券是指企业发行的超过 1 年期以上债券的实际发行价以及偿还的利息。相对于长期借款,应付债券的风险和压力较大。迫于社会压力,企业偿还债券本金的积极性一般高于偿还银行本息的积极性,但在当前证券市场规模不大的情况下,企业通过发行债券融资受到严格的限制,许多企业还不能或没有资格发行债券。

(七)长期应付款

长期应付款是指企业对其他单位所发生的付款期限在 1 年以上的结算债务,包括采用补偿贸易方式引进国内设备价款和应付融资租入固定资产租赁费等。

因为融资租赁要求企业自有资金的保证相对于长期借款要低,而租赁公司所承担的风险需要从企业支付的较高的租赁费中进行补偿,所以在分析长期应付款时,要特别关注企业运用融资租赁资金时的风险性和稳定性问题。

(八)预计负债

预计负债是指因或有事项而确定的负债。或有事项是指过去的交易或事项形成的一种状况,其结果须通过未来的不确定性事项发生或不发生予以证实,如未决诉讼、产品质量保证、债务担保等。

基于过去的交易或事项引起的或有负债,有些是潜在的义务,有些是现时的义务。企业需要预计的负债,仅仅是与或有负债事项相关的现时义务。出于谨慎原则的考虑,企业在考察偿债能力和估计未来的现金流量时,应当充分考虑这些预计负债。一般情况下,预计负债越多,未来的现金流出量也就越大。

(九)递延所得税负债

递延所得税负债是指在资产负债表债务法核算下,资产的账面价值大于其计税基础的,表明该项资产于未来期间产生的经济利益流入高于按照税法规定允许税前扣除的金额,增加未来期间应纳税所得额,应确认为递延所得税负债。它可形成企业短期的资金来源。

三、所有者权益类项目的阅读与分析

(一)实收资本(或股本)

实收资本(或股本)是指企业实际收到的、由投资人投入企业的资本金。投资人作为资本投入企业的各项财产,是企业注册登记的法定资本总额的来源,它表明所有者对企业的基本权益。我国《企业法人登记管理条例》规定,除国家另有规定外,企业的实收资本应当与注册资本一致。对于股份公司而言,股本核算的是发行的股票面值总额。

该项目通常占企业全部所有者权益的绝大比重,是企业所有者权益的主要组成部分。企业可将该项目与负债比较,观察企业财务结构的稳定性和风险程度。

(二)资本公积

资本公积是指由投资者或其他单位或个人投入,所有权归属于投资者,但不构成实收资本的那部分资本或者资产。资本公积有其特定来源,主要包括资本(或股本)溢价、接受捐赠、汇率变动差额等。不同来源形成的资本公积由所有投资者共同享有。

(三)盈余公积

盈余公积是指企业按照规定从税后利润中提取的积累资金。盈余公积按其用途,分为法定盈余公积和公益金。法定盈余公积在其累计额达到注册资本的50%时,均按税后利润(扣除被没收的财产损失、支付各项税收的滞纳金和罚款、弥补企业以前年度亏损)的10%提取。在股份有限公司,除了按规定提取法定盈余公积和公益金外,还要在支付优先股股利后,根据公司章程或者股东大会决议,提取任意盈余公积。按规定,盈余公积可以转增资本,也可以弥补亏损。

盈余公积金的数量越多,反映企业资本积累能力、弥补亏损能力和股利分配能力以及应对风险的能力越强。

(四)未分配利润

未分配利润是指企业留待以后分配的结存利润。它是企业实现的利润扣除交纳的所得税、分发利润(或股利)和提取公积金后的余额,是留于以后年度分配的利润或者尚未分配的利润。相对于所有者权益的其他部分来说,企业对于未分配利润的使用和分配有较大的自主权。从数量上看,未分配利润是期初未分配利润加上本期实现的税后利润,减去提取的各种盈余公积和分配利润后的余额。这部分利润越多,说明企业当年和以后年度的积累能力、股利分配能力以及应对风险的能力就越强。

在资产负债表上,如果该项目金额为负数,则表示企业有尚未弥补的亏损,必将会冲减所有者权益的数额。

任务2 资产负债表趋势比较分析

对资产负债表进行趋势分析,一般采用的方法是通过编制资产负债表的水平分析表来进行横向比较分析,通过编制资产负债表的垂直分析表来进行纵向比较分析,并就资产结构、资本结构作出具体分析。

以导入案例为例。根据鸿运公司的资料(即表2-1),编制资产负债表的水平分析表和垂直分析表(如表2-2和表2-3所示),介绍资产负债表的分析方法。

表2-2 资产负债表(水平分析表)

编制单位:鸿运公司　　　　　　　　2007年12月31日　　　　　　　　单位:万元

资　　产	期末余额	年初余额	增(减)金额	增(减)比重%	负债和所有者权益(或股东权益)	期末余额	年初余额	增(减)金额	增(减)比重%
流动资产:					流动负债:				
货币资金	280	324	−44	−13.58	短期借款	200	360	−160	−44.44
交易性金融资产					交易性金融负债				
应收票据					应付票据				
应收账款	160	108	52	48.15	应付账款	120	144	−24	−16.67
预付款项					预收款项				

资　产	期末余额	年初余额	增(减)金额	增(减)比重%	负债和所有者权益(或股东权益)	期末余额	年初余额	增(减)金额	增(减)比重%
应收利息					应付职工薪酬	40	36	4	11.11
应收股利					应交税费	80	108	−28	−25.93
其他应收款	40	108	−68	−62.96	应付利息				
存货	800	540	260	48.15	应付股利	240	72	168	233.33
一年内到期非流动资产	120	36	84	233.33	其他应付款				
其他流动资产					一年内到期的非流动负债				
流动资产合计	1 400	1 116	284	25.45	其他流动负债				
非流动资产：					流动负债合计	680	720	−40	−5.56
可供出售金融资产		360	−360	−100.00	非流动负债：				
持有至到期投资					长期借款	280	180	100	55.56
长期应收款					应付债券				
长期股权投资	400	252	148	58.73	长期应付款	280	360	−80	−22.22
投资性房地产					专项应付款				
固定资产	1 800	1 440	360	25.00	预计负债				
在建工程	280	360	−80	−22.22	递延所得税负债				
工程物资					其他非流动负债				
固定资产清理					非流动负债合计	560	540	20	3.70
生产性生物资产					负债合计	1 240	1 260	−20	−1.59
油气资产					所有者权益(或股东权益)：				
无形资产	120	72	48	66.67	实收资本(或股本)	2 000	1 800	200	11.11
开发支出					资本公积	80	108	−28	−25.93
商誉					减：库存股				
长期待摊费用					盈余公积	320	216	104	48.15
递延所得税资产					未分配利润	360	216	144	66.67
其他非流动资产					所有者权益(或股东权益)合计	2 760	2 340	420	17.95
非流动资产合计	2 600	2 484	116	4.67					
资产总计	4 000	3 600	400	11.11	负债和所有者权益(股东权益)合计	4 000	3 600	400	11.11

表 2-3　资产负债表(垂直分析表)

编制单位：鸿运公司　　　　　　　　2007 年 12 月 31 日　　　　　　　　单位：万元

资　产	期末数		年初数		负债和所有者权益(或股东权益)	期末数		年初数	
	金额	比重%	金额	比重%		金额	比重%	金额	比重%
流动资产：					流动负债：				
货币资金	280	7	324	9	短期借款	200	5	360	10
交易性金融资产					交易性金融负债				
应收票据					应付票据				
应收账款	160	4	108	3	应付账款	120	3	144	4
预付款项					预收款项				
应收利息					应付职工薪酬	40	1	36	1
应收股利					应交税费	80	2	108	3
其他应收款	40	1	108	3	应付利息				
存货	800	20	540	15	应付股利	240	6	72	2
一年内到期的非流动资产	120	3	36	1	其他应付款				
其他流动资产					一年内到期的非流动负债				
流动资产合计	1 400	35	1 116	31	其他流动负债				
非流动资产：					流动负债合计	680	17	720	20
可供出售金融资产			360	10	非流动负债：				
持有至到期投资					长期借款	280	7	180	5
长期应收款					应付债券				
长期股权投资	400	10	252	7	长期应付款	280	7	360	10
投资性房地产					专项应付款				
固定资产	1 800	45	1 440	40	预计负债				
在建工程	280	7	360	10	递延所得税负债				
工程物资					其他非流动负债				
固定资产清理					非流动负债合计	560	14	540	15
生产性生物资产					负债合计	1 240	31	1 260	35
油气资产					所有者权益(或股东权益)：				
无形资产	120	3	72	2	实收资本(或股本)	2 000	50	1 800	50
开发支出					资本公积	80	2	108	3
商誉					减：库存股				

续　表

资　产	期末数		年初数		负债和所有者权益 （或股东权益）	期末数		年初数	
	金额	比重%	金额	比重%		金额	比重%	金额	比重%
长期待摊费用					盈余公积	320	8	216	6
递延所得税资产					未分配利润	360	9	216	6
其他非流动资产					所有者权益（或股东权益）合计	2 760	69	2 340	65
非流动资产合计	2 600	65	2 484	69					
资产总计	4 000	100	3 600	100	负债和所有者权益（股东权益）合计	4 000	100	3 600	100

一、资产和权益总量变动情况分析

对企业资产负债表进行综合分析,首先要通过资产和权益总量的变动情况,分析其规模增长的速度是否合理、财务状况的发展趋势是否有利,即:总量变动看规模,结构变动看质量。

从表 2-2 中可以看出,鸿运公司 2007 年末资产和权益总量较年初增加了 400 万元,增幅 11.11%,这个增长速度是可喜的。如果按这种均势发展下去,该企业用 9 年多的时间,就可以实现资产总量翻一番。从资产项目看,流动资产和非流动资产都有所增加。流动资产增幅大,表明企业资产的流动性增强,资金运营将顺畅;非流动资产虽然总量及增幅不大,但增长点集中在固定资产项目上,表明企业生产能力的扩大或生产工艺水平提高,将会为企业带来新的利润增长点。从权益项目看,负债总量减少,所有者权益增加,表明资产增长的资金来源全部通过自有资金的增加取得,不仅如此,通过本期的经营和财务管理活动,还减轻了企业的债务负担,降低了财务风险。初步评价为:该企业财务状况良好。要对企业的财务状况作出准确、客观的判断和评价,还必须作进一步的深入分析。

二、资产结构及其合理性分析

资产结构是指企业流动资产与非流动资产各主要项目占资产总额的比重。企业的资产要最大限度地发挥其功能,就必须有一个合理的配置。资产结构分析就是通过分析资产负债表中各类资产占总资产的比重,以及各类资产之间的比例关系,反映企业各种经济资源的配置情况。

对资产结构的合理性进行分析,可以看出企业的行业特点、经营特点和技术装备特点,工业企业的非流动资产往往大于流动资产,而商品流通企业的情况正好相反。在同一行业中,流动资产和负债较高的企业稳定性差,却较灵活;而那些非流动资产和自有资本占较大比重的企业底子较厚,但灵活性差;长期投资较高的企业,投资利润和风险都高;无形资产持有多、增长快的企业,开发创新能力强;固定资产折旧比例较高的企业,技术更新换代快。

从表 2-3 中可以看出,鸿运公司 2007 年末的流动资产所占比重(35%)比年初(31%)有所增长,表明企业资产的流动性增强,偿还能力、支付能力和应变能力有所提高,显然非流动资产的比重有所降低。在建工程比重下降,固定资产在全部资产中所占比重由年初的 40% 提高到 45%,表明企业固定资产投资已见成效,未来的生产能力和产品质量均会得到显著提高。

从表 2-2 中可知,鸿运公司固定资产项目本年增幅达 25%,表明固定资产更新速度较快,平均 4 年完成一次更新,这种变化对企业未来的发展十分有利;其他应收款比重降低,无形资产比重提高,均对企业十分有利;对可供出售的金融资产的减少和长期股权投资的增长要结合投资效果作出评价。值得注意的是,货币资金数量减少,比重下降,是否会影响下一年度的营运,还要结合企业的经营情况作出具体的分析;应收账款和存货在绝对额和相对比重上均有增加,应结合当年的经营业绩(营业收入的增长情况)和明年的预计销售增长情况进行详细分析。

三、资本结构及其稳健性分析

资本结构是指各种资本的构成及其比例关系,其实质是债务资本在资本结构中安排多大的比例。

对企业经营者而言,资本结构分析的主要目的是优化资本结构和降低资本成本。优化资本结构表现为吸收更多的权益资本,保持企业良好的财务形象,降低财务风险,以便更好地筹资和投资。企业在提高承担财务风险的能力的同时,还应尽量降低筹资成本。由于债务利息率通常低于股票股利率,而且债务利息从税前支付,企业可以少交所得税,使得债务筹资可以降低企业资本成本,发挥财务杠杆的作用。但必须同时看到,它也会加大企业的财务风险。因此,只有在一定限度内合理提高债务资本的比例,才能规避财务风险,同时降低综合资本成本。

从表 2-3 中可以看出,鸿运公司的负债资本所占比重明显低于自有资本,并且年末(31%)较年初(35%)还有所降低。在债务资本内部,短期债务资本和长期债务资本的比重均有不同程度的降低。而引起自有资本总量增长、比重提高的主要原因是实收资本总量的增长。盈余公积和未分配利润总量与比重的同时增长,表明企业自有资本实力雄厚,对债务资本的保证程度高,企业的资本结构合理,具有较强的规避财务风险的能力,也有利于吸收投资和开展筹资活动。但同时应该注意,短期借款的集中偿还势必会引起当期财务费用的提高;应付账款的减少,必然会引起当期现金流出量的增加;应付股利的增长势必引起下一年度现金流出量的增加,企业还应对现金保证支付程度作出分析。

实战模拟

光大公司资产负债表分析

光大公司 2005 年度与 2006 年度的资产负债表如表 2-4 所示。

表 2-4 光大公司资产负债表　　　　　　　　单位:元

时间 项目	2005 年	2006 年
货币资金	85 732	93 290
交易性金融资产	7 600	8 200
应收票据	6 590	5 900
应收账款	16 800	16 500

时　间 项　目	2005 年	2006 年
预付账款	17 000	13 400
存货	122 381	130 550
其他流动资产	25 202	32 179
流动资产合计	281 305	300 019
长期投资	3 437	5 000
固定资产净额	541 900	533 950
无形资产及其他	67 220	68 600
非流动资产合计	612 557	607 550
资产总额	893 862	907 569
短期借款	86 000	70 000
应付账款	46 500	36 400
应付职工薪酬	15 400	12 600
应交税费	8 462	4 600
流动负债合计	156 362	123 600
长期借款	100 000	150 000
实收资本	500 000	500 000
资本公积	26 481	28 963
盈余公积	15 874	16 894
未分配利润	95 145	88 112
负债和所有者权益总计	893 862	907 569

【实战模拟要求】

结合资产负债表中信息,编制比较性资产负债表和共同比资产负债表,对公司的财务状况作简要评述。

【实战模拟解析】

比较性资产负债表和共同比资产负债表如表 2-5、2-6 所示:

表 2-5　比较性资产负债表

单位:元

时　间 项　目	2005 年	2006 年	2006 年比 2005 年 增减额	2006 年比 2005 年 增减(%)
货币资金	85 732	93 290	7 558	8.82
交易性金融资产	7 600	8 200	600	7.89
应收票据	6 590	5 900	-690	-10.47

续　表

时间 项目	2005 年	2006 年	2006 年比 2005 年增减额	2006 年比 2005 年增减（%）
应收账款	16 800	16 500	−300	−1.79
预付账款	17 000	13 400	−3 600	−21.18
存货	122 381	130 550	8 169	6.68
其他流动资产	25 202	32 179	6 977	27.68
流动资产合计	281 305	300 019	18 714	6.65
长期投资	3 437	5 000	1 563	45.48
固定资产净额	541 900	533 950	−7 950	−1.47
无形资产及其他	67 220	68 600	1 380	2.05
非流动资产合计	612 557	607 550	−5 007	−0.82
资产总额	893 862	907 569	13 707	1.53
短期借款	86 000	70 000	−16 000	−18.60
应付账款	46 500	36 400	−10 100	−21.72
应付职工薪酬	15 400	12 600	−2 800	−18.18
应交税费	8 462	4 600	−3 862	−45.64
流动负债合计	156 362	123 600	−32 762	−20.95
长期借款	100 000	150 000	50 000	50.00
实收资本	500 000	500 000	0	0.00
资本公积	26 481	28 963	2 482	9.37
盈余公积	15 874	16 894	1 020	6.43
未分配利润	95 145	88 112	−7 033	−7.39
负债及所有者权益合计	893 862	907 569	13 707	1.53

表 2-6　共同比资产负债表

时间 项目	2005 年	2006 年	增减（%）
货币资金	9.59	10.28	0.69
交易性金融资产	0.85	0.90	0.05
应收票据	0.74	0.65	−0.09
应收账款	1.88	1.82	−0.06
预付账款	1.90	1.48	−0.42
存货	13.69	14.38	0.69
其他流动资产	2.82	3.55	0.73

项　目 ＼ 时　间	2005 年	2006 年	增减（%）
流动资产合计	31.47	33.06	1.59
长期投资	0.38	0.55	0.17
固定资产净额	60.62	58.83	−1.79
无形资产及其他	7.52	7.56	0.04
非流动资产合计	68.53	66.94	−1.59
资产总额	100.00	100.00	0.00
短期借款	9.62	7.71	−1.91
应付账款	5.20	4.01	−1.19
应付职工薪酬	1.72	1.39	−0.33
应交税费	0.95	0.51	−0.44
流动负债合计	17.49	13.62	−3.87
长期借款	11.19	16.53	5.34
实收资本	55.94	55.09	−0.85
资本公积	2.96	3.19	0.23
盈余公积	1.78	1.86	0.08
未分配利润	10.64	9.71	−0.93
负债及所有者权益合计	100.00	100.00	0.00

公司 2006 年与 2005 年相比,资产总额增加了 13 707 元,增长幅度达 1.53%,其中流动资产增加 18 714 元,增长幅度为 6.65%;非流动资产减少了 5 007 元,增长幅度为−0.82%;流动资产中货币资金、存货和其他流动资产的增长幅度较大,其中增长绝对数最大的是存货,2006 年比 2005 年的存货增长了 8 169 元,增长幅度为 6.68%,其他流动资产增长的幅度最大,达 27.68%,但其增长的绝对数并没有存货大,原因是其基数较存货的基数小,货币资金 2006 年与 2005 年比,增长了 7 558 元,增长幅度达 8.82%。预付账款有所减少,变动幅度为−21.18%,说明公司的采购地位发生变化或供应商发生变化。公司的非流动资产中,长期投资增加了 1 563 元,增长了 45.48%,但由于其基数较小,占公司资产总额的比重仍在 1%以下。公司的固定资产减少了 7 950 元,占资产总额的比重由 60.62%下降为 58.83%,下降了 1.79 个百分点。

公司的资金来源,2006 年与 2005 年发生了较大的变化,主要是长期借款增加,短期借款减少,说明公司财务风险降低。总的来说,公司的非流动资产占资产总额的 66%左右,而提供长期资金的长期借款和所有者权益资金占资金来源总额的 80%左右,公司的资金结构与资产结构搭配合理,但有一部分长期资金用于流动资产的投资,因此稍显保守。

项目2 掌握偿债能力分析

案例导入

宏远公司 2007 年资产负债表如表 2-7 所示。

表 2-7 资产负债表

编制单位：宏远公司　　　　　　　　2007 年 12 月 31 日　　　　　　　　单位：万元

资　　　产	期末余额	年初余额	负债和所有者权益	期末余额	年初余额
流动资产：			流动负债：		
货币资金	900	800	短期借款	2 300	2 000
交易性金融资产	500	1 000	应付账款	1 200	1 000
应收账款	1 300	1 200	预收账款	400	300
预付账款	70	40	其他应付款	100	100
存　　货	5 200	4 000	流动负债合计	4 000	3 400
其他流动资产	80	60	非流动负债：		
流动资产合计	8 050	7 100	长期借款	2 500	2 000
非流动资产：			非流动负债合计	2 500	2 000
持有至到期投资	400	400	负债合计	6 500	5 400
固定资产	14 000	12 000	所有者权益：		
无形资产	550	500	实收资本（或股本）	12 000	12 000
非流动资产合计	14 950	12 900	盈余公积	1 600	1 600
			未分配利润	2 900	1 000
			所有者权益合计	16 500	14 600
资产总计	23 000	20 000	负债及所有者权益合计	23 000	20 000

【讨论分析】

请根据宏远公司的财务报表进行偿债能力分析。

任务1　短期偿债能力分析

短期偿债能力是指企业流动资产对流动负债及时足额偿还的保证程度，是衡量企业当前财务能力，特别是流动资产变现能力的重要标志。

企业短期偿债能力的衡量指标主要有流动比率、速动比率和现金流动负债比率三项。

一、流动比率

流动比率是流动资产与流动负债的比率,它表明企业每一元流动负债有多少流动资产作为偿还保证,反映企业用可在短期内转变为现金的流动资产偿还到期流动负债的能力。其计算公式为:

$$流动比率 = \frac{流动资产}{流动负债} \times 100\%$$

一般情况下,流动比率越高,反映企业短期偿债能力越强,债权人的权益越有保证。国际上通常认为,流动比率的下限为 100%;而流动比率等于 200% 时较为适当,它表明企业财务状况稳定可靠,除了满足日常生产经营的流动资金需要外,还有足够的财力偿付到期短期债务。如果比例过低,则表示企业可能捉襟见肘,难以如期偿还债务。但是,流动比率也不可以过高,过高则表明企业流动资产占用较多,会影响资金的使用效率和企业的筹资成本,进而影响获利能力。究竟应保持多高水平的流动比率,主要视企业对待风险与收益的态度予以确定。

运用流动比率时,必须注意以下几个问题:

1. 虽然流动比率越高,企业偿还短期债务的流动资产保证程度越强,但这并不等于说企业已有足够的现金结算或存款用来偿债。流动比率高也可能是存货积压、应收账款增多且收账期延长,及待处理财产损失增加所致,而真正可用来偿债的现金和存款却严重短缺。所以,企业应在分析流动比率的基础上,进一步对现金流量加以考察。

2. 从短期债权人的角度看,自然希望流动比率越高越好,但从企业经营角度看,过高的流动比率通常意味着企业闲置现金的持有量过多,必然造成企业机会成本的增加和获利能力的降低。因此,企业应尽可能地将流动比率保持在不使货币资金闲置的水平。

3. 流动比率是否合理,不同的企业以及同一企业不同时期的评价标准是不同的,因此,不应用统一的标准来评价各企业流动比率合理与否。

4. 在分析流动比率时应当剔除一些虚假因素的影响。

见导入案例,根据表 2-7 所示宏远公司的资料,其流动比率如下(计算结果保留小数点后两位,下同):

$$年初流动比率 = \frac{7\,100}{3\,400} \times 100\% = 208.82\%$$

$$年末流动比率 = \frac{8\,050}{4\,000} \times 100\% = 201.25\%$$

该公司 2007 年年初和年末的流动比率均超过一般公认标准,反映该公司具有较强的短期偿债能力。

二、速动比率

速动比率是企业速动资产与流动负债的比值。所谓速动资产,是指流动资产减去变现能力较差且不稳定的存货、预付账款、一年内到期的非流动资产和其他流动资产等之后的余额。由于剔除了存货等变现能力弱且不稳定的资产,因此,速动比率较之流动比率能够更加准确、可靠地评价企业资产的流动性及其偿还短期负债的能力。其计算公式为:

$$速动比率=\frac{速动资产}{流动负债}\times100\%$$

其中：速动资产＝货币资金＋交易性金融资产＋应收账款＋应收票据

　　　　＝流动资产－存货－预付账款－一年内到期的非流动资产－其他流动资产

说明：报表中如有应收利息、应收股利和其他应收款项目，可视情况归入速动资产项目。

一般情况下，速动比率越高，表明企业偿还流动负债的能力越强。国际上通常认为，速动比率等于100%时较为适当。如果速动比率小于100%，必使企业面临很大的偿债风险；如果速动比率大于100%，尽管债务偿还的安全性很高，但却会因企业现金及应收账款资金占用过多而大大增加企业的机会成本。

见导入案例，根据表2-7宏远公司的资料，其速动比率如下：

$$年初速动比率：\frac{800+1\,000+1\,200}{3\,400}\times100\%=88.24\%$$

$$年末速动比率：\frac{900+500+1\,300}{4\,000}\times100\%=67.5\%$$

分析表明该公司2007年年末的速动比率比年初有所降低，虽然该公司流动比率超过一般公认标准，但由于流动资产中存货所占比重过大，导致公司速动比率未达到一般公认标准，公司的实际短期偿债能力并不理想，需采取措施加以扭转。

在分析时需注意的是：尽管速动比率较之流动比率更能反映出流动负债偿还的安全性和稳定性，但并不能认为速动比率较低的企业的流动负债到期绝对不能偿还。实际上，如果企业存货流转顺畅，变现能力较强，即使速动比率较低，只要流动比率高，企业仍然有望偿还到期的债务本息。

三、现金流动负债比率

现金流动负债比率也称现金流量比率，是企业一定时期的经营现金净流量同流动负债的比率，它可以从现金流量角度来反映企业当期偿付短期负债的能力。其计算公式为：

$$现金流动负债比例=\frac{年经营现金净流量}{年末流动负债}\times100\%$$

其中，年经营现金净流量指一定时期内，企业经营活动所产生的现金及现金等价物流入量与流出量的差额。

现金流动负债比率从现金流入和流出的动态角度对企业的实际偿债能力进行考察。由于有利润的年份不一定有足够的现金（含现金等价物）来偿还债务，所以利用以收付实现制为基础计量的现金流动负债比率指标，能充分体现企业经营活动所产生的现金结算净流量可以在多大程度上保证当期流动负债的偿还，直观地反映出企业偿还流动负债的实际能力。用该指标评价企业偿债能力更加谨慎。该指标越大，表明企业经营活动产生的现金结算净流量越多，越能保障企业按期偿还到期债务，但也并不是越大越好，该指标过大则表明企业流动资金利用不充分，获利能力不强。

见导入案例，根据表2-7所示宏远公司的资料，同时假设该公司2006年度和2007年度的经营现金净流量分别为3 000万元和5 000万元（经营现金净流量的数据可以从公司的

现金流量表中获得),其现金流动负债比率如下:

$$2006 \text{ 年度的现金流动负债比率:} \frac{3\,000}{3\,400} \times 100\% = 88.24\%$$

$$2007 \text{ 年度的现金流动负债比率:} \frac{5\,000}{4\,000} \times 100\% = 125\%$$

该公司 2007 年度的现金流动负债比率比 2006 年度有明显的提高,表明该公司的短期偿债能力增强。

四、现金比率

现金比率表明一元流动负债有多少现金资产作保障,假设现金资产是可偿债资产。现金比率与现金流量比率是不同的。其计算公式为:

$$\text{现金比率} = \frac{\text{货币资金} + \text{交易性金融资产}}{\text{流动负债}} \times 100\%$$

见导入案例,根据表 2-7 所示宏远公司的资料,其现金比率如下:

$$2006 \text{ 年现金比率} = (800 + 1\,000)/3\,400 \times 100\% = 52.94\%$$

$$2007 \text{ 年现金比率} = (900 + 500)/4\,000 \times 100\% = 35\%$$

该公司 2007 年度的现金比率比 2006 年度下降很多,表明该公司的短期偿债能力大大减弱。

知识链接

企业流动比率的粉饰

财务会计面临的众多不确定性和人们对企业流动比率的关注,为流动比率的粉饰留下了空间。企业针对流动项目连动变化对流动比率影响的同时,会综合所有流动项目单项变化对流动比率影响的结果进行组合,并随环境的变化而灵活地运用、再创造,以粉饰流动比率。

1. 流动项目连动变化对流动比率的影响

流动项目连动变化是利用流动资产与流动负债等额变动的影响来粉饰流动比率。例如,某公司在 12 月下旬作如下安排:提前以银行存款 15 000 元归还银行借款;将应购的存货 30 000 元延至下月购买;以应收账款抵付应付账款 10 000 元。粉饰前后的流动比率如表2-8所示。

表 2-8 粉饰前后的流动比率表

单位:元

项 目	粉饰前	粉饰事项	粉饰后
流动资产			
货币资产	18 000	15 000	3 000
应收账款	11 000	10 000	1 000
存货	40 000	30 000	10 000
其他流动资产	15 000		15 000
流动资产合计	84 000		29 000

续 表

项 目	粉饰前	粉饰事项	粉饰后
流动负债			
短期借款	18 000	15 000	3 000
应付账款	42 000	30 000	2 000
		10 000	
其他流动负债	15 000		15 000
流动负债合计	75 000		20 000
营运资金	9 000		9 000
流动比率	1.12		1.45

经过粉饰后,流动资产与流动负债等额减少,营运资金不变,但流动比率上升。这其中有这样一条规律:当粉饰前流动比率大于 1 时,流动资产与流动负债等额减少,会使流动比率上升,当粉饰前流动比率小于 1 时,流动资产与流动负债等额增加,流动比率必定上升,但升幅不会超过 1,当流动比率等于 1 时,粉饰无效。

2. 流动项目单项变化对流动比率的影响

流动项目单项变化比上述连动变化在操作上更为简单,故实务上粉饰多见于此。它主要通过单纯地提高流动资产或压低流动负债来达到提升流动比率的作用。常见的手法主要有:利用管理当局对所持投资的态度,把本该列作长期投资的有价证券列为短期投资;虚增应收账款,低估坏账准备,提前销售或将下年度的赊销提前列账,以增加应收账款;少转销售成本,以增加存货;漏列、迟列各种应付项目,以减少流动负债及费用,使流动比率上升,同时利润虚增;贴现不良票据,偿还流动负债。企业先将质量不佳的票据予以贴现获得融资,再用该项融资所得现金提前偿还流动负债,如此可使流动资产与流动负债等额减少,流动比率上升。凡此种种,均对流动比率产生粉饰作用。

3. 季节性影响

季节性变化明显的企业,各季营业额变化较大,流动比率因此深受影响。在业务繁荣阶段,存货、应收账款与应付账款同步上升,有时向银行借短期借款,以应对营运资金的不足;反之,在营业清淡时节,存货、短期借款、应收账款与应付账款均告下降。在上述两种情况下,营运资金可能相当接近,但旺季时的流动比率因流动资产、流动负债的同步增加,反而比淡季时小。所以企业结账日如果正处于旺季,较低的流动比率往往并不反映该企业短期偿债能力的真实情况,反之也如此。曾有某些公司流动比率高达 300%~400%,虽不排除公司改制资产优化的影响,但其中也有改制阶段营业活动相对停滞对流动项目的影响。

4. 经济循环的影响

经济繁荣与经济萧条时期的流动比率,与季节性影响相似。经济繁荣时期,营业繁忙,流动比率反而较低,经济不景气阶段,流动比率却呈上升现象。所以,流动比率上升,未必是企业佳兆,间或是业务衰退的信号。

综上所述,判断流动比率受多因素影响、判断企业短期偿债能力需结合多方信息综合分析,如结合流动资产分布状况、流动状况、各期流动比率波动情况等,方可获得正确结论。

（资料来源：中华企管网 http://www.qg.com.cn）

任务 2　长期偿债能力分析

长期偿债能力是指企业偿还长期负债的能力。企业长期偿债能力的衡量指标主要有资产负债率、产权比率、或有负债比率、已获利息倍数等。

一、资产负债率

资产负债率又称负债比率,指企业负债总额对资产总额的比率。它表明企业资产总额中,债权人提供资金所占的比重,以及企业资产对债权人权益的保障程度。其计算公式为:

$$资产负债率(又称负债比率)=\frac{负债总额}{资产总额}\times100\%$$

一般情况下,资产负债率越小,表明企业长期偿债能力越强,但是也并非说该指标对谁都是越小越好。从债权人来说,该指标越小越好,这样企业偿债越有保证。从企业所有者来说,如果该指标较大说明利用较少的自有资本投资形成了较多的生产经营用资产,不仅扩大了生产经营规模,而且在经营状况良好的情况下,还可以利用财务杠杆的原理,得到较多的投资利润,如果该指标过小则表明企业对财务杠杆利用不够。但资产负债率过大,则表明企业的债务负担重,企业资金实力不强,不仅对债权人不利,而且企业有濒临倒闭的危险。此外,企业的长期偿债能力与获利能力密切相关,因此企业的经营决策者应当将偿债能力指标(风险)与获利能力指标(收益)结合起来分析,予以平衡考虑。保守的观点认为资产负债率不应高于50%,而国际上通常认为资产负债等于60%时较为适当。

见导入案例,根据表 2-7 宏远公司的资料,其流动比率如下:

$$年初资产负债率=\frac{5\ 400}{20\ 000}\times100\%=27\%$$

$$年末资产负债率=\frac{6\ 500}{23\ 000}\times100\%=28.26\%$$

该公司 2007 年年初和年末的资产负债率均不高,说明该公司长期偿债能力较强,这样有助于增强债权人对公司出借资金的信心。

二、产权比率

产权比率是指负债总额与所有者权益的比率,是企业财务结构稳健与否的重要标志,也称资本负债率。它反映企业所有者权益对债权人权益的保障程度。其计算公式为:

$$产权比率=\frac{负债总额}{所有者权益总额}\times100\%$$

一般情况下,产权比率越低,表明企业的长期偿债能力越强,债权人权益的保障程度越高,承担的风险越小,但企业不能充分地发挥负债的财务杠杆效应。所以,企业在评价产权比率适度与否时,应从提高获利能力与增强偿债能力两个方面综合进行,即在保障债务偿还安全的前提下,应尽可能提高产权比率。

见导入案例,根据表 2-7 宏远公司的资料,其流动比率如下:

$$年初产权比率为：\frac{5\ 400}{14\ 600}\times100\%=36.99\%$$

$$年末产权比率为：\frac{6\ 500}{16\ 500}\times100\%=39.39\%$$

该公司2007年年初和年末的产权比率都不高，同资产负债率的计算结果可相互印证，表明该公司的长期偿债能力较强，债权人的保障程度较高。

产权比率与资产负债率对评价偿债能力的作用基本相同，两者的主要区别是：资产负债率侧重于分析债务偿付安全性的物质保障程度，产权比率则侧重于揭示财务结构的稳健程度以及自有资金对偿债风险的承受能力。

三、或有负债比率

或有负债比率是指企业或有负债总额对所有者权益总额的比率，反映企业所有者权益应对可能发生的或有负债的保障程度。其计算公式如下：

$$或有负债比率＝\frac{或有负债余额}{所有者权益总额}\times100\%$$

$$或有负债余额＝已贴现商业承兑汇票金额＋对外担保金额＋未决诉讼、未决仲裁金额$$
$$（除贴现与担保引起的诉讼或仲裁）＋其他或有负债金额$$

一般情况下，或有负债比率越低，表明企业的长期偿债能力越强，所有者权益应对或有负债的保障程度越高；或有负债比率越高，表明企业承担的相关风险越大。

见导入案例，根据表2-7宏远公司的资料，同时假设该公司2007年年初和年末的或有事项只有对外提供债务担保，担保金额分别为200万元和150万元（或有负债的有关信息可以从财务报表附注中获得），其或有负债比率如下：

$$年初或有负债比率为：\frac{200}{14\ 600}\times100\%=1.37\%$$

$$年末或有负债比率为：\frac{150}{16\ 500}\times100\%=0.91\%$$

该公司2007年年末的或有负债比率比2007年年初有所降低，表明公司应对或有负债可以引起的连带偿还等风险的能力增强。

四、已获利息倍数

已获利息倍数是指企业一定时期息税前利润与利息支出的比率，反映了获利能力对债务偿付的保证程度。其中，息税前利润总额指利润总额与利息支出的合计数，利息支出指实际支出的借款利息、债券利息等。其计算公式为：

$$已获利息倍数＝\frac{息税前利润总额}{利息支出}$$

式中：息税前利润总额＝利润总额＋利息支出
＝净利润＋所得税费用＋利息支出

已获利息倍数不仅反映了企业获利能力的大小，而且反映了获利能力对偿还到期债务的保证程度，它既是企业举债经营的前提依据，也是衡量企业长期偿债能力大小的重要标志。一般情况下,已获利息倍数越高,表明企业长期偿债能力越强。国际上通常认为,该指标为 3 时较为适当。从长期来看,若要维持正常偿债能力,利息保障倍数至少应当大于 1,如果利息保障倍数过小,企业将面临亏损以及偿债的安全性与稳定性下降的风险。究竟企业已获利息倍数应是多少,才算偿付能力强,这要根据往年经验结合行业特点来判断。

见导入案例,根据表 2-7 宏远公司的资料,同时假定表中财务费用全部为利息支出,其已获利息倍数分别为:

$$2006 年度的已获利息倍数为:\frac{4\,000+200}{200}=21$$

$$2007 年度的已获利息倍数为:\frac{4\,200+300}{300}=15$$

从以上计算结果看,应当说该公司 2006 年度和 2007 年度的已获利息倍数都较高,有较强的偿付负债利息的能力。进一步分析还需结合往年的情况和行业的特点进行判断。

知识链接

现行偿债能力分析指标的局限性

1. 现在常用的短期偿债能力指标虽然在总体上揭示了企业的偿债能力,但在计算过程中并未充分考虑企业资产、负债的属性、质量和会计核算上的计量属性,也未考虑表外事项的影响,影响企业偿债能力的表外因素包括:企业的品质和偿债声誉、准备很快变现的长期资产、可动用的银行贷款指标、增发的股票政策、股利政策、或有负债情况、担保责任引起的负债、已贴现的商业汇票引起的负债等。因此这些指标对企业偿债能力的反映存在着一定的局限性。

(1) 未充分考虑企业资产属性上的差异。按照流动资产的定义,流动资产是在一个年度或一个经营周期内逐渐消耗或变现的资产。但是目前对于超过一个年度或一个经营周期仍然未消耗或变现的资产,如逾期一年以上未收回的应收账款、积压的存货,依然作为流动资产核算并在资产负债表上列示,从而使得流动比率的计算缺乏客观的基础;同样,速动资产作为流动资产中变现能力较强的部分,也还包括逾期的应收账款,使得速动比率在一定程度上被夸大高估。至于预付账款、待处理流动资产净损失等,其或者已不具备流动的性质,或者该资产事实上已毁损或不再存在,因此在计算流动比率时必须从流动资产中剔除。

(2) 未充分考虑企业资产的质量。对于一个企业,如果其不良资产比例较高,则企业资产质量较差,相应的偿债能力将会受到很大的影响。而目前在计算流动比率时并未考虑上述不良资产对企业偿债能力的影响。实际上,不少企业存在着大量的不良资产,如三年以上尚未收回的应收账款、长期积压的商品物资,因其资产质量较差,资产实际价值明显低于账面价值。

(3) 未充分考虑企业资产计量属性的影响。根据会计核算的历史成本原则,企业的各项资产,除按国家有关规定所允许的方法进行调整外,原则上均应按当时取得时的实际成本计价。然而一般来说,企业存货中的产成品的变现价值要高于其成本价,短期投资中的有价证券的可变现价值也经常背离其入账价值,而目前在计算流动比率、速动比率过程中并未考虑这种资产计量属性的影响。

（4）未充分考虑企业负债的属性。流动负债中的"预收账款"，一般用企业的产品来偿还，而不是用速动资产来偿还，所以在计算速动比率、流动比率和现金比率时理当从流动负债中剔除。

（5）未考虑或有负债对企业短期偿债能力的影响。或有负债有很大的不确定性，是否发生取决于未来相关因素的变化，如应付票据贴现、对外担保、未决诉讼事项。因此，在计算短期偿债能力指标时，必须对影响或有负债发生的相关因素进行分析和预测，估计或有负债发生的可能性；并根据或有负债发生的可能性，估算或有负债可能增加的流动负债，但目前在计算短期偿债能力指标时未考虑这种影响。

2. 现行已获利息倍数的计算从息税前利润出发，不能反映企业实际现金周转情况，应以现金流量作为衡量企业偿债能力的依据。企业实际偿债能力如何，能否及时偿还，关键并不在于账面利润，而要看其有无实际的现金，因为有利润的年份并不一定有多余的现金用于维持企业的发展和偿债。笔者认为，以经营活动现金流量分析企业偿债能力是一种十分稳健的偿债能力分析方法。因为企业以经营活动为主，投资活动和筹资活动作为不经常发生的辅助理财活动，其产生的现金流量在总现金流量中所占比例较低；而企业如果经营活动所取得的现金维持经营活动正常运转所必需的支出后，无力偿还债务，还需向外筹措资金的话，表明企业已陷入财务困境。

（资料来源：中华企管网 http://www.qg.com.cn）

实战模拟

宏海公司偿债能力分析

【实战模拟资料】

宏海公司 2006 年 12 月 31 日的资产负债表（简表）如表 2-9 所示。

表 2-9 资产负债表

2006 年 12 月 31 日　　　　　　　　　　　　　　　单位：元

时间　项目	2006 年	2005 年
资　产		
现　金	50 000	280 000
应收账款净额	920 000	700 000
存　货	1 300 000	850 000
预付账款	40 000	60 000
固定资产	2 000 000	400 000
累计折旧	200 000	100 000
资产总计	4 110 000	2 190 000
负债和股东权益		
应付账款	490 000	440 000

时间 项目	2006 年	2005 年
应交税金	150 000	40 000
预提费用	60 000	50 000
应付债券	1 650 000	200 000
普通股股本	1 060 000	960 000
留存收益	700 000	500 000
负债和股东权益合计	4 110 000	2 190 000

【实战模拟要求】

1. 计算相关的短期偿债能力指标,对宏海公司的短期偿债能力进行评价。

2. 计算相关的长期偿债能力指标,对宏海公司的长期偿债能力进行评价。

【实战模拟解析】

(一) 计算相关的短期偿债能力指标,对宏海公司的短期偿债能力进行评价

1. 公司 2006 年短期偿债能力指标计算(金额单位:万元)。

2006 年初:

(1) 流动比率＝(28＋70＋85＋6)÷(44＋4＋5)＝189÷53＝3.57

(2) 速动比率＝(189－85－6)÷53＝1.85

(3) 现金比率＝28÷53＝0.53

(4) 营运资金＝(28＋70＋85＋6)—(44＋4＋5)＝189—53＝136(万元)

2006 年末:

(1) 流动比率＝(5＋92＋130＋4)÷(49＋15＋6)＝3.30

(2) 速动比率＝(231－130－4)÷70＝1.39

(3) 现金比率＝5÷70＝0.07

(4) 营运资金＝(5＋92＋130＋4)—(49＋15＋6)＝161(万元)

宏海公司 2006 年短期偿债能力指标变动如表 2－10 所示。

表 2－10　宏海公司 2006 年短期偿债能力指标变动表

指　标	年　初	年　末	变　动
流动比率	3.57	3.30	－0.27
速动比率	1.85	1.39	－0.46
现金比率	0.53	0.07	－0.46
营运资金(万元)	136	161	25

2. 宏海公司短期偿债能力评价。

上述计算分析和会计报表表明:宏海公司流动比率和速动比率年末比年初分别降低了
0.27 和 0.46,但是均高于标准值,因此从这两个指标看,公司的短期偿债能力与年初相比虽有所降低,但比较来看仍较强。公司的现金比率年末仅为 0.07,比年初下降了 0.46,其降低速度为 86.79%,并且公司的现金由年初的 28 万元下降到 5 万元,反映出公司现金支付能力的严重不足,因为一般现金比率不得低于 28%~30%。此外公司的营运资金虽然比年初增加了 25 万元,但是由于年末的流动负债已由年初的 53 万元增至 70 万元,长期负债也由 20 万元增至 165 万元,导致企业的短期偿债能力有所降低。我们结合公司现金流量的分析,认为公司短期偿债能力并非很强,且存在较大困难。关于现金流量的分析我们将在模块四介绍,在此不再赘述。

综合上述分析,宏海公司的短期偿债能力不是很强。

(二)计算相关的长期偿债能力指标,对宏海公司的长期偿债能力进行评价

1. 公司 2006 年长期偿债能力指标计算。

2006 年初:

(1) 资产负债率＝(44＋4＋5＋20)÷219＝33.33%

(2) 产权比率＝(44＋4＋5＋20)÷(96＋50)＝0.5

(3) 权益乘数＝411÷(96＋50)＝1.5

(4) 长期负债与营运资金比率＝20÷136＝0.15

2006 年末:

(1) 资产负债率＝(70＋165)÷411＝57.18%

(2) 产权比率＝(70＋165)÷(106＋70)＝1.34

(3) 权益乘数＝411÷(106＋70)＝2.34

(4) 长期负债与营运资金比率＝165÷161＝1.02

2. 宏海公司长期偿债能力评价。

(1) 关于宏海公司的短期偿债能力分析说明公司短期偿债能力并非很强,且存在较大困难。

(2) 宏海公司资产负债率为 57.18%,需要结合同行业比较分析判断公司的财务状况。

(3) 从公司的产权比率和权益乘数看,均大于 1,表明公司的负债是所有者权益的 1.34 倍,反映出公司的负债比较多,对债权人利益的保障程度较低,因此公司的长期偿债能力不强。它揭示了公司如果经营不是很景气的话,则基本财务结构不是很稳定。

(4) 公司的长期负债与营运资金比率为 1.02,超过了标准值,表明公司的长期负债超过了营运资金,是营运资金的 1.02 倍,说明借钱给公司存在一定的风险。

从两年比较来看,资产负债率从 33.33% 提高到 57.18%,说明企业适当地运用了财务杠杆,财务风险也因此有所提高,长期负债与营运资金比率大幅度提高,说明企业长期负债增加幅度较大,虽然企业的负债比率不高,但由于长期负债比重较高,因此企业未来偿债压力较大。

综合分析,宏海公司的偿债能力不是很强,尤其是短期偿债能力较弱,长期偿债压力较大。

思考题

1. 对资产结构分析的目的是什么? 如何分析?

2. 对负债结构分析的目的是什么? 如何分析?

3. 所有者权益的变动会对企业的财务状况产生怎样的影响？

4. 企业的利益相关各方为何重视短期偿债能力？

5. 保持适当的营运资金规模的意义是什么？

6. 反映企业偿债能力的财务指标有哪些？如何计算和分析？

能力训练

一、天长公司偿债能力分析

天长公司为钢铁制品公司，具有 30 多年的生产历史，产品远销国内外市场。但是，近 5 年中，国外同类进口产品不断冲击国内市场，由于进口产品价格较低，国内市场对它们的消费持续增长；国外制造商凭借较低的劳动力成本和先进的技术设备，其产品的成本也较低。同时，市场上越来越多的日用制品都采用了铝、塑料等替代性材料，天长公司前景并不乐观。

天长公司 2006 年有关财务资料如表 2-11、表 2-12 所示。

表 2-11 天长公司资产负债表(简表)

2006 年 12 月 31 日 单位：千元

资 产	年初余额	期末余额	负债和所有者权益	年初余额	期末余额
流动资产：			流动负债：		
货币资金			应付票据	185 000	155 500
应收账款	12 050	12 500	应付账款	200 250	115 000
存货	381 950	402 778	其他流动负债	50 451	37 500
流动资产合计	381 722.5	350 312.5	非流动负债：	350 000	582 625
固定资产：	775 722.5	765 590.5	负债合计	785 701	890 625
固定资产原价			所有者权益：		
减：累计折旧	845 853.5	1 046 909.5	股本	75 000	75 000
固定资产净值	174 000	250 000	资本公积	96 875	96 875
	671 853.5	796 909.5	留存收益	490 000	500 000
			所有者权益合计	661 875	671 875
资产总计	1 447 576	1 562 500	负债和所有者权益	1 447 576	1 562 500

注：天长公司 2006 年的利润总额为 30 000 千元；利息费用 46 500 千元。

表 2-12 天长公司历史财务比率

财务比率	年 份			行业平均值
	2004	2005	2006	
流动比率	1.7	1.8		1.5
速动比率	1.0	0.9		1.2
资产负债率	45.8%	54.3%		24.5%
已获利息倍数	2.2	1.9		2.5

【能力训练要求】

1. 计算该公司 2006 年的短期偿债能力比率。

2. 通过横向与纵向对比对公司的短期偿债能力进行分析和评价。

3. 计算 2006 年公司相关长期偿债能力财务比率。

4. 通过横向与纵向对比对公司的长期偿债能力进行分析和评价。

二、东方股份有限公司资产负债表分析

表 2－13 是东方股份有限公司的资产负债表资料。

表 2－13　资产负债表　　　　　　　　　　　　单位：百万元

报告期	2005 年	2004 年	2003 年
流动资产：			
货币资金	670.23	715.08	829.60
应收票据	1 063.35	896.51	957.95
应收账款	1 012.35	958.04	613.15
预付款项	148.63	375.61	750.55
应收股利	0.05	0.02	0.00
其他应收款	71.87	161.32	247.17
存货	878.11	851.21	602.00
流动资产合计	3 844.59	3 957.79	4 000.43
非流动资产：			
长期应收款	68.41	74.54	101.52
长期股权投资	1 259.78	1 379.99	1 446.55
固定资产	1 506.54	1 597.26	1 704.48
在建工程	29.77	22.94	37.74
无形资产	67.16	73.40	80.56
长期待摊费用	1.24	1.14	1.43
递延所得税资产	0.00	0.00	0.00
非流动资产合计	2 932.91	3 149.27	3 372.28
资产总计	6 777.50	7 107.06	7 372.71
负债及股东权益			
流动负债：			
短期借款	7.00	0.00	645.00
应付票据	0.00	0.00	20.00
应付账款	333.08	324.64	239.86

续　表

报告期	2005 年	2004 年	2003 年
预收款项	29.57	138.74	51.41
应付职工薪酬	23.19	34.01	44.37
应交税费	7.73	123.20	102.35
应付股利	72.09	50.22	70.29
其他应付款	110.71	112.64	218.98
一年内到期的长期负债	138.36	0.00	0.00
流动负债合计	721.73	783.45	1 392.26
非流动负债:			
长期借款	0.00	138.36	138.36
长期应付款	455.70	458.22	446.87
专项应付款	1.37	8.51	6.25
递延所得税负债	0.00	0.00	0.00
非流动负债合计	457.07	605.09	591.48
负债合计	1 178.79	1 388.54	1 983.74
股东权益:			
股本	1 196.47	1 196.47	797.65
资本公积	2 933.72	2 933.72	3 173.01
盈余公积	1 323.14	1 197.96	1 071.70
其中: 公益金	547.95	486.46	469.57
未分配利润	145.37	390.37	346.60
股东权益合计	5 598.70	5 718.52	5 388.97
负债和股东权益总计	6 777.50	7 107.06	7 372.71

【能力训练要求】

就东方股份有限公司的资产负债表,进行共同比和比较资产负债表的综合分析。

综合训练

青岛海尔集团偿债能力分析

1. 基本情况

青岛海尔集团公司是我国家电行业的佼佼者,其前身是原青岛电冰箱总厂,经过多年的兼并扩张,今非昔比。参考以下网址,搜集青岛海尔集团公司 2007 年年度报告。

巨灵经济信息网　　　http://www.genius.com.cn

中国证券网　　　　　http://www.stocknews.com.cn

http://www.astprince.com

巨潮资讯数据库　　http://www.cninfo.com.cn

全景网络　　　　　http://www.p5w.net

2. 分析要点及要求

（1）对海尔公司的短期偿债能力进行分析，主要侧重分析计算流动比率、速动比率，并结合流动资产的构成和流动负债的具体项目对海尔公司的短期偿债能力进行评价。

（2）对海尔公司的长期偿债能力进行分析，主要侧重分析资产负债率、股东权益比率、权益乘数、负债股权比率等指标，同时结合公司资本结构对海尔公司长期偿债能力进行评价。

3. 问题探讨

（1）评价企业短期偿债能力应注意哪些问题？你认为海尔公司的短期偿债能力如何？

（2）评价企业的长期偿债能力时，是否应对企业资产和资本结构进行分析？长期偿债能力与企业的资产、资本结构之间有何联系？你认为海尔公司的长期偿债能力如何？

模块 3

利润表及盈利能力分析

知 识 目 标	能 力 目 标
1. 掌握利润表分析的主要内容、重点项目的分析方法。 2. 掌握企业盈利能力分析常用财务指标的计算方法及评价方法。	1. 运用趋势比较对利润表进行分析。 2. 运用多个盈利能力指标综合分析评价企业的盈利能力。

项目 1 掌握利润表分析

案例导入

鸿运公司 2006 年利润表如表 3-1 所示,公司 2005 年和 2006 年的利润总额分别为 746 万元和 1 493 万元,利息支出分别为 60 万元和 130 万元(假定财务费用均为利息支出)。

表 3-1 利润表(多步式)

编制单位:鸿运公司　　　　　　　　2006 年度　　　　　　　　单位:万元

项　　目　　　　时　间	2005 年度	2006 年度
一、营业收入	12 521	18 889
减:营业成本	8 440	12 000
营业税金及附加	370	420
销售费用	1 100	1 575
管理费用	1 370	3 170
财务费用(收益以"一"号填列)	60	130
资产减值损失	50	55

续 表

项 目 ＼ 时 间	2005 年度	2006 年度
加：公允价值变动净收益(净损失以"一"号填列)		
投资净收益(净损失以"一"号填列)	38	－46
二、营业利润(亏损以"一"号填列)	769	1 493
加：营业外收入	15	16
减：营业外支出	38	16
其中：非流动资产处置净损失(净收益以"一"号填列)		
三、利润总额(亏损以"一"号填列)	746	1 493
减：所得税(费用)	246	493
四、净利润(净亏损以"一"号填列)	500	1 000
五、每股收益		
(一)基本每股收益		
(二)稀释每股收益		

表 3－2 营业收入构成情况表

项 目	2005 年		2006 年	
	金额(万元)	比重(%)	金额(万元)	比重(%)
营业收入	12 521	100	18 889	100
主营业务收入	11 269	90	17 378	92
其中：				
甲	4 382	35	4 722	25
乙	6 010	48	10 767	57
丙	877	7	1 889	10
其他业务收入	1 252	10	1 511	8
其中：				
材料销售	626	5	756	4
运输业务	376	3	377.5	2
出租包装物	250	2	377.5	2

【讨论分析】

请对鸿运公司的利润表进行如下分析：

(1) 对利润的增减变动情况进行分析。

(2) 对利润构成变动进行分析。

任务 1　利润表项目分析

一、收入类项目的阅读与分析

收入是指企业在日常活动中形成的、会导致所有者权益增加的、与所有者投入资本无关的经济利益的总流入。收入主要包括销售商品收入、提供劳务收入和让渡资产使用权收入。

收入具有以下特点：一是收入形成于企业的日常活动之中，而不是从偶发的交易或事项中产生的；二是收入可能表现为企业资产的增加或负债的减少，或二者兼而有之；三是收入能引起企业所有者权益的增加；四是收入只包括本企业经济利益的流入，而不包括为第三方或客户代收的款项。

（一）收入类项目的确认

对收入项目的确认是收入项目阅读的基础。

1. 销售商品收入的确认。企业销售商品应同时满足以下条件才能确认为收入：企业已将商品所有权上的主要风险和报酬转移给购货方；企业既没有保留通常与所有权相联系的继续管理权，也没有对已售出的商品实施有效控制；收入的金额能够可靠计量；相关经济利益很可能流入企业；相关的、已发生的或将发生的成本能够可靠计量。

2. 提供劳务收入的确认。企业在资产负债表日提供劳务交易的结果能够可靠估计的，应当按照完工百分比法确认提供劳务收入。完工百分比法，是指按照提供劳务交易的完工进度确认收入与费用的方法。

提供劳务交易的结果能够可靠估计，是指同时具备以下条件：收入的金额能够可靠计量；相关的经济利益很可能流入企业；交易的完工进度能够可靠确定；交易中已发生或将要发生的成本能够可靠计量。

（二）收入类项目分析

对收入类项目进行分析，主要是从营业收入构成变动分析、营业收入增减变动分析以及主营业务收入变动分析三个方面来进行。

1. 营业收入构成变动分析。企业可以通过计算各种收入在总收入中的比重来对收入的构成情况进行分析。

见导入案例，根据表 3-2 鸿运公司营业收入构成情况表，对企业营业收入构成的变动分析如下。

在企业的营业收入中，2006 年的构成情况是：主营业务收入占 92％，其中甲产品占 25％，乙产品占 57％，丙产品占 10％；其他业务收入占 8％，其中材料销售占 4％，运输业务占 2％，出租包装物占 2％。因此，企业要增加收入，重点应放在扩大甲、乙两种产品的销售上。在此基础上，再将其与企业上一年度（2005 年）的营业收入构成进行对比分析，从而进一步了解哪一种产品的比重上升（下降），上升（下降）的原因是什么，然后根据这种分析作出正确的决策。

从其他业务收入来看，2006 年比 2005 年比重降低了 2％。其中材料销售降低了 1％，运输业务降低了 1％，出租包装物的比重没有变化。从企业经营目标来看，这种变化是可喜的，说明企业将主要精力放在了主要业务上，应予以肯定。

2. 营业收入增减变动分析。对收入类项目增减变动的分析，可通过编制收入类项目增减变动分析表来进行。

例3-1 鸿运公司2002年至2006年营业收入的增减变动情况如表3-3所示,请作出分析评价。

表3-3 营业收入变动情况表

年　　度	营业收入(万元)	变动情况	
		变动额(万元)	变动率(%)
2002	6 140	—	—
2003	8 195	2 055	33.47
2004	9 458	1 263	15.41
2005	12 521	3 063	32.39
2006	18 889	6 368	50.86

计算结果表明,该企业营业收入近几年来一直呈上升趋势。2006年企业营业收入比2005年增长了6 368万元,增长率为50.86%。这说明企业的经营状况良好,发展势头不错。另外,企业经营者还可以进一步将本企业营业收入的增长速度与同行业企业的增长速度进行比较,进而从企业在行业竞争中所处的位置来评价本企业的经营业绩。

3. 主营业务收入变动分析。营业收入项目是反映企业经营主要业务和其他业务所确认的收入总额。由于其他业务收入在整个企业收入中的比重一般不大,因此在进行收入分析时,应重点把握主营业务收入的变动情况。

(1) 主营业务收入品种构成及变动情况的分析。对主营业务收入品种构成及变动情况的分析,可通过编制主营业务收入品种构成及变动情况表来进行分析。

根据导入案例,可编制鸿运公司主营业务收入的构成及变动情况表(如表3-4所示),请作出分析评价。

表3-4 主营业务收入构成及变动情况表

产品名称	2005年		2006年		差异	
	金额(万元)	比重(%)	金额(万元)	比重(%)	金额(万元)	比重(%)
甲	4 382	38.89	4 722	27.17	340	—11.72
乙	6 010	53.33	10 767	61.96	4 757	8.63
丙	877	7.78	1 889	10.87	1 012	3.09
合计	11 269	100.00	17 378	100.00	6 109	0

从表3-4中可以看出,企业的主要业务是甲、乙、丙三种产品的生产和销售,其中甲产品和乙产品的销售比重较大。但甲产品占主营业务收入的比重2006年比2005年下降11.72%,经分析,其主要原因是该产品已经处于成熟阶段,市场已经饱和,下降也属于正常范围,说明企业应停止扩大生产该产品,以免遭受损失;乙产品所占比重由2005年的53.33%上升到2006年的61.96%,经分析,其主要原因是该产品正处于成长期,市场销售潜力仍很大,所以企业应该保持该产品的生产规模;丙产品所占比重虽然不大,但也有一定程度的上升,经分析,该产品正处于上升阶段,市场前景良好,企业应扩大生产和销售,以占有更多的市场份额。

通过对企业主营业务收入构成情况的分析,可以了解企业主要业务构成的变动情况。企业要增加主营业务收入,重点应放在扩大企业主要经营品种的销售上。如果再与连续几年的主营业务收入构成表进行对比,还可以进一步明确哪一种产品的比重发生了变化,变化的原因是什么,以及对企业总体收入有何影响等。然后根据分析结论,结合市场变化,及时调整产品结构,扩大销售,以占有更多的市场份额。

(2)主营业务收入增长情况的分析。对主营业务收入增长情况的分析可通过编制主营业务收入增长情况表来进行。

例 3 - 2　鸿运公司近年来的主营业务收入增长情况如表 3 - 5 所示,请作出分析评价。

表 3 - 5　主营业务收入增长情况表

年度	主营业务收入(万元)	定基增长速度(%)	环比增长速度(%)
2002	7 629	—	—
2003	9 326	22.24	22.24
2004	10 534	38.08	12.95
2005	11 269	47.71	6.98
2006	17 378	127.79	54.21

从表 3 - 5 的资料中可以看出,企业近年来主营业务收入是年年增长的。以 2002 年为基年,从定基增长速度来看,是逐年递增的,到 2006 年为止,已经增长了 127.79%;从环比增长速度来看,2005 至 2006 年间的增长速度是最快的,2003 至 2004 年和 2004 至 2005 年间的增长速度之间的变动,也在正常变动的范围之内。若在分析时发现有的年份环比增长速度大幅度降低,则应结合具体情况,进一步分析减慢的原因。

通过编制企业的主营业务收入增长情况表,可以分析企业主营业务收入连续几年的变动趋势,进而判断企业的未来发展趋势。

(3)主营业务收入地区构成的分析。通过对企业主营业务收入地区构成的分析,可了解企业的销售市场布局、顾客分布及变动情况等。从消费者的心理与行为表现来看,不同地区有不同的习俗和消费习惯,消费者对不同品牌的产品具有不同的偏好。不同地区的市场潜力则在很大程度上影响企业的未来发展。

二、费用类项目的阅读与分析

费用是指企业在日常活动中发生的、会导致所有者权益减少的、与所有者分配利润无关的经济利益的总流出,表现为资产减少或负债增加而引起的所有者权益减少。费用包括的主要项目有:营业成本、营业税金及附加、销售费用、管理费用、财务费用、所得税费用等。

(一)费用类项目的确认

对费用项目的确认是费用项目阅读的基础。费用只有在经济利益很可能流出企业从而导致其资产减少或者负债增加,且经济利益的流出额能够可靠计量时才能予以确认。

1. 企业为生产产品、提供劳务等发生的可归属于产品成本、劳务成本等的费用,应当在确认销售商品收入、劳务收入时,将已销售产品、已提供劳务的成本等计入当期损益。

2. 企业发生的支出不产生经济利益,或者即使能够产生经济利益但不符合或者不再符合资产确认条件的,应当在发生时确认为费用,计入当期损益。

3. 企业发生的交易或者事项,导致其承担了一项负债而又不确认为一项资产的,应当在发生时确认为费用,计入当期损益。

(二) 费用类项目的分析

费用类项目的分析包括以下主要项目的分析。

1. 营业成本的分析。"营业成本"项目是指反映企业经营主要业务和其他业务发生的实际成本总额。它是与营业收入相关的、已经确定了归属期和归属对象的成本。在不同类型的企业里,营业成本有不同的表现形式:在工业企业里,营业成本表现为已销售产品的生产成本;在商品流通企业里,营业成本表现为已销售商品成本。

在对营业成本进行分析时,主要精力应放在主要业务成本的变动上,确定本期与前期或同行业企业的成本差异,从而找出产生差异的原因。

2. 营业税金及附加的分析。"营业税金及附加"项目是指企业经营业务应负担的营业税、消费税、城市维护建设税、资源税、土地增值税和教育费附加等。其中,营业税是对提供劳务、转让无形资产或者销售不动产的单位和个人征收的一种税,其金额按照营业额和规定的税率相乘计算得出;资源税是对国家境内开采税矿产品或生产盐的单位和个人征收的一种税;教育费附加是为了加快发展地方教育事业、扩大地方教育经费的资金来源而征收的一种税。总之,营业税金及附加虽然不构成产品的生产成本,但却是企业为了取得营业收入而必须发生的一项费用支出。在分析时,应注意其计算的准确性和缴纳的及时性。

3. 销售费用的分析。"销售费用"项目是指企业在销售商品过程中发生的包装费、广告费等费用及为销售本企业商品而专设的销售机构的职工薪酬、业务费等经营费用。

从销售费用的基本构成及功能来看,有的与企业的业务活动规模有关(如运输费、装卸费、整理费、包装费、保险费、销售佣金、差旅费、展览费、委托代销手续费、检验费等);有的与企业从事销售活动人员的待遇有关(如营销人员的工资和福利费);也有的与企业的市场开拓、企业品牌知名度的扩大等有关。从企业管理层对上述各项费用的有效控制来看,尽管管理层可以对诸如广告费、营销人员的工资和福利费等采取控制或降低其规模等措施,但是,这种控制或降低,对企业的长期发展不利,或者影响有关人员的积极性。因此,对利润表进行分析时,应将企业销售费用的增减变动和销售量的变动结合起来,分析这种变动的合理性、有效性。一般认为,在企业业务发展的条件下,企业的销售费用不应当降低。片面追求在一定时期的费用的降低,有可能对企业的长期发展造成不利影响。

4. 管理费用的分析。"管理费用"项目是指企业行政管理部门为组织和管理生产经营发生的各项费用。与销售费用一样,尽管管理层可以对管理费用中诸如业务招待费、技术开发费、董事会会费、职工教育经费、涉外费、租赁费、咨询费、审计费、诉讼费、修理费、管理人员工资和福利费等项支出采取控制或降低其规模等措施,但是,这种控制或降低,对公司的长期发展不利,或者影响有关人员的积极性。另一方面,折旧费等是企业以前各个会计期间已经支出的费用,不存在控制其支出规模的问题,对这类费用的处理,更多地受企业会计政策的影响。因此,一般认为,在企业业务发展的条件下,企业的管理费用变动也不会太大,单一追求在一定时期的费用的降低,也有可能对企业的长期发展造成不利影响。

5. 财务费用的分析。"财务费用"项目是指企业为筹集生产经营所需资金而发生的筹资费用,包括利息支出(减利息收入)、汇兑损失(减汇兑收益)以及相关的手续费等。其中,经营期间发生的利息支出构成了企业财务费用的主体。企业贷款利息水平的高低主要取决于三个因素：贷款规模、贷款利息率和贷款期限。

(1) 贷款规模。如果因贷款规模的原因，导致计入利润表的财务费用下降，则企业会因此而降低财务风险。但是也应该看到，企业可能因贷款规模的降低而限制了其发展。

(2) 贷款利息率和贷款期限。从企业融资的角度来看，贷款利息率的具体水平主要取决于一定时期资本市场的供求关系、贷款规模、贷款的担保条件以及贷款企业的信誉等。在利率的选择上，可以采用固定利率、变动利率或浮动利率等。可见，在贷款利率中，既有企业不可控制的因素，也有其可以选择的因素。在不考虑贷款规模和贷款期限的条件下，企业的利息费用将随着利率水平而波动。从总体上说，贷款期限对企业财务费用的影响，主要体现在利率因素上。

企业的利率水平主要受一定时期资本市场的利率水平的影响，在分析时，不应对企业因贷款利率的宏观下调而导致的财务费用降低给予过高的评价。

总之，财务费用是由企业筹资活动而发生的，因此在进行财务费用分析时，应当将财务费用的增减变动和企业筹资活动联系起来，分析财务费用的增减变动的合理性和有效性，发现其中存在的问题，查明原因，采取对策，以控制和降低费用，提高企业利润水平。

6. 所得税费用的分析。"所得税费用"项目是指企业根据所得税准则确认的应从当期利润总额中扣除的所得税费用。

所得税费用应在利润表中单独列示。它由两部分内容构成：一是按照税法规定计算的当期应交所得税，二是按照上述规定计算的递延所得税费用，但不包括直接计入所有者权益项目的交易和事项以及企业合并的所得税影响。所得税分析的关键在于确定资产、负债的计税基础，资产、负债的计税基础一经确定，即可计算暂时性差异，并在此基础上确认递延所得税资产、递延所得税负债以及递延所得税费用。

三、利润项目的阅读与分析

利润是指企业在一定会计期间的经营成果。利润包括收入减去费用的净额、直接计入当期利润的利得和损失等。

(一) 利润项目的阅读

1. 营业利润的阅读。以营业收入为基础，减去营业成本、营业税金及附加、销售费用、管理费用、财务费用以及资产减值损失，加上公允价值变动收益、投资收益即得到企业的营业利润。营业利润是企业承包在生产经营活动中实现的经营性利润，它是形成企业最终财务成果的核心部分。

2. 利润总额的阅读。以营业利润为基础，加上营业外收入减去营业外支出得到利润总额。其中，非流动资产处置净损失应当单独列示。利润总额是企业最终实现的财务成果，它反映出企业的投入产出效率与管理水平的高低。

3. 净利润的阅读。净利润又称税后净利，它是以利润总额为基础减去所得税后的余额。如果为净亏损则以"—"号填列到利润表中。税后净利润归属于企业所有者，因此，企业若实现净利润就增加了所有者权益，而发生亏损则减少了所有者权益。

(二) 利润项目的分析

1. 营业利润的分析。企业营业利润的多少，代表了企业的总体经营的管理水平和效果。通常营业利润越大的企业,效益越好。在进行具体分析时,还应注意以下问题。

(1)营业利润不但包括了主要业务利润,而且还包括其他业务利润。所以当企业多元化经营、多种经营业务开展得较好时,其他业务利润会弥补主要业务利润低的缺陷;但如果企业其他业务利润长期高于主要业务利润,则企业应适当考虑产业结构的调整问题。如果企业的营业利润主要由投资收益盈利获得,则应肯定以前的投资决策是正确的,但要分析内部经营管理存在的问题,以提高企业内部生产经营活动的创新能力。

(2)关注其他业务利润的用途,是用于发展主要业务,还是用于非生产经营性消费。如果是前者,企业的盈利能力会越来越强;如果是后者,企业将缺乏持续的盈利能力。

当企业营业利润较小时,应着重分析主要业务利润的大小、多种经营的发展情况和期间费用的多少。如果企业主要业务利润和其他业务利润均较大,但期间费用较高,也会出现营业利润较小的情况,这时,就应重点分析销售费用、管理费用和财务费用项目。分析这几项费用的构成,找出费用居高的原因,严格控制和管理,通过降低费用提高营业利润。

2.利润总额的分析。利润总额的分析,是根据利润表所反映的数据以及有关资料进行的,侧重于根据组成利润总额的几个主要项目来进行比较分析。

例 3-3 鸿运公司 2006 年利润总额的构成资料如表 3-6 所示,请作出分析评价。

表 3-6 利润总额构成情况表   单位:万元

项 目	2005 年实际	2006 年计划	2006 年实际
营业利润	769	1 500	1 493
营业外收入	15	14	16
营业外支出	38	12	16
利润总额	746	1 502	1 493

根据表 3-6 提供的资料,可以从以下三个方面进行分析。

(1)分析利润总额的增长与完成情况。首先,将企业 2006 年利润总额的实际数与计划数(预计数)进行对比,计算本年利润总额计划的完成程度,并将本年利润总额同上年利润总额进行比较,计算利润增长率,以动态观察企业利润的增长情况。

$$实际利润总额超额(或没有)完成计划数=实际利润总额-计划(预计)利润总额$$
$$=1\,493-1\,502=-9(万元)$$

$$利润总额计划完成程度=\frac{实际利润总额}{计划利润总额}\times100\%$$
$$=1\,493\div1\,502=99.40\%$$

$$本年利润较上年增长额=本年利润总额-上年利润总额$$
$$=1\,493-746=747(万元)$$

$$利润增长率=\frac{利润增长额}{上年利润总额}\times100\%$$
$$=747\div746=100.13\%$$

上述计算结果表明,该企业利润总额没有完成预定计划,但与上年比较,利润总额增加了 747 万元,利润增长率为 100.13％。应对计划制订的科学性以及导致未完成计划的原因进行深入分析。

其次,将组成利润总额的各项目的本年实际数同上年实际数进行比较,以便确定各项目对企业经营成果的影响程度。

(2)分析利润总额构成的变动情况。企业的利润总额包括营业利润和营业外收支。在一般情况下,营业利润反映了企业正常生产经营活动的成果,而营业外收支项目则反映与其经营活动无直接关系的各项收入和支出。因此,应重点对营业外支出项目进行分析,着重检查是否严格按照国家规定的项目、范围和标准列支,是否违反了国家关于成本开支范围的规定,把应计入产品成本中的费用也挤到营业外支出中,从而在成本指标中造成虚假现象等。

通过营业外收支的分析,可以补充说明企业工作的质量,揭露企业工作中的薄弱环节,并据以制定措施,改进工作。

一般情况下,营业利润是企业生产活动中主要业务所得,它是利润总额的基本构成因素,在利润总额中占的比重应最大,而营业外收支等在利润总额中所占比重应较小。根据这个原则,在分析时,就要注意企业利润总额的构成是否符合上述情况。如果企业的利润总额是在扩大其他销售利润的基础上完成的,说明企业过多地从事了基本生产经营活动以外的业务活动,若不是产品结构或经营方针进行重大调整,势必会妨碍企业的基本生产经营活动。所以,还应当结合企业的情况作进一步的分析,以查明原因。

从表 3-6 可知,该企业营业外收入增加 1 万元,使利润总额增加 1 万元,增长率为 0.13％(1/745);营业外支出减少 22 万元,使利润总额增加 22 万元,增长率为 2.95％(22/746),具体原因有待进一步分析。

3. 净利润的分析。净利润是企业在一定时期实现的完全属于股东所有的经营成果,等于利润总额减去所得税费用后的余额。它不仅包括经营性的盈利,而且还包括投资、资本运作等理财性盈利和非经常性损益。因此,净利润的增减变动是利润表上所有项目增减变动的综合结果。在对营业利润和利润总额进行初步分析的基础上进行净利润的增减变动及其构成的分析时,应将分析的重点放在本期净利润增减变动的主要项目上,尤其应分清经营性、经常性损益项目的影响和非经营性及非经常性损益项目的影响。

在正常情况下,企业的非营业的利润较少,所得税相对稳定,因此,只要营业利润较大,利润总额和净利润也会较高。如果企业的利润总额和净利润主要由非营业利润获得,该企业利润实现的真实性和持续性应引起报表分析人员的重视。对于任何企业来讲,经营性的营业利润必须是构成净利润的最重要的部分,其金额应远远高于非经营性损益项目金额。反之,则企业正常的生产经营能力和生存能力令人怀疑。

对净利润的分析,可以结合对形成净利润的各项目的增减变动及其结构变动的分析,并对其中变动差异较大的重点项目的分析。

任务 2　利润表趋势比较分析

一、利润增减变动的分析

通过编制利润表的水平分析表,对利润的增减变动情况进行分析。

　　根据导入案例,编制鸿运公司的利润水平分析表(如表3-7所示),对该企业利润的增减变动情况分析如下。

表3-7　利润水平分析表　　　　　　　　单位:万元

项　　目	2005年度	2006年度	增减额	增减率%
一、营业收入	12 521	18 889	6 368	50.86
减:营业成本	8 440	12 000	3 560	35.75
营业税金及附加	370	420	50	13.51
销售费用	1 100	1 575	475	43.18
管理费用	1 370	3 170	1 800	131.39
财务费用(收益以"-"号填列)	60	130	70	116.67
资产减值损失	50	55	5	10.00
加:公允价值变动净收益(净损失以"-"号填列)				
投资净收益(净损失以"-"号填列)	38	-46	-84	-221.05
二、营业利润(亏损以"-"号填列)	769	1 493	724	94.15
加:营业外收入	15	16	1	6.67
减:营业外支出	38	16	-22	-57.89
其中:非流动资产处置净损失(净收益以"-"号填列)				
三、利润总额(亏损以"-"号填列)	746	1 493	747	100.13
减:所得税	246	493	247	100.41
四、净利润(净亏损以"-"号填列)	500	1 000	500	100.00
五、每股收益				
(一)基本每股收益				
(二)稀释每股收益				

　　在对鸿运公司的利润增减变动情况进行时,应对几个关键的指标进行重点分析。

(一)净利润分析

　　净利润是企业经营的最终成果,是衡量一个企业经营效益的主要指标。净利润多,企业的经营效益就好;净利润少,企业的经营效益就差。鸿运公司在2006年实现净利润1 000万元,比2005年增长了500万元,增长率为100%。净利润增长的主要原因是2006年利润总额比2005年增长了747万元,同时2006年所得税也比2005增长了247万元,两者相抵后,2006年净利润仍比2005增加了500万元。显然,对利润总额的增长还应作进一步分析。

(二)利润总额分析

　　利润总额是企业在一定时期内经营活动的税前成果。鸿运公司在2006年实现利润总额 1 493 万元,比 2005 年增长了 747 万元,增幅为 100.13％。经分析,主要原因是企业的营业利润增长 724 万元。另外,2006 年营业外收入较 2005 年增加了 1 万元,2006 年营业外支出较 2005 年减少 22 万元,营业外收支共使利润总额增加 23 万元。两个因素共同作用使利润总额增长了 747 万元。显然,营业利润增长是利润总额增长的主要原因。为此,还应对营业利润作进一步分析。

(三) 营业利润分析

营业利润是企业在生产经营活动中实现的经营性利润。鸿运公司在 2006 年实现营业利润 1493 万元,比 2005 年增长了 724 万元,增幅为 94.15％。经分析,主要原因是 2006 年营业收入较 2005 年有较大幅度的增加,增幅为 50.86％,虽然营业成本、营业税金及附加、销售费用、管理费用和财务费用等项均有一定程度的增加,但仍不能抵消营业收入的增长。值得注意的是,2006 年管理费用和财务较 2005 年都有大幅度的增加,这是企业在分析时应该注意的事项。企业应结合具体情况,分析这两项费用增加的具体原因,从而找出解决的办法。另外,2006 年投资净收益出现了负值,说明企业投资有可能出现了失误,在分析时也应引起注意。

二、利润构成变动的分析

通过编制利润表的垂直分析表,对利润的构成变动情况进行分析。

根据导入案例,编制鸿运公司的利润垂直分析表(如表 3-8 所示),对利润构成的变动分析如下。

表 3-8 利润垂直分析表

单位：％

项　　　　目	2005 年度	2006 年度	变动幅度
一、营业收入	100.00	100.00	—
减：营业成本	67.40	63.53	−3.87
营业税金及附加	2.96	2.22	−0.74
销售费用	8.79	8.34	−0.45
管理费用	10.94	16.78	5.84
财务费用(收益以"−"号填列)	0.48	0.69	0.21
资产减值损失	0.40	0.29	−0.11
加：公允价值变动净收益(净损失以"−"号填列)			
投资净收益(净损失以"−"号填列)	0.30	−0.24	−0.54
二、营业利润(亏损以"−"号填列)	6.14	7.90	1.76
加：营业外收入	0.12	0.08	−0.04
减：营业外支出	0.30	0.08	−0.22
其中：非流动资产处置净损失(净收益以"−"号填列)			

续 表

项 目	2005 年度	2006 年度	变动幅度
三、利润总额（亏损以"－"号填列）	5.96	7.90	1.94
减：所得税	1.96	2.61	0.65
四、净利润（净亏损以"－"号填列）	4.00	5.29	1.29
五、每股收益			
（一）基本每股收益			
（二）稀释每股收益			

从表 3-8 中可以看到鸿运公司本年度财务成果的构成情况：营业利润占营业收入的比重为 7.9%，比上年度的 6.14%增长了 1.76%；利润总额占营业收入的比重为 7.9%，比上年度的 5.96%增长了 1.94%；净利润占营业收入的比重为 5.29%，比上年度的 4%增长了 1.29%。由此可见，从企业利润的构成上看，盈利能力比上年有所提高。

从营业利润的内部结构变化看，主要是营业成本、营业税金及附加及销售费用的比重比 2005 年有所降低，另外，资产减值损失的比重也有所下降，说明企业在成本控制的资产管理上取得了成效。值得注意的是，2006 年的管理费用和财务费用的比重比 2005 年分别提高 5.84%和 0.21%，这对公司取得营业利润是个不利的因素，要结合企业具体情况作深入分析。

综上所述，该公司在增收节支、开源节流方面取得了一定成效。

知识链接

企业盈利能力和财务状况的关系

企业的收入、支出和企业的资产、权益之间存在着如下的关系：企业的收入是使企业资产增加（如货币资金或应收账款等的增加）或权益减少的金额（如预收货款等）；企业的支出是使企业资产减少（如消耗存货）或权益增加（如应付账款）的金额。

企业盈利时，收入大于费用，在损益表中表现为企业实现利润，在资产负债表中表现为企业资产（资产方）和未分配利润（权益方）的增加，企业的财务状况因此而改善。

企业发生亏损时，企业费用大于收入，在损益表中表现为企业实现利润为负，在资产负债表中表现为企业资产的减少和所有者权益的减少（未分配利润为负数），企业财务状况因此恶化。

企业是以其所有者权益（或净资产）来担负盈亏责任的。企业盈利，企业已实现但未分配的利润增加，因而企业的净资产增加，企业总资产也相应地增加。当企业亏损时，则企业亏损掉上期未分配的利润，如果上期未分配利润小于当期亏损额，则未分配利润为负，将使所有者权益总额减少，企业总资产也减少等额部分。企业资产负债表和利润表之间所存在的数量关系，反映了财务状况和企业盈利能力之间存在的相互作用关系。企业在一个会计期间内，其财务状况也可能好转，也可能恶化，要进行具体分析。

因此，企业的盈利能力与企业的财务状况是相互制约、相互促进的。一个资金结构极不合理、长短期资金来源和使用极不平衡的企业,不可能有较高的盈利能力。企业的资金结构、资金平衡性和偿债能力等,在一定程度上决定了企业的盈利能力。比如,企业为了保证有充足的支付能力,就需要持有足够的货币资金,而货币资金滞留于支付环节过多或持有时间过长,就产生企业投入生产经营过程的资金不充足的问题;生产经营投入资金不足,则企业的经济效益就会受到影响。因为资金投入生产经营活动,是资金循环和创造利润的前提。通过对企业财务状况的分析,在一定程度上可以揭示企业的盈利能力。有关这几个方面的分析,可以总结如下。

(1) 企业资金结构合理,则企业的盈利能力比较稳定。企业的资金结构不合理,会给企业的生产经营带来困难,最终将降低企业的盈利能力。

(2) 企业偿债能力过高,说明企业没有充分利用其资金,企业创造利润的潜力没有全部发挥。企业偿债能力过低,有可能导致企业的被动破产,即在企业盈利情况下的破产。

(3) 企业负债经营率的高低对企业的盈利能力有直接的影响。当企业自有资金利润率高于企业借款利率时,企业的负债经营可以提高企业的盈利能力;当企业自有资金利润率低于企业借款利率时,企业的负债经营会降低企业的盈利能力。

(4) 企业的营运资金增加,可增强企业的经营实力,使企业的盈利机会增加;营运资金减少,会降低企业的经营实力,使企业的生产经营受到限制。

(5) 企业各项资产周转速度加快,可使企业在相同时期内对营运资金的需求降低,为企业节约出更多资金用于经营规模的扩大和盈利水平的提高;企业生产经营各环节资金管理不善,会增加对营运资金的需求,与正常情况相比,企业需要更多的资金投入来获得相同的收益,资金成本上升,盈利能力下降。

(资料来源:张金昌著,《现代企业财务分析》,经济管理出版社,1997 年版。)

项目2 掌握盈利能力分析

案例导入

宏远公司 2007 年利润表如表 3-9 所示。

表 3-9 利润表

编制单位:宏远公司　　　　　　　　　2007 年度　　　　　　　　　单位:万元

项　目	本期金额	上期金额
一、营业收入	21 200	18 800
减:营业成本	12 400	10 900
营业税金及附加	1 200	1 080
销售费用	1 900	1 620
管理费用	1 000	800

续 表

项　　目	本期金额	上期金额
财务费用	300	200
加：投资收益	300	300
二、营业利润	4 700	4 500
加：营业外收入	150	100
减：营业外支出	650	600
三、利润总额	4 200	4 000
减：所得税费用	1 680	1 600
四、净利润	2 520	2 400

注：① 利润均为简化格式，仅用于示例。

② 为简化，假设所得税税率为 40%。

【讨论分析】

请根据宏远公司的财务报表进行盈利能力分析。

任务 1　销售盈利能力分析

销售盈利能力是指企业的营业收入和各项成本费用等投入获取利润的能力。衡量销售盈利能力的指标主要包括营业利润率、成本费用利润率等。

一、营业利润率

营业利润率是企业一定时期营业利润与营业收入的比率。其计算公式为：

$$营业利润率 = \frac{营业利润}{营业收入} \times 100\%$$

营业利润率越高，表明企业市场竞争力越强，发展潜力越大，从而盈利能力越强。

需要说明的是，从利润表来看，企业的利润包括营业利润、利润总额和净利润三种形式。而营业收入包括主营业务收入和其他业务收入，收入来源有销售商品收入、提供劳务收入和资产使用权收入等，在实务中也经常使用销售净利率、销售毛利率等指标（计算公式如下）来分析企业经营业务的盈利水平。此外，通过考察营业利润占整个利润总额比重的升降，可以发现企业经营理财状况的稳定性、面临的危险或者可能出现的转机迹象。

$$销售净利率 = \frac{净利润}{销售收入} \times 100\%$$

$$销售毛利率 = \frac{销售收入 - 销售成本}{销售收入} \times 100\%$$

根据导入案例表 3-9 资料，该公司 2006 年度和 2007 年度的营业利润率的计算如表 3-10 所示。

表 3 - 10　营业利润率计算表　　　　　　　　　金额单位：万元

时间 项目	2006 年	2007 年
营业利润	4 500	4 700
营业收入	18 800	21 200
营业利润率	23.94％	22.17％

从以上分析可以看出：该公司的营业利润率略有下降。通过分析可以看到,这种下降趋势主要是由于公司 2007 年的成本费用增加所致,由于下降幅度不大,可见,公司的经营方向和产品结构仍符合现有市场需要。

二、成本费用利润率

成本费用利润率是指企业一定时期利润总额与成本费用总额的比率。其计算公式为：

$$成本费用利润率 = \frac{利润总额}{成本费用总额} \times 100\%$$

其中：成本费用总额＝营业成本＋营业税金及附加＋销售费用＋管理费用＋财务费用

该指标越高,表明企业为取得利润付出的代价越小,成本费用控制越好,获利能力越强。

同利润一样,成本费用的计算口径也可以分为不同层次,比如主营业务成本、营业成本等。在评价成本费用效果时,应当注意成本费用与利润之间在计算层次和口径上的对应关系。

根据导入案例表 3 - 9 资料,该公司 2006 年和 2007 年度的成本费用利润率的计算如表 3 - 11 所示。

表 3 - 11　成本费用利润率计算表　　　　　　　金额单位：万元

时间 项目	2006 年	2007 年
营业成本	10 900	12 400
营业税金及附加	1 080	1 200
销售费用	1 620	1 900
管理费用	800	1 000
财务费用	200	300
成本费用总额	14 600	16 800
利润总额	4 000	4 200
成本费用利润率	27.4％	25％

从以上计算结果可以看到,该公司 2007 年度的成本费用利润率比 2006 年度有所下降,公司应当深入检查导致成本费用上升的因素,改进有关工作以扭转效益指标下降的状况。

任务2 资产盈利能力分析

资产盈利能力是指企业所投入的各项资产获取利润的能力。衡量资产盈利能力的指标主要包括总资产报酬率、净资产收益率等。

一、总资产报酬率

总资产报酬率是企业一定时期内获得的报酬总额与平均资产总额的比率。它是反映企业资产综合利用效果的指标,也是衡量企业利用债权人和所有者权益总额所取得盈利的重要指标。其计算公式为:

$$总资产报酬率=\frac{息税前利润总额}{平均资产总额}\times100\%$$

其中:息税前利润总额=利润总额+利息支出=净利润+所得税费用+利息支出

总资产报酬率全面反映了企业全部资产的获利水平,企业所有者和债权人对该指标都非常关心。一般情况下,该指标越高,表明企业的资产利用效益越好,整个企业获利能力越强,经营水平越高。企业还可以将该指标与市场资本利率进行比较,如果前者较后者大,则说明企业可以利用财务杠杆,适当举债经营,以获得更多的收益。

根据导入案例表3-9资料,同时假设表中财务费用全部为利息支出,而且该公司2005年度的年末资产总额为19 000万元。该公司2006年度和2007年度总资产报酬率的计算如表3-12所示。

表3-12 总资产报酬率 金额单位:万元

时间 项目	2005年	2006年	2007年
利润总额		4 000	4 200
利息支出		200	300
息税前利润总额		4 200	4 500
资产年末总额	19 000	20 000	23 000
平均资产总额		19 500	21 500
总资产报酬率		21.54%	20.93%

计算结果表明,企业2007年度的资产综合利用效率与2006年度相比,略微下降,需要对公司资产的使用情况、增产节约工作等情况作进一步的分析考察,以便改进管理,提高效益。

二、净资产收益率

净资产收益率是企业一定时期净利润与平均净资产的比率。它是反映自有资金投资收益水平的指标,是企业获利能力指标的核心。其计算公式为:

$$净资产收益率 = \frac{净利润}{平均净资产} \times 100\%$$

$$其中：平均净资产 = \frac{所有者权益年初数 + 所有者权益年末数}{2}$$

净资产收益率是评价企业自有资本及其积累获取报酬水平的最具综合性与代表性的指标，反映企业资本运营的综合效益。该指标通用性强，适应范围广，不受行业局限，在国际上的企业综合评价中使用率非常高。通过对该指标的综合对比分析，可以看出企业获利能力在同行业中所处的地位，以及与同类企业的差异水平。一般认为，净资产收益率越高，企业自有资本获取收益的能力越强，运营效益越好，对企业投资人和债权人权益的保证程度越高。

根据导入案例表 3-9 资料，同时假定该公司 2005 年度的年末净资产为 13 000 万元。该公司 2006 年度和 2007 年度净资产收益率的计算如表 3-13 所示。

表 3-13　净资产收益率　　　　　金额单位：万元

时间 项目	2005 年	2006 年	2007 年
净利润		2 400	2 520
年末净资产额	13 000	14 600	16 500
平均净资产		13 800	15 550
净资产收益率		17.39%	16.21%

该公司 2007 年度的净资产收益率比 2006 年度降低了 1 个多百分点，这是由于该公司所有者权益的增长快于净利润的增长所引起的，根据资料可以求得，该公司的所有者权益增长率为：(15 550 - 13 800)/13 800 × 100% = 12.68%，而其净利润的增长率为：(2 520 - 2 400)/2 400 × 100% = 5%。

三、盈余现金保障倍数

盈余现金保障倍数是企业一定时期经营现金净流量与净利润的比值，反映了企业当期净利润中现金收益的保障程度，真实反映了企业盈余的质量，是评价企业盈利状况的辅助指标。其计算公式为：

$$盈余现金保障倍数 = \frac{经营现金净流量}{净利润}$$

盈余现金保障倍数是从现金流入和流出的动态角度，对企业收益的质量进行评价，在收付实现制的基础上，充分反映出企业当期净利润中有多少是有现金保障的。一般来说，当企业当期净利润大于 0 时，盈余现金保障倍数应当大于 1。该指标越大，表明企业经营活动产生的净利润对现金的贡献越大。

根据导入案例表 3-9，同时假设该公司 2006 年度和 2007 年度的经营现金净流量分别为 3 000 万元和 5 000 万元（经营现金净流量的数据可以从公司的现金流量表中获得），该公司 2006 年度和 2007 年度的盈余现金保障倍数的计算如表 3-14 所示。

表 3-14　盈余现金保障倍数　　　　　　　　　　　　金额单位：万元

时间 项目	2006 年	2007 年
经营现金净流量	3 000	5 000
净利润	2 400	2 520
盈余现金保障倍数	1.25	1.98

从以上计算结果可以看出,该公司 2007 年度的盈余现金保障倍数比 2006 年度有较大的提高,这是因为在净利润略有增长(增长 120 万元)的情况下,经营现金净流量有较大幅度的增长(增长 2 000 万元),表明该公司收益的流动性有所提高。

任务3　资本盈利能力分析

衡量资本盈利能力的指标主要包括资本保值增值率、市盈率等。

一、资本保值增值率

资本保值增值率是企业扣除客观因素后的年末所有者权益总额与年初所有者权益总额的比率,反映企业当年资本在企业自身努力下的实际增减变动情况。其计算公式为:

$$资本保值增值率=\frac{扣除客观因素后的年末所有者权益总额}{年初所有者权益总额}\times100\%$$

一般认为,资本保值增值率越高,表明企业的资本保全状况越好,所有者权益增长越快,债权人的债务越有保障。该指标通常应当大于 100%。

根据导入案例表 3-9 资料,同时假定不存在客观因素,计算该公司 2007 年度的资本保值增值率为:

$$16\ 500/14\ 600\times100\%=113.01\%$$

这个数据表明公司 2007 年的资本有增值,即所有者权益增长 13.01%。资本保值增值率的根本源泉是企业盈利,企业经营的盈亏是影响资本保值增值率变动的主要因素。因此,资本保值增值率的高低,不仅反映所有者投资的完整和保全程度,而且综合反映了企业能力和盈利水平的高低。需要指出的是,除经营盈亏外,还有其他影响因素也起着重要作用,如增减资本、调整资本结构、剩余收益支付率的变动等。因此,在分析资本保值增值率时应尽量全面地考虑到各主要影响因素,对所有者权益额进行适当调整。

二、市盈率

市盈率是上市公司普通股每股市价相当于每股收益的倍数,反映投资者对上市公司每股净利润愿意支付的价格,可以用来估计股票的投资报酬和风险。其计算公式为:

$$市盈率=\frac{普通股每股市价}{普通股每股收益}$$

市盈率是反映上市公司获利能力的一个重要财务比率,投资者对这个比率十分重视。

这一比率是投资者作出投资决策的重要参考因素之一。一般来说,市盈率高,说明投资者对该公司的发展前景看好,愿意出较高的价格购买该公司股票,所以一些成长性较好的高科技公司股票的市盈率通常要高一些。但是,也应注意,如果某一种股票的市盈率过高,则也意味着这种股票具有较高的投资风险。

根据导入案例表 3-9 资料,同时假定该公司 2005 至 2007 年度发行在外的普通股股数均为 12 000 股,2006 年和 2007 年年末的每股市价分别为 4 元和 5 元。该公司 2006 年和 2007 年年末市盈率的计算如表 3-15 所示。

表 3-15　市盈率计算表　　　　　　　　金额单位:万元

时间 项目	2005 年	2006 年	2007 年
净利润		2 400	2 520
年末普通股股数	12 000	12 000	12 000
普通股平均股数		12 000	12 000
每股收益		0.2	0.21
年末每股市价		4	5
年末市盈率		20	23.81

该公司 2007 年末的市盈率比 2006 年度大幅上涨,反映了投资者对该公司的发展前景进一步看好。

知识链接

净资产收益率与总资产收益率

长期以来,我国上市公司对净资产收益率指标非常重视,因为它是决定企业配股资格的唯一硬指标,围绕净资产收益率的达标问题(以前是连续三年平均 10%,现在是连续三年平均 6%),衍生出不少问题。有人曾作过研究,发现上市公司净资产收益率分布于 10%~11% 的企业比重明显偏大,将配股资格线降低为 6% 以后,这种局面同样存在。当然,企业为了得到再融资资格,在合理的范围内进行资产重组或资金运作,倒也无可非议,关键是指标本身应科学合理,能恰当地评价和反映企业资金使用效果。

近年来,上市公司配完股就"变脸"的情况越来越多,有的配完股当年就亏损,这种问题不能不引起我们的重视。不少专业人士认为,以单项指标作为认定配股资格的依据并不合适,企业可通过"数字游戏"来达到资格线。不难发现,配股后"变脸"的公司,大部分前几年净资产收益率平均处于 10%~11%,现在则正好在 6% 以上。由此可以看出,对企业配股的考核依据需要完善。仅从单项指标的考核来看,净资产收益率并不是最优的选择,有着明显的缺陷。

1. 净资产收益率的计算

分子是净利润,分母是净资产,由于企业的净利润并非仅是净资产所产生的,因而分子和分母的计算口径并不一致,从逻辑上是不合理的。

2. 净资产收益率可以反映企业净资产(股权资金)的收益水平,但并不能全面反映一个企业的资金运用能力。

这个道理十分明显,全面反映一个企业资金运作的整体效果的指标,应当是总资产收益率,而非净资产收益率。所谓总资产收益率,计算公式是:

$$净利润÷平均资产总额(负债＋所有者权益)×100％$$

比较一下它与净资产收益率的差别,仅在于分母的计算范围上,净资产收益率的计算分母是净资产,总资产收益率的计算分母是全部资产,这样分子和分母才具有可比性,在计算口径上才是一致的。

3. 运用净资产收益率考核企业资金利用效果,存在很多局限性

(1) 每股收益与净资产收益率指标互补性不强。由于上市公司资产规模不相等,不能以各企业的收益绝对值指标来考核其效益和管理水平。目前,考核标准主要是每股收益和净资产收益率两项相对数指标,然而,每股收益主要是考核企业股权资金的使用情况,净资产收益率虽然考核范围略大(净资产包括股本、资本公积、盈余公积、未分配利润),但也只是反映了企业权益性资金的使用情况,显然考核企业效益的指标体系需要调整和完善。

(2) 以净资产收益率作为考核指标不利于企业的横向比较。由于企业负债率的差别,如某些企业负债畸高,导致某些微利企业净资产收益率偏高,甚至达到了配股要求,而有些企业尽管效益不错,但由于财务结构合理,负债较低,净资产收益率也较低,有可能达不到配股要求。比较典型的例子是"ST 黄河科技"(现已更名为广电网络),1997 年时总股本 1.1 亿元,总资产 5.2 亿元,由于前两年连续亏损,每股净资产仅为 0.51 元,净资产总额 0.57 亿元,资产负债率高达近 90％,当年实现利润仅为 0.058 2 亿元,每股收益仅 0.052 元,净资产收益率却达 10.18％。1998 年实现利润仅为 0.06 亿元,每股收益仅为 0.06 元,然而净资产收益率却达 11.19％,到了 1999 年则更离谱,实现净利润不足 0.04 亿元,净资产收益率更是达到了 34.34％。显然,该公司从配股资格上是无问题的。虽然该公司后来并没有获得管理层的配股许可,但至少说明我们的考核依据是值得商榷的。

配股作为一项再筹资活动,目的是形成社会资源的优化配置,使社会资金向优势企业流动,然而以黄河科技为例,连续三年的利润额为 0.052、0.06 和 0.04 亿元,相对于每年 5.2 亿元、6.6 亿元和 4.6 亿元的总资产,总资产收益率分别只有 0.001％、0.001％ 和 0.06％,资金使用效率是十分低下的,远不及银行存款利率。假如该企业获准配股,相对于总资产收益率较之高得多而净资产收益率并未达到配股资格线的企业,显然是不公平的。

产生这一问题的原因,就在于净资产收益率不一定能全面反映企业资金利用效果。这一点可从净资产收益率与负债比率的关系上看出来:

因为:总资产收益率＝净资产收益率×净资产占总资产的比率
　　　　　　　　　＝净资产收益率×(1－负债比率)

因此:净资产收益率＝总资产收益率÷(1－负债比率)

从公式可以看出,在总资产收益率一定的情况下,负债比率越高的企业,净资产收益率会越高,这虽然给上市公司以启示,即要提高净资产收益率,必须相对提高负债比率,但这同时也会带来一些副作用,即企业想方设法提高负债率,使企业产生借款冲动。例如,很多企业在发行新股或配股后,不得不立即考虑"配套"借款,巨额筹资往往找不到投向,便大量地委托理财,使我国股市"资金推动市"的效应明显。如果以总资产收益率指标来考核,无论是企业的权益性资金,还是借入资金,均纳入资金利用效果的考核范围,企业不可能通过调节

负债率来提升指标,这样既有利于企业的横向比较,也能比较真实地反映企业资金利用效果,避免净资产收益率指标的片面性。

(3)考核净资产收益率指标也不利于对企业进行纵向比较分析。企业可通过诸如以负债回购股权的方式来提高每股收益和净资产收益率,而实际上,该企业经济效益和资金利用效果并未提高。以 2000 年度实施国有股回购的上市公司"云天化"为例,该公司 2000 年的利润总额和净利润分别比 1999 年下降了 33.66% 和 36.58%,但由于当年回购国有股 2 亿股,每股收益和净资产收益率分别只下降了 0.01 元和 2.33%,下降幅度分别只是 2% 和13%。这种考核结果无疑会对投资者的决策产生不良影响。

由上可以看出,以净资产收益率指标作为企业再筹资的考核标准,弊病较多,而改用总资产收益率考核,较之要合理得多,一方面可以恰当地反映企业资金利用效果,帮助投资者作出正确的投资决策,也可以在一定程度上避免企业玩"数字游戏"达标。

(资料来源:中金在线网 http://comment.stock888.net)

实战模拟

丰达集团利润表及盈利能力分析

【实战模拟资料】

为了让大家了解上市公司财务会计报告的基本内容及分析的需要,我们将分析使用的资料按照财务会计报告的格式列示如下。

(一)公司基本情况简介

丰达集团股份有限公司(以下简称本公司)是由三家股东单位共同投资的私营企业。本公司于 2003 年 1 月 20 日以每股人民币 5.09 元的价格向境内投资者发行面值为人民币1.00 元的 A 股股票 7 000 万股,并于 2003 年 2 月 12 日在上海证券交易所上市交易。

本公司的经营范围:生产、销售焦炭及副产品、生铁、钢材、水泥及制品、电力、碳素制品,煤炭洗选,石灰石开采、加工,货物运输,新产品开发,批发零售矿产品(国家专控品)、化工原料(除易燃易爆易腐蚀危险品)、普通机械、汽车(除小轿车)、日杂百货、农副产品(除国家专控品)。

(二)会计数据和业务数据摘要

1. 本年度主要利润指标如表 3-16、3-17 所示。

表 3-16　本年度主要利润指标　　　　　　　　单位:元

利润指标	2005 年 1 月—2005 年 12 月
利润总额	201 964 461.74
净利润	143 230 037.62
扣除非经营性损益后的净利润	143 461 758.19
主营业务利润	475 343 572.66
其他业务利润	3 962 732.47
营业利润	202 574 268.66

续 表

利润指标	2005 年 1 月—2005 年 12 月
投资收益	1 836 607.50
补贴收入	—
营业外收支净额	−2 446 414.42
经营活动产生的现金流量净额	390 281 672.23
现金及现金等价物净增减额	171 948 992.82

表 3-17 非经常性损益项目和金额 单位：元

项 目	金 额
营业外收入	955 575.19
营业外支出	−1 301 426.78
所得税影响	114 131.02
合计	−231 720.57

2. 截至报告期末公司前三年的主要会计数据和财务指标如表 3-18 所示。

表 3-18 主要会计数据和财务指标 单位：元

财务指标	2005 年	2004 年	2003 年
主营业务收入	2 070 411 303.62	1 822 219 812.21	975 554 356.62
净利润	143 230 037.62	200 394 004.25	71 479 005.73
总资产	3 544 772 902.19	2 948 635 784.72	1 901 153 626.82
股东权益(不含少数股东权益)	984 286 089.94	889 931 052.32	686 913 022.79
每股收益*	0.37	0.51	0.31
每股净资产*	2.52	2.28	2.99
调整后的每股净资产*	2.48	2.25	2.95
每股经营活动产生的现金流量净额	1.00	1.42	0.35
净资产报酬率/%	14.55	22.52	10.41
净资产报酬率/%(加权平均)	15.28	25.50	11.48

公司 2003 年末的总股本为 23 000 万元，2004 年末的总股本为 39 100 万元，报告期内股东权益变动情况、变动原因说明：① 盈余公积和法定公益金增加；本年实现利润按章程规定提取。② 未分配利润增加；本年实现净利润高于本年度支付的 2004 年股利。③ 股东权益合计增加；本年净利润高于本年度支付的 2004 年股利。

（三）报告期内公司经营情况的回顾

1. 总体情况。

（1）公司报告期内总体经营情况。对公司所处的焦化、钢铁行业来说，2005 年是近几年来形势最为困难的一年。受全球经济增速减缓和国内宏观调控政策的影响，在经历了 2004

年和 2005 年上半年较好的市场形势后,从 2005 年下半年开始,国内焦化、钢铁行业出现了产能过剩的局面,焦炭、生铁的销售价格连续大幅下跌,加之原材料焦煤、铁矿石的价格居高不下,导致行业内大部分企业在 2005 年下半年出现了亏损。

面对严峻的市场形势,公司管理层坚持以市场为导向的原则,充分发挥自身优势,采取了一系列措施:充分利用公司拥有市场最终用户的优势,确保了焦炭出口的基本稳定;进一步完善了循环经济产业链,提高了资源的利用率;加大内部集约化管理,严格控制成本支出。通过以上措施,公司最大限度地消除了原材料市场、销售环境和其他因素的不利变化给公司带来的影响。与同行业其他企业相比,公司在焦炭出口价格、销售数量、资金回笼、盈利状况等各方面都处于优势地位。

公司全年共生产焦炭 97.67 万吨,生铁 43.96 万吨,水泥 7.06 万吨,发电 12 692 万度;销售焦炭 76.55 万吨,其中出口 51.68 万吨,创汇 11 233.75 万美元,内销 24.87 万吨;销售生铁 45.32 万吨,其中出口 6.05 万吨,创汇 1 787.92 万美元,内销 39.27 万吨;销售水泥 3 万吨。报告期内,公司实现主营业务收入 207 041.13 万元,主营业务利润 47 534.36 万元,净利润 14 323.00 万元,分别比上年同期增长 13.62%、−38.53% 和 −28.53%。造成公司主营业务利润、净利润下降的主要原因是:报告期内国际国内市场疲弱导致焦炭、生铁产品价格下跌和原材料煤价格居高不下,铁矿石价格提高造成的成本上升。

(2) 公司存在的主要优势和困难、经营和盈利能力的持续性和稳定性。公司的主要产品焦炭和生铁均为钢铁行业的上游产品,由于国家对钢铁行业实施宏观调控,公司的经营也不可避免地受到了一定影响,公司下一步将发挥自身的优势,力求最大程度地降低不利影响。

公司主要优势体现在:

1) 循环经济产业链优势:公司通过现有的洗煤、焦化、烧结、冶炼、煤气发电和煤矸石发电、水泥、矿山等循环经济产业链条实现了能量的梯级利用、资源的高效利用和综合利用,大大提高了资源的产出效益。

2) 成本优势:公司距离原材料煤源近,供给方便,大规模发展焦化工业有着优越的比较成本优势和物质供给条件。

3) 营销优势:公司拥有自营进、出口权,并拥有长期稳定的客户群。出口合同均减少贸易的中间环节,提高经营效益。

4) 品牌优势和质量优势:公司对主导产品实施严格的质量管理,产品质量稳定,深受客户信赖,至今未有因质量问题导致客户索赔、拒收的现象发生,公司生产的"丰达牌"一级冶金焦被评为品牌产品。

5) 规模优势:公司现有的两大主导产品焦炭和生铁的年生产能力分别已达 160 万吨和 100 万吨,在国际国内市场都形成了相当的销售规模。

公司主要困难体现在:① 煤炭资源的制约。公司主导产品焦炭的主要原料是原煤、精煤,而公司目前尚没有自己的煤炭生产基地,这对公司的生产造成一定的影响。公司将进一步加强和省内属各大矿务局的合作关系,积极开发新的煤炭供应商,确保公司能够及时获得较低成本的原、精煤的充足供应。② 对下游行业的依赖。公司主要产品焦炭、生铁均为钢铁行业的上游产品,因此,国际、国内钢铁行业一旦出现波动,将会波及公司,从而影响公司的盈利水平,这种情况在短期内将不会改变。

2. 公司主营业务及其经营状况。

(1) 公司主营业务的范围(见公司基本情况简介)。

(2) 主营业务经营状况。公司业务构成情况如表 3-19 和表 3-20 所示。

表 3-19　业务构成情况表

产　品	主营业务收入(元)	主营业务成本(元)	主营业务利润(%)
焦炭	1 023 137 554.80	619 073 705.63	38.29(39.49)
生铁	911 470 457.65	848 817 210.97	6.87

表 3-20　业务构成情况变动表

产　品	主营业务收入 比上年增减(%)	主营业务成本 比上年增减(%)	主营业务利润率 比上年增减(%)
焦炭	-29.05	-13.00	-12.25
生铁	160.44	184.01	-7.73

说明:焦炭主营业务利润率比上年减少了 12.25%,主要是由于 2005 年焦炭销售价格下跌,主要原材料原煤、精煤的采购价格变化不大所致。生铁主营业务利润率比上年减少了 7.73%,主要是由于报告期内生铁销售价格下降所致。

公司主营业务地区分布情况如表 3-21 所示。

表 3-21　主营业务地区分布情况表

地　区	主营业务收入(元)	主营业务收入比上年增减(%)
国际市场	920 954 425.60	-31.89
国内市场	1 149 456 878.02	144.56

说明:国际市场收入比上年减少了 31.89%,主要是由于 2005 年焦炭出口价格下降和出口数量的减少所致。国内市场收入比上年增加了 144.56%,主要是由于公司新增生铁产能所产生铁主要用于国内销售所致。

(3) 主要供应商、客户情况。2005 年度本公司向前五名供应商合计采购金额 49 211.95 万元,占公司年度采购总额的 22%;本公司向前五名客户销售的收入总额为 75 860.46 万元,占全部销售额的 36.64%。

3. 公司资产及利润构成变动情况。

(1) 资产构成变动情况。公司资产构成变动情况如表 3-22 所示。

表 3-22　资产构成变动情况表

项　目	2005 年(元)	2004 年(元)	占总资产的比例(%)		变动(%)
			报告期	上年同期	
应收款项	193 383 163.29	48 263 361.82	5.46	1.64	3.82
存货	504 415 514.16	515 989 765.60	14.23	17.50	-3.27
长期股权投资	8 658 008.66	10 000 000.00	0.24	0.34	-0.10

续　表

项　目	2005 年（元）	2004 年（元）	占总资产的比例（%）		变动（%）
			报告期	上年同期	
固定资产	1 958 998 003.18	1 094 456 654.00	55.26	37.12	18.14
在建工程	158 680 489.31	655 577 094.18	4.48	22.23	−17.75
短期借款	509 600 000.00	765 000 000.00	14.38	25.94	−11.56
长期借款	892 221 755.88	345 396 792.69	25.17	11.71	13.46
总资产	3 544 772 902.19	2 948 635 784.72	100.00	100.00	/

说明：报告期末公司应收款项为 19 338.32 万元，较上年度末应收款项为 4 826.34 万元增加了 14 511.98 万元，主要系公司生铁项目全部投产，其产品主要在国内销售。

报告期末公司长期股权投资 865.8 万元较上年度减少了 134.2 万元，系参加民生银行股权分置改革支付对价所致。

报告期末公司固定资产为 195 899.8 万元，较上年度末增加了 86 454.13 万元，主要系公司焦炉、高炉项目陆续完工投产并转入固定资产所致。

报告期末公司在建工程 15 868.05 万元，较上年度末减少了 49 689.66 万元，变化的主要原因是：公司 2×25MV 发电机组工程的投入；公司焦炉、高炉项目陆续完工投产转入固定资产。

报告期末公司短期借款为 50 960 万元，较上年度末减少 25 540 万元，主要原因是公司将部分借款由短期借款转入长期借款所致。

报告期末公司长期借款为 89 222.18 万元，较上年度末增加 54 682.5 万元，主要原因是公司将部分借款由短期借款转入长期借款和报告内提回国际金融公司的长期借款所致。

（2）利润构成变动情况。利润构成变动情况如表 3-23 所示。

表 3-23　利润构成变动情况表

项　目	2005 年（元）	2004 年（元）	占利润总额的比例（%）		变动（%）
			报告期	上年同期	
营业费用	128 028 652.16	383 234 850.36	63.39	159.56	−96.17
管理费用	64 488 110.80	44 239 337.03	31.93	18.42	13.51
财务费用	84 215 273.51	73 348 639.17	41.70	30.54	11.16
所得税	20 731 719.55	26 700 133.56	10.27	11.12	−0.85
利润总额	201 964 461.74	240 180 630.03	100.00	100.00	/

说明：报告期内营业费用大幅下降是报告期内出口焦炭委托代理费价格大幅下降和公司委托代理出口焦炭数量下降所致。

报告期内管理费用增加的主要原因是公司产能扩大后管理人员增加，管理人员工资、咨询费、业务经费增加所致。

报告期内财务费用增加的主要原因是公司长期借款增加导致利息支出增加。

4. 公司现金流量构成情况。公司现金流量构成情况如表 3-24 所示。

表 3-24　公司现金流量构成情况表

项　　目	本期数(元)	上年同期数(元)	增减比例(%)
经营活动产生的现金流量净额	390 281 672.23	555 680 700.63	−29.77
投资活动产生的现金流量净额	−376 667 369.09	−763 800 053.31	−50.69
筹资活动产生的现金流量净额	158 334 689.68	222 791 109.88	−28.93

说明：报告期内公司经营活动产生的现金流量净额比上期减少的原因是期内公司主要产品价格下降减少了净利润,且应收账款大幅增加。

报告期内公司投资活动产生的现金流量净额(绝对数额)比上期减少的原因是报告期公司焦炉、高炉等项目建设陆续完工投产,投入金额比上年大幅度减少。

报告期内公司筹资活动产生的现金流量净额减少的主要原因是由于本期吸收投资所收到的现金比上年同期减少。

报告期的净利润 14 323.00 万元与经营活动产生的现金流量净额 39 028.17 万元差异较大,主要是公司本年度财务费用、经常性应付项目的增加及计提的固定资产折旧增加所致。

5. 与公司经营相关的其他重要信息。2005 年,公司募集及自筹资金投入建设的 200 万吨焦化技改一期工程两座焦炉、煤气发电机组及 2 号烧结、高炉项目相继完工,进一步完善了公司循环经济产业链。报告期内,公司比上年增产焦炭 34.62 万吨、生铁 24.63 万吨。

在国内外客户的开拓上,报告期内,公司与国际几大钢铁集团签订了焦炭长期供应合同,并与国内一些大中钢铁厂签订了生铁的长期销售合同。截止到 2005 年 12 月 31 日,公司存货中焦炭 14.64 万吨、生铁 1.95 万吨,属于正常的库存量。

6. 报告期内的投资情况。报告期内,公司投资额为 42 184.59 万元,比上年减少了 32 626.80 万元,减少比例为 43.07%。2005 年度公司投资 950 万元设立了控股子公司原平市丰达矿业有限公司,占其注册资本的 95%。

7. 本次利润分配预案、公积金转增股本预案。

(1) 2006 年 3 月 1 日,本公司第五届董事会 2006 年第一次会议向股东大会提议 2005 年度利润分配预案为：2005 年公司实现的税后净利润 143 286 517.98 万元,在提取法定盈余公积金和法定公益金后,截止 2005 年 12 月 31 日累计未分配利润为 298 999 940.48 万元,按 2005 年 12 月 31 日股份总数 391 000 000 股,每 10 股派发现金股利 1.00 元(含税),共计 39 100 000.00 元。

(2) 本年度不进行资本公积转增股本。

以上利润分配预案需经股东大会审议通过。

(四) 经审计的丰达集团股份有限公司财务报表

经审计的丰达集团股份有限公司财务报表如表 3-25 所示。

表 3 - 25 利润表

编制单位：丰达集团股份有限公司　　　　　　　　　　　　　　　　单位：元

项　目 / 时　间	2005 年	2004 年
一、主营业务收入	1 370 465 036.64	1 220 093 374.59
减：主营业务成本	1 172 267 786.40	797 866 533.87
主营业务税金及附加	11 310 857.30	4 990 775.72
销售退回、折旧及折让		
二、主营业务利润	186 886 392.94	417 236 065.00
加：其他业务利润	3 698 061.68	300.00
减：营业费用	44 831 001.10	133 859 046.00
管理费用	55 849 661.71	36 497 931.88
财务费用	46 628 823.58	46 925 855.68
三、营业利润	74 968.23	199 953 531.44
加：投资收益	116 854 292.03	54 282 073.88
补贴收入		
营业外收入	151 450.00	144 851.00
以前年度损益调整		
减：营业外支出	3 132 949.27	35 221 059.52
四、利润总额	157 147 760.99	219 159 396.80
减：所得税	13 861 243.01	18 821 872.91
少数股东损益		
五、净利润	143 286 517.98	200 337 523.89
加：年初未分配利润	226 081 400.20	113 294 504.89
其他转入		
六、可供分配的利润	369 367 918.18	313 632 028.78
减：提取法定盈余公积	14 328 651.80	20 033 752.39
提取法定盈余公益金	7 164 325.90	10 016 876.19
七、可供投资者分配的利润	47 874 940.48	283 581 400.20
减：应付优先股股利		
提取任意盈余公积		
支付普通股股利	48 875 000.00	11 500 000.00
转作资本的普通股股利	——	46 000 000.00
八、未分配利润	298 999 940.48	226 081 400.20

（五）附加资料

1. 主营业务收入如表 3-26 所示。

表 3-26　主营业务收入表　　　　　　　　　单位：元

项　目　时　间	2005 年	2004 年
出口焦炭	792 076 400.46	1 219 551 152.17
出口生铁	128 878 025.14	132 661 111.13
出口小计	920 954 425.60	1 352 212 263.30
焦炭	211 061 154.34	194 240 767.02
生铁	782 592 432.51	217 311 443.49
焦油	44 330 076.9	14 109 846.63
粗苯	35 279 744.36	10 969 372.68
水泥	7 140 321.35	1 920 729.05
电力	9 172 398.77	1 847 273.04
材料	37 751 671.66	28 730 328.61
其他	22 129 078.13	877 788.39
内销小计	114 945 678.02	470 007 548.91
销售收入总额	2 076 411 303.62	1 822 219 812.21

（1）2005 年本公司前五名客户销售的收入总额为 758 604 572.73 元，占全部销售额的36.64%。

（2）本项目本年度变动幅度较大的原因系 2005 年生铁销售量增长所致。

2. 主营业务成本如表 3-27 所示。

表 3-27　主营业务成本表　　　　　　　　　单位：元

项　目　时　间	2005 年	2004 年
焦炭	9 073 705.63	711 617 660.48
生铁	848 817 210.97	298 868 905.26
焦油	26 848 206.17	
粗苯	20 418 214.44	
水泥	6 001 766.12	1 728 462.76
电力	7 076 905.64	1 978 770.04
材料	38 284 448.52	28 968 790.34
其他	16 135 857.37	697 285.03
主营业务成本总额	972 656 314.86	1 043 859 873.91

本项目本年度变动幅度较大的原因系生铁销售量增加及原材料价格上涨所致。

3. 主营业务税金及附加如表 3 - 28 所示。

表 3 - 28　主营业务税金及附加表

单位：元

时间 类别	2005 年	2004 年
城建税	7 111 892.34	1 732 879.68
教育费附加	4 211 533.03	2 723 111.44
资源税	60 000.00	15 000.00
营业税	1 027 990.73	632 500.31
合计	12 411 416.10	5 103 491.43

4. 其他业务利润如表 3 - 29 所示。

表 3 - 29　其他业务利润表

单位：元

时间 项目	2005 年	2004 年
租车	277 080.00	
代理	635 672.30	
其他	3 685 652.47	300.00
其他业务利润总额	3 962 732.47	635 972.30

5. 本期营业费用变动幅度较大,主要系本期本公司委托代理出口焦炭减少、委托代理费用较上年减少所致。

6. 本期管理费用变动幅度较大,主要系本期公司管理人员工资、咨询费、业务经费增加所致。

【实战模拟要求】

1. 对利润表的主要项目销售收入、成本费用、利润项目进行分析。

2. 对销售盈利能力进行分析。

【实战模拟解析】

(一) 销售收入的分析

1. 企业销售收入的品种构成。销售收入分析目的在于：如果企业的利润主要来源于主营业务收入,那就说明企业的经营成果是稳定的;如果企业利润大多数来自非销售收入,哪怕当年利润再高,企业的经营都可能是不稳定的,也可能是不好的。多元化经营的企业主营业务收入可能不止一种,如果企业改变经营方向,主营业务也会发生变化。

公司销售收入品种构成变动的有关资料及分析如表 3 - 30 所示。

表 3-30　公司销售收入品种构成变动的有关资料及分析表

项　目	2005 年(万元)	2004 年(万元)	销售结构(%)		金额变动(%)
			2005 年	2004 年	
出口焦炭	79 207.6	121 255.1	38.26	66.54	−34.68
出口生铁	12 887.8	13 266.1	6.22	7.28	−2.85
出口小计	92 095.4	135 221.2	44.48	74.21	−31.89
焦炭	21 106.1	19 424.1	10.19	10.66	8.66
生铁	78 259.2	21 731.1	37.80	11.93	260.13
焦油	4 433.0	1 411.0	2.14	0.77	214.17
粗苯	3 528.0	1 096.9	1.70	6.02	221.63
水泥	714.0	192.1	0.34	0.11	271.68
电力	917.2	184.7	0.44	0.10	396.59
材料	3 775.2	2 873.0	1.82	1.58	31.40
其他	2 212.9	87.8	1.07	0.05	2 420.04
内销售小计	114 945.6	47 000.7	55.52	25.79	144.56
主营业务收入总额	207 041.0	182 221.9	100.00	100.00	13.62

　　分析结果表明:公司主营业务收入 2005 年比 2004 年增长 13.62%,主要是由于销售比重较大的焦炭、生铁、焦油和材料,内销形势较好,分别比上年增长了 8.66%、260.13%、214.17%、31.40%,并且其他各产品的销售收入也有很大程度的增长,因为焦炭和生铁产品的销售收入分别占主营业务收入的 48.45%(其中:出口占 38.26%、内销占 10.19%)和 44.02%(其中:出口占 6.22%、内销占 37.8%),由此可见,焦炭和生铁是公司经营业绩的增长点。

　　从公司的营业总额市场构成情况看,内销收入 2005 年比 2004 年增长了 144.56%,内销收入的比重由 25.79% 上升为 55.52%。出口收入 2005 年比 2004 年却降低了 31.89%,比重由 74.21% 下降到 44.58%。虽然销售市场结构发生了变化,但是主营业务收入增加了 24 819.1(207 041−182 221.9)万元,这样有利于利润的稳定提高,为提高公司的获利能力奠定了良好的基础。

　　公司主要供应商、客户情况:2005 年度本公司向前五名供应商合计采购金额为 49 211.95 万元,占公司年度采购总额的 22%;本公司向前五名客户销售的收入总额为 75 860.46 万元,占全部销售额的 36.64%。本项目本年度变动幅度较大的原因系 2005 年度生铁销售量增长所致。

　　2. 企业销售收入的地区构成。根据表 3-21 主营业务地区分布情况表所示,国际市场主营业务收入 920 954 425.60 元,比上年减少了 31.89%,主要是由于 2005 年焦炭出口价格下降和出口数量的减少所致。

　　国内市场主营业务收入 1 149 456 878.02 元,比上年增加了 144.56%,主要是由于公司新增生铁产能,所产生铁主要用于国内销售所致。

　　(二) 成本和费用分析

　　1. 主营业务成本。

　　(1) 主营业务成本总额变动情况分析。主营业务成本变动情况,如表 3-31 所示。

表 3 - 31　主营业务成本变动情况表　　　　　　　单位：万元

项　目	2005 年	2004 年	升降额	升降率(%)
焦炭	61 907.4	71 161.8	−9 254.4	−13.00
生铁	84 881.7	29 886.9	54 994.8	184.01
焦油	2 684.8		2 684.8	
粗苯	2 041.8		2 041.8	
水泥	600.2	172.8	427.4	247.34
电力	707.7	197.9	509.8	257.60
材料	3 828.4	2 896.9	931.5	32.16
其他	1 613.6	69.7	1 543.9	2 215.07
主营业务成本总额	158 265.6	104 386.0	53 879.6	51.62

结果表明：主营业务成本总额 2005 年比上年增加了 53 879.6 万元，其增长速度为 51.62%，增长较快且超过了主营业务收入的增长(13.62%)，其主要原因是由于生铁的原材料涨价，另外有粗苯和焦油为新产品没有可比成本共同影响。这将会影响公司的利润水平和获利能力的降低。

从产品构成看，除焦炭产品成本下降外，其他产品均有不同程度的提高，尤其是水泥、电力及其他项目增长幅度较大，故应结合主营业务收入的变动情况作进一步的分析。

（2）主要产品单位成本的分析。

某产品单位销售成本＝某产品销售总成本÷该产品销售量

某产品销售总成本＝本期生产成本＋期初结存成本－期末结存成本

某产品单位生产成本＝该产品本期生产成本÷当期生产量

可见，当期单位销售成本与单位生产成本的差异主要受期初和期末结存成本变动的影响，如果企业当期生产产品当期全部销售出去，则当期单位销售成本与当期单位销售成本可能是相同的，或者差异较小。在这种情况下，对单位销售成本的分析与对单位生产成本的分析是一致的，可利用主要产品单位成本表的资料进行分析。

2. 各项费用的分析。与财务成果直接相关的费用有营业费用(销售费用)、管理费用和财务费用等。具体费用项目分析如下。

（1）各项费用项目的变动情况分析。公司各项费用项目的变动情况分析如表 3 - 32 所示。

表 3 - 32　各项费用项目的变动情况表　　　　　　　单位：元

项　目	2005 年	2004 年	升降额	升降率(%)
营业费用	44 831 001.10	133 859 046.00	−89 028 044.9	−66.51
管理费用	55 849 661.71	36 497 931.88	19 351 729.83	53.02
财务费用	46 628 823.58	46 925 855.68	−297 032.1	−0.63
费用总额	147 309 486.4	217 282 833.6	−69 973 347.2	−32.20

分析结果表明：丰达公司 2005 年的期间费用较上年均有较大幅度的变动。从费用总额看,虽比上年节约了 69 973 347.2 元,费用减少速度为 32.2%,但是,从上述分析表中的数据不难看出,公司的管理费用却增加了 19 351 729.83 元,增长速度是 53.02%,经考察主要是本期本公司管理人员工资、咨询费、业务经费增加所致;此外,本期营业费用变动幅度较大,比上年减少了 89 028 044.9 元,降低速度为 66.51%,主要是本期本公司委托代理出口焦炭减少,委托代理费较上年减少所致;本期财务费用节约了 297 032.1 元,变动幅度为 0.63%,主要是汇兑损益和手续费的减少所致。

(2)各项费用项目构成情况分析。各项费用项目构成情况分析如表 3-33 所示。

表 3-33　各项费用项目构成情况分析表　　　　　　　　　　单位：元

项　　目	2005 年	2004 年	结构(%)		变动(%)
			2004 年	2005 年	
营业费用	44 831 001.10	133 859 046.00	61.61	30.44	−31.17
管理费用	55 849 661.71	36 497 931.88	16.80	37.91	21.11
财务费用	46 628 823.58	46 925 855.68	21.59	31.65	10.06
费用总额	147 309 486.4	217 282 833.6	100.00	100.00	/

结果表明：本期公司的费用结构发生了较大的变化,管理费用和财务费用所占比重均比上年有所增加,分别增加了 21.11%、10.06%,尤其是管理费用变动幅度较大应给予足够的重视;当然,本期的营业费用由上年占费用总额的主体(61.61%)降低为仅占30.44%,不足 1/3,由此可见,在公司主营业务收入增加的情况下营业费用却大幅度降低,反映出公司的营业费用水平下降,这将有利于增加公司的营业利润水平,提高获利能力。

(三)利润分析

1.利润总额变动情况分析。根据丰达公司的利润及利润分配表的有关数据资料及分析如表 3-34 所示。

表 3-34　利润总额变动情况分析表　　　　　　　　　　单位：元

项　目　＼　时　间	2005 年	2004 年	增减额
主营业务收入	1 370 465 036.64	1 220 093 374.59	150 371 662.05
主营业务成本	1 172 267 786.40	797 866 533.87	374 401 252.53
营业税金及附加	11 310 857.30	4 990 775.72	6 320 081.58
主营业务利润	186 886 392.94	417 236 065.00	−230 349 672.6
其他业务利润	3 698 061.68	300.00	3 697 761.68
营业利润	43 274 968.23	199 953 531.44	−156 678 563.21
投资收益	116 854 282.03	54 282 073.88	62 572 218.15
营业外收入	151 450.00	144 851.00	6 599.00

续　表

时间 项目	2005 年	2004 年	增减额
营业外支出	3 132 949.27	35 221 059.52	−32 088 110.25
利润总额	157 147 760.99	219 159 396.80	−62 011 635.81
所得税	13 861 243.01	18 821 872.91	−4 960 629.9
净利润	143 286 517.98	200 337 523.89	−57 051 005.91

结果表明：本期公司的税后净利润比上年减少了 57 051 005.91 元，主要是利润总额减少造成的。

本期利润总额减少，从上述数据的观察发现，主要是由于主营业务成本的上升造成主营业务利润减少了 230 349 672.6 元所致，从而带来公司盈利能力下降，反映出公司的主营业务的经营管理还存在一定薄弱环节，对此公司应给予足够的重视，采取积极措施，改善经营，提高获利能力。

此外，公司在对外投资和其他经营业务上取得了一定的成绩，表现在其他业务利润和投资收益均比上年分别增加 3 697 761.68 元和 62 572 218.15 元；同时在营业外支出的控制上也有所增强，使营业外支出比上期节约了 32 088 110.25 元。这些将有利于增强公司的获利能力。

2. 利润的税费结构分析。利润的税费结构分析如表 3 - 35 所示。

表 3 - 35　利润的税费结构分析表

单位：元

时间 项目	2005 年	2004 年	占利润总额的比重（%）		变动（%）
			2005 年	2004 年	
营业费用	128 028 652.16	383 234 850.36	63.39	159.56	−96.17
管理费用	64 488 110.80	44 239 337.03	31.93	18.42	13.51
财务费用	84 215 273.51	73 348 639.17	41.70	30.54	11.16
所得税	20 731 719.55	26 700 133.56	10.27	11.12	−0.85
利润总额	201 964 461.74	240 180 630.03	147.29	219.64	−72.35

从上述资料看，公司本期的所得税负担比上年降低了 0.85%，但是管理费用和财务费用负担却有所增加，分别增加 13.51% 和 11.16%，造成了公司的盈利能力下降。

报告期内营业费用大幅下降是报告期内出口焦炭委托代理费价格大幅下降和公司委托代理出口焦炭数量下降所致。

报告期内管理费用增加的主要原因是公司产能扩大后管理人员增加，管理人员工资、咨询费、业务经费增加所致。

报告期内财务费用增加的主要原因是公司长期借款增加导致利息支出增加。

（四）销售盈利能力分析

1. 销售毛利分析。根据公司利润表资料分析如表 3 - 36 所示。

表 3-36 销售毛利变动情况分析表　　　　　单位：万元

时间\项目	2005 年	2004 年	差异	升降率(%)
主营业务收入	137 046.5	122 009.3	15 037.2	12.32
主营业务成本	117 226.8	79 786.7	37 440.1	46.93
毛利额	19 819.7	42 222.6	−22 402.9	−53.06
毛利率(%)	14.46	34.61	−20.15	−58.22

　　结果表明：公司本期的毛利额比上年减少了 22 402.9 万元,降低率为 53.06%,主要是由于主营业务成本增长率(46.93%)超过了主营业务收入的增长率(12.32%)造成的;同时由于毛利额的减少和主营业务收入提高的综合作用,使毛利率由 34.61% 下降为 14.46%,降低率为 58.22%。揭示出公司的主营业务利润水平下降,因而其收入的获利能力减弱。

　　值得注意的是,有必要进一步收集主要产品的成本资料,对主营业务成本上升的原因进行详细的分析,以便采取有效的措施,不断地改进工作。

　　2. 营业利润率分析。根据丰达公司的利润表资料,营业利润率分析如表 3-37 所示。

表 3-37 丰达公司营业利润分析表　　　　　单位：元

时间\项目	2005 年	2004 年	增减额
主营业务收入	1 370 465 036.64	122 009 3374.59	150 371 662.05
主营业务利润	186 886 392.94	417 236 065.00	−230 349 672.06
其他业务利润	3 698 061.68	300.00	3 697 761.68
营业利润	43 274 968.23	199 953 531.44	−156 678 563.21
营业利润率(%)	3.16	16.39	−13.23

　　结果表明：公司本期的营业利润率由 16.39% 下降到 3.16%,变动幅度为 13.23%,主要是因为主营业务利润的降低导致营业利润下降,反映公司的主营业务收入的净获利能力下降。

　　3. 销售净利率分析。销售净利润率分析如表 3-38 所示。

表 3-38 丰达公司销售净利润率分析表　　　　　单位：元

时间\项目	2005 年	2004 年	增减额
主营业务收入	1 370 465 036.64	1 220 093 374.59	150 371 662.05
主营业务利润	186 886 392.94	417 236 065.00	−230 349 672.06
其他业务利润	3 698 061.68	300.00	3 697 761.68
营业利润	43 274 968.23	199 953 531.44	−156 678 563.21
利润总额	157 147 760.99	219 159 396.80	−62 011 635.81
所得税	13 861 243.01	18 821 872.91	−4 960 629.9
净利润	143 286 517.98	200 337 523.89	−57 051 005.91
销售净利润率(%)	10.46	16.42	−5.96

结果表明：丰达公司本期的销售净利润率由 16.42％ 降低到 10.46％，下降了 5.96％，它反映每 100 元主营业务收入中所赚取的净利润数额减少了 5.96 元。其主要原因依然是主营业务利润的减少直接影响了营业利润和利润总额的减少，进一步影响了净利润，即使在所得税负担减少（前述分析得知）的情况下，净利润仍然减少，最终导致销售净利润率的下降。

4. 销售利息率分析。根据财务费用和主营业务收入的有关资料，销售利息率分析如表 3-39 所示。

表 3-39 销售利息率分析表   单位：元

时间 项目	2005 年	2004 年	增减额
主营业务收入	1 370 465 036.64	1 220 093 374.59	150 371 662.05
利息支出	97 145 636.01	62 700 936.37	34 444 699.64
销售利息率（％）	7.09	5.14	1.95

结果表明：公司本期的销售利息率增加了 1.95％，这主要是报告期内财务费用增加造成的，其主要原因是公司长期借款增加导致利息支出增加所致。

通常，企业的销售利息率越低越好。它表明企业资金运转顺畅，债务资金比重低，流动性压力小，对企业获利水平的抵扣小，企业获利能力上升。丰达公司销售利息率上升，它表明公司资金运转受阻，债务融资比重上升，流动性压力大，对企业获利水平的抵扣大，企业获利能力下降。

值得注意的是，当销售利息率上升并超过一定界限时，不仅会引起企业获利水平的下降，而且意味着企业的债务负担沉重，企业是依靠债务来维系资金运转的，一旦债务筹资受阻，企业将可能陷于破产的境地。因此应引起公司管理方面的足够重视。

思考题

1. 对收入、费用结构分析的目的是什么？如何分析？
2. 对利润结构分析的目的是什么？如何分析？
3. 如何理解成本费用对企业盈利能力的影响？
4. 企业资产对收益形成的影响表现在哪些方面？
5. 简述企业盈利能力分析的内容？
6. 反映企业盈利能力的财务指标有哪些？如何计算和分析？

能力训练

一、华能公司利润表分析

华能公司是一家上市公司，它主要生产小型及微型处理电脑，其市场目标主要定位于小规模公司和个人使用。该公司生产的产品质量优良，价格合理，在市场上颇受欢迎，销路很好，因此该公司也迅速发展壮大起来。公司当前正在做 2006 年度的财务分析，下一周，财务总监董晶将向总经理汇报 2006 年度公司的财务状况和经营成果,汇报的重点是公司经营成果的完成情况,并要出具具体的分析数据。

张伟是该公司的助理会计师,主要负责利润的核算、分析工作,董晶要求张伟对公司 2006 年度有关经营成果的资料进行整理分析,并对公司经营成果的完成情况写出分析结果,以供公司领导决策考虑。接到财务总监交给的任务后,张伟立刻收集有关经营成果的资料,资料如表 3-40、3-41、3-42、3-43 所示。

表 3-40 利润表

编制单位:华能公司　　　　　　　　　　　2006 年度　　　　　　　　　　　单位:千元

项目 ＼ 时间	2006 年	2005 年
一、主营业务收入	1 296 900	1 153 450
减:主营业务成本	1 070 955	968 091
主营业务税金及附加	14 396	6 805
二、主营业务利润	211 549	178 554
加:其他销售利润	−5 318	−2 192
减:存货跌价损失	2 095	
营业费用	2 723	1 961
管理费用	124 502	108 309
财务费用	−24 122	105 541
三、营业利润	101 033	−39 449
加:投资净收益	23 604	68 976
营业外收入	80	
减:营业外支出	3 113	1 961
四、利润总额	121 604	27 566
减:所得税	23 344	4 268
五、净利润	98 260	23 298

表 3-41 华能公司投资收益表

　　　　　　　　　　　　　　　　　　　　　　　　　　　　　　　　　　　单位:千元

项目 ＼ 时间	2006 年	2005 年
长期股权投资收益	26 274	21 176
长期股权投资差额摊销	−2 400	−2 200
长期股权转让收益		50 000
短期投资跌价损失	−270	
投资收益合计	23 604	68 976

表 3-42　华能公司财务费用表　　　　　　　　　　　单位:千元

项　目 ＼ 时　间	2006 年	2005 年
利息支出	970	128 676
减:利息收入	26 854	25 320
汇兑损失	3 108	2 809
减:汇兑收益	1 480	756
其他	134	132
财务费用	-24 122	105 541

表 3-43　华能公司管理费用明细表　　　　　　　　　单位:千元

项　目 ＼ 时　间	2006 年	2005 年
工资及福利费	64 540	64 320
劳动保险费	4 340	4 308
业务招待费	8 988	4 211
工会经费	1 150	1 048
折旧费	1 540	1 540
技术开发费	38 600	27 856
其他	5 344	5 026
管理费用	124 502	108 309

【能力训练要求】

请运用案例中提供的信息,协助张伟做好以下几个分析工作:

1. 运用水平分析法编制利润增减变动分析表。

2. 对公司 2006 年利润比上期增减变动情况进行分析评价。

3. 运用垂直分析法编制利润结构分析表。

4. 对公司 2006 年利润结构变动情况进行分析评价。

二、贵州茅台盈利能力分析

中国贵州茅台酒厂有限责任公司的前身是中国贵州茅台酒厂,1997 年成功改制为有限责任公司(以下简称集团公司)。1999 年,由有限责任公司联合中国食品发酵研究所发起的贵州茅台酒股份有限公司正式成立,2001 年 8 月,贵州茅台股票在上交所挂牌上市。公司主导产品贵州茅台酒是中国民族工商业率先走向世界的代表,1915 年荣获美国巴拿马万国博览会金奖,与法国科涅克白兰地、英国苏格兰威士忌并称世界三大(蒸馏)名酒,是我国大曲酱香型白酒的鼻祖和典型代表。近一个世纪以来,贵州茅台酒已先后 14 次荣获各种国际金奖,并蝉联历次国内名酒评比之冠,被公认为中国国酒。

表 3-44、表 3-45、表 3-46、表 3-47、表 3-48、表 3-49、表 3-50 是贵州茅台酒厂

2003 年、2004 年的部门收入、费用、利润指标数据。

表 3-44　2003 年度各季度利润表　　　　　　　　单位：亿元

2003 年	一季度	二季度	三季度	四季度	全年
主营业务收入	7.34	2.75	5.44	8.48	24.01
主营业务利润	4.77	1.73	3.31	6.33	16.14
营业利润	3.41	0.69	1.84	3.8	9.74
利润总额	3.41	0.71	1.85	3.81	9.78
净利润	2.18	0.35	1.02	2.32	5.87
每股收益(元)	0.79	0.13	0.25	0.77	1.94

表 3-45　2004 年度各季度利润表　　　　　　　　单位：亿元

2004 年	一季度	二季度	三季度	四季度	全年
主营业务收入	8.53	4.61	7.56	9.4	30.1
主营业务利润	5.82	3.04	4.96	7.68	21.5
营业利润	4.01	1.69	3.06	6.12	14.88
利润总额	4.01	1.69	3.06	6.14	14.9
净利润	2.62	0.87	1.66	3.05	8.2
每股收益(元)	0.67	0.22	0.42	0.78	2.09

表 3-46　贵州茅台历年产销量

时间\项目	2001 年	2002 年	2003 年	2004 年
产量(吨)	8 610	10 686	11 794.49	15 010
销量(吨)	5 204.46	5 323	5 647.56	6 100
销售均价(万元/吨)	31.09	34.47	42.5	49.34

表 3-47　贵州茅台毛利率　　　　　　　　单元：%

产品	2002 年	2003 年	2004 年一季度			
			一季度	二季度	三季度	全年
高度茅台酒	83.29	80.88	83.61	83.6	83.28	93.39
低度茅台酒	78.79	80.73	81.42	82.17	81.67	81.5

表 3 - 48　贵州茅台收入结构表　　　　　单位：亿元

产　品	2001 年	2002 年	2003 年	2004 年				
				一季度	二季度	三季度	四季度	全年
高度茅台酒	12.48	14.34	19.35	6.54	3.97	6.12	7.9	24.53
低度茅台酒	3.12	3.41	3.86	1.44	0.53	1.2	1.09	4.26
其他酒	0.58	0.6	0.806 4	0.55	0.11	0.24	0.41	1.31
合计	16.18	18.35	24.016	8.53	4.61	7.56	9.4	30.1

表 3 - 49　贵州茅台 2003 年收入费用表　　　　　单位：亿元

项　目	一季度	二季度	三季度	四季度	全年
主营业务收入	7.34	2.75	5.44	8.49	24.02
主营业务成本	1.36	0.61	1.06	1.74	4.77
主营业务税金及附加	1.21	0.41	1.06	0.4	3.08
营业费用	0.999 6	0.480 5	1	1.17	3.650 1
管理费用	0.389 5	0.582 8	0.557 7	1.39	2.92
财务费用	−0.022 1	−0.021 6	−0.078 8	−0.038	−0.161

表 3 - 50　贵州茅台 2004 年收入费用表　　　　　单位：亿元

项　目	一季度	二季度	三季度	四季度	全年
主营业务收入	8.53	4.61	7.56	9.4	30.1
主营业务成本	1.51	0.79	1.38	1.67	5.35
主营业务税金及附加	1.2	0.78	1.22	0.05	3.25
营业费用	1.4	0.6	1.38	0.39	3.77
管理费用	0.482	0.778	0.64	1.21	3.11
财务费用	−0.067 5	−0.032 1	−0.123 5	−0.037	−0.26

【能力训练要求】

1. 分别计算公司 2003 年、2004 年的主营业务利润率、营业利润率、净利润率，简要分析。

2. 分别计算主营业务收入、主营业务利润、营业利润、利润总额、净利润、每股收益这几项指标 2004 年比 2003 年的增长速度，并简要分析。

3. 阅读贵州茅台历年产销量数据表，计算各年的产销率？分析存货积压对公司会带来什么影响？阅读贵州茅台毛利率，简要分析毛利率的变动趋势？你知道其他酒类产品的毛利率吗？收集资料，并比较一下。

4. 根据贵州茅台收入结构数据表，计算各项收入占总收入的比重，并简要分析。

5. 根据贵州茅台 2003 年、2004 年收入费用表，计算各项费用占主营业务收入的比重，并简要分析。

综合训练

1. 基本案情

振兴公司是一个资金实力非常雄厚的大型家电生产企业。多年来其产品一直占领着国内销售市场 40% 以上和出口市场 1/3 以上的份额。近年来由于市场竞争加剧,企业的生产经营面临着一些实际困难,经济效益开始出现下滑的迹象。为使企业走出困境,把有限的资金用在刀刃上,公司董事召开会议,集体通过了"以销定产的产品生产计划,并利用手中多余资金 15 000 万元对外投资,以获取投资收益,降低经营风险"的决定。围绕这一决定,公司专门组织安排了十余名调查人员进行市场调研。

经分析、整理调研资料,拟定可供公司选择的投资对象如下。

(1) 格力电器,代码 0651。公司主营:家用空调器、电风扇、清洁卫生器具。公司空调产销量居国内第一位,有行业领先优势,尤其是出口增长迅速,经营业绩稳定增长。

(2) 华工科技,代码 0988。公司主营:激光器激光加工设备及成套设备、激光医疗设备等。该股科技含量高,成长性好,公积金也高。

参考以下网址,搜集格力电器和华工科技的近三年财务数据及市场表现。

巨灵经济信息网　　http://www.genius.com.cn
中国证券网　　　　http://www.stocknews.com.cn
　　　　　　　　　http://www.astprince.com
巨潮资讯数据库　　http://www.cninfo.com.cn
全景网络　　　　　http://www.p5w.net

2. 分析要点

(1) 分析两个公司的财务报表,并对各公司的财务能力进行评价。

(2) 企业对外股份投资应考虑的主要因素。

3. 问题探讨

假若你是振兴公司主管,你将选择哪家公司作为投资对象? 选择依据是什么?

4

模块 4

现金流量表及现金能力分析

知 识 目 标	能 力 目 标
1. 掌握现金流量表分析的主要内容、重点项目的分析方法。 2. 掌握企业现金能力分析常用财务指标的计算方法及评价方法。	1. 综合运用分析方法,对企业现金流量的变动情况作出全面、客观的分析。 2. 运用现金能力指标综合分析评价企业现金能力,准确判断与预测未来现金流量的变动趋势。

项目 1　掌握现金流量表分析

任务 1　现金流量表项目分析

案例导入

宏达公司 2006 年现金流量表如表 4－1 所示。

表 4－1　现金流量表

编制单位:宏达股份有限公司　　　　　　2006 年度　　　　　　单位:元

项　　　　目	金　　额
一、经营活动产生的现金流量	
销售商品、提供劳务收到的现金	6 074 146 956.86
收到的税费返还	93 936 748.81
收到的其他与经营活动有关的现金	37 300 799.15
经营活动现金流入小计	6 205 384 504.82
购买商品、接受劳务支付的现金	4 299 038 995.54

续　表

项　　　　目	金　　额
支付给职工以及为职工支付的现金	228 045 774.61
支付的各项税费	283 477 427.42
支付其他与经营活动有关的现金	971 276 037.21
经营活动现金流出小计	5 781 838 234.78
经营活动产生的现金流量净额	423 546 270.04
二、投资活动产生的现金流量	
收回投资收到的现金	
取得投资收益收到的现金	627 649.18
处置固定资产、无形资产和其他长期资产收回的现金净额	377 191 615.34
处置子公司及其他营业单位收到的现金净额	
收到其他与投资活动有关的现金	7 315 665.63
投资活动现金流入小计	385 134 930.15
购建固定资产、无形资产和其他长期资产支付的现金	178 862 146.82
投资支付的现金	
取得子公司及其他营业单位支付的现金净额	
支付其他与投资活动有关的现金	
投资活动现金流出小计	178 862 146.82
投资活动产生的现金流量净额	206 272 783.33
三、筹资活动产生的现金流量	
吸收投资收到的现金	
取得借款收到的现金	916 390 000.00
收到其他与筹资活动有关的现金	25 412 931.71
筹资活动现金流入小计	941 802 931.71
偿还债务支付的现金	1 039 830 000.00
分配股利、利润或偿付利息支付的现金	264 849 419.70
支付其他与筹资活动有关的现金	71 884.98
筹资活动现金流出小计	1 304 751 304.68
筹资活动产生的现金流量净额	−362 948 372.97
四、汇率变动对现金及现金等价物的影响	
五、现金及现金等价物的影响	266 870 680.40
加：期初现金及现金等价物余额	

项　　　目	金　　额
六、期末现金及现金等价物余额	
补充资料	
1. 将净利润调节为经营活动的现金流量	
净利润	368 952 845.58
加：资产减值准备	−103 887.68
固定资产折旧、油气资产折耗、生产性生物资产折旧	183 431 375.14
无形资产摊销	7 257 880.26
长期待摊费用摊销	1 765 408.64
处置固定资产、无形资产和其他长期资产的损失（收益以"—"号填列）	−441 542.20
固定资产报废损失（收益以"—"号填列）	
公允价值变动损失（收益以"—"号填列）	
财务费用（收益以"—"号填列）	23 229 366.31
投资损失（收益以"—"号填列）	119 528 409.52
递延所得税资产减少（增加以"—"号填列）	
递延所得税负债增加（减少以"—"号填列）	
存货的减少（增加以"—"号填列）	56 222 695.90
经营性应收项目的减少（增加以"—"号填列）	−249 900 999.61
经营性应付项目的增加（减少以"—"号填列）	−112 112 667.03
其他	25 699 395.21
经营活动产生的不多见流量净额	423 546 270.04
2. 不涉及现金收支的重大投资和筹资活动	
债务转为资本	
一年内到期的可转换公司债券	
融资租入固定资产	
3. 现金及现金等价物净变动情况	
现金的期末余额	849 123 666.06
减：现金的期初余额	582 252 985.66
加：现金等价物的期末余额	
减：现金等价物的期初余额	
现金及现金等价物净增加额	266 870 680.40

【讨论分析】

对宏达公司2006年现金流量表中的企业经营活动、投资活动和筹资活动产生的现金流量构成情况进行分析,分析企业所处的经营状况和财务风险,进而对企业现金流量的质量作出客观、准确的评价。

一、经营活动现金流量的阅读与分析

(一)经营活动的现金流入量

在现金流量表中,一般按照经营活动现金流入的来源设置不同的项目,具体反映经营活动现金流入量。

1. 销售商品、提供劳务收到的现金。该项目反映企业销售商品、提供劳务实际收到的现金(含销售收入和应向购买者收取的增值税税额),即无论何时销售,只要本期收到的现金,都需在此反映。它包括:本期销售商品、提供劳务收到的现金,前期销售商品、提供劳务本期收到的现金和本期预收的账款,再减去本期退回商品支付的现金。企业销售材料和代购代销业务以及经营租赁收到的现金,也在本项目反映。

企业经营活动的现金流入量,是整个企业全部现金流入量中最主要的组成部分。该项目金额较多是正常现象,反之,则要高度关注。宏达公司2006年现金流量表中销售商品、提供劳务收到的现金为 6 074 146 956.86 元,其中包括前期销售商品、提供劳务在本期收到的现金和本期预收的款项。同时,该项目还可与利润表中营业收入的金额相比较,借以分析判断企业当期营业收入的现金回笼情况。

销售商品、提供劳务收到的现金＝当期销售商品或提供劳务收到的现金＋当期收到现金的应收账款＋当期收到现金的应收票据＋当期发生的预收账款－当期因销售退回而支付的现金＋当期收回前期核销坏账损失的现金

2. 收到的税费返还。该项目反映企业收到返还的各种税费,具体指企业上交后由税务等政府部门返还的增值税、营业税、所得税、消费税、关税和教育费附加返还款等。宏达公司2006年共收到以现金形式返还的各种税费款 93 936 748.81 元。如果补贴收入金额较大,在评价企业业绩时应注意剔除补贴收入因素的影响,因为它只是国家财政优惠政策的体现,并不代表企业持续的盈利能力。

3. 收到的其他与经营活动有关的现金。该项目反映企业除了上述各项目外收到的其他与经营活动有关的现金流入,如罚款收入、流动资产损失中由个人赔偿的现金收入等。该项目不是企业经营活动流入现金的主要渠道,少则正常,多则暴露出企业在管理中存在问题。宏达公司2006年共收到37 300 799.15元,仅占经营活动现金流入的0.6%,较正常。

4. 经营活动现金流入小计。该项目反映企业当期经营活动所收取的全部现金金额,在数量上应等于上述三个项目金额的合计数。宏达公司2006年经营活动共收到现金6 205 384 504.82元。

(二)经营活动的现金流出量

在现金流量表中,一般按照企业经营活动的现金流出去向设置支出项目,来具体反映企业在经营活动的不同方面所实际支付的现金。

1. 购买商品、接受劳务支付的现金。该项目反映企业为购买材料、商品或接受劳务等而实际支付的现金,包括支付的货款以及与货款一并支付的增值税进项税额。本项目是企

业经营活动的现金流出量,也是企业总的现金流出量中最主要的组成部分。该项目金额较多是正常现象,但要与企业的生产经营规模相适应。宏达公司 2006 年为购买商品、材料等共支付了现金 4 299 038 995.54 元,其中包括本期支付前期购买商品、接受劳务的未付款项和本期的预付款项。本期发生进货退回收到的现金应从本项目中扣除。该项目还应与利润表中营业成本及资产负债表中存货项目的金额进行比较,借以全面评价企业付现的情况。

购买商品、接受劳务支付的现金＝当期购买商品接受劳务支付的现金＋当期付现的应付账款＋当期付现的应付票据＋当期预付的账款－当期因进货退回收到的现金

2. 支付给职工以及为职工支付的现金。该项目反映企业实际支付给职工的工资、资金、各种津贴和补贴,以及为职工支付的其他费用,如企业为职工交纳的养老、失业等社会保险基金。支付的离退休人员的各项费用,包括支付的统筹退休金以及未参加统筹的退休人员的费用,在"支付的其他与经营活动有关的现金"项目反映;支付的在建工程人员的工资及资金应在"购建固定资产、无形资产和其他长期资产所支付的现金"项目中反映。宏达公司 2006 年该项目的现金流出为 228 045 774.61 元。

3. 支付的各项税费。该项目反映企业按照规定当期支付给税务部门的各种税费,包括本期发生并支付的税费,以及本期支付以前各期发生的税费和预交的税金,如支付的教育费附加、矿产资源补偿费、印花税、房产税、土地增值税、车船使用税、预交的营业税等。该项目不包括计入固定资产价值、实际支付的耕地占用税等,也不包括本期退回的增值税、所得税。宏达公司 2006 年支付的各项税费共计 283 477 427.42 元。

4. 支付的其他与经营活动有关的现金。该项目反映企业除上述各项目外支付的其他与经营活动有关的现金流出,如罚款支出、差旅费、业务招待费、保险费等。该项支出多属于固定性支出,并不促使营业收入成正比例变化,因此应严格控制,对其支出的效益性应多加关注。宏达公司 2006 年实际用现金支付的其他经营费用共计 971 276 037.21 元。

5. 经营活动现金流出小计。该项目反映企业当期在经营活动中实际支付的现金总额,在数量上等于经营活动中各项现金支出之和,是经营活动现金流入的抵减项目。宏达公司 2006 年经营活动共支出现金 5 781 838 234.78 元。

(三) 经营活动产生的现金流量净额

经营活动产生的现金流量净额可以从两个方面进行分析:

1. 功能利用主表资料进行分析。企业当期经营活动现金流入量小计与流出量小计之差即经营活动现金净流量。宏达公司 2006 年全部经营活动共取得现金净流量 423 546 270.04 元。

2. 利用补充资料将净利润调节为经营活动的现金流量。宏达公司 2006 年经营活动所取得的现金流量净额 423 546 270.04 元,其结果与采用直接法确定的经营活动现金净流量相一致。

(四) 经营活动产生的现金流量质量分析

现金流量质量是指企业的现金流量能够按照企业的预期目标进行运转的质量。经营活动产生的现金流量一方面应体现企业发展的战略要求,另一方面应与企业经营活动产生的利润存在一定的对应关系,能为企业的扩张提供现金流量的支持。经营活动产生的现金流量质量可分以下几种情况进行分析:

1. 经营活动产生的现金净流量小于零。这种情况说明企业通过正常的购销活动带来的现金流入量,不足以应付因上述经营活动而引起的现金流出。在企业成长阶段,由于生产

阶段的各个环节尚不完善,同时,为了开拓市场,需要投入大量资金将自己的产品推向市场,从而有可能使企业在这一时期的经营活动现金净流量小于零。这是企业在发展过程中不可避免的正常现象。但是,如果企业在正常生产经营期间仍然出现这种状况,则说明企业经营活动产生的现金流量质量不高。因为在这种情况下,企业必须采用一定手段向外筹措资金来补充资金周转方面现金的不足,而这时企业的筹资能力是有限的。

经营活动现金流量的不足,可以通过多种途径来解决,如:可以消耗企业现存的货币积累;挤占本来可以用于投资活动的现金、推迟投资活动的进行;进行额外贷款融资;拖延债务支付或者加大经营活动中的负债规模等。

2. 经营活动产生的现金净流量等于零。这种情况说明企业通过正常的购销活动带来的现金流入量,刚好能补充经营活动引起的现金流出量,使二者处于平稳状态。由于企业的成本分为付现成本和非付现成本,当经营活动产生的现金净流量等于零时,企业经营活动产生的现金流量就不可能为非付现(如固定资产折旧、无形资产摊销等非现金消耗)成本提供货币补偿。在这种情况下,企业只能支付日常开支,经营风险一旦加大或者当资产消耗到一定程度时,企业就会面临严重的财务问题。所以,企业如果在正常生产经营期间持续出现这种状况,则说明企业经营活动的现金流量质量较差。

3. 经营活动产生的现金净流量大于零。此种情况具体又分为三种状态:

(1) 经营活动产生的现金净流量大于零但不足以弥补非付现成本。在这种情况下,企业面临的压力小于前两种状态,但是这种状态如果持续下去,从长远分析,企业经营活动产生的现金净流量仍然不可能维持经营活动的货币的简单再生产。

(2) 经营活动产生的现金净流量大于零并刚好能弥补当期的非付现成本。在这种情况下,企业在经营活动方面的现金流量的压力得到缓解,但企业经营活动产生的现金流量不能为企业发展提供资金来源。

宏达公司该项目数额仅为经营活动现金流入的6.8%,恐怕难以为企业发展提供充实的资金来源。

(3) 经营活动产生的现金净流量大于零并在补偿非付现成本后仍有剩余。这种状态是企业经营活动现金流量运行的良好状态。这种状态说明企业购销活动带来的现金流量不仅能弥补经营活动中的全部成本,而且还能为企业的投资活动提供现金流量的支持。如果持续这种状态,将对企业经营活动的发展、投资规模的扩大起到积极的推动作用。

二、投资活动现金流量的阅读与分析

(一) 投资活动的现金流入量

1. 收回投资收到的现金。该项目反映企业出售、转让或到期收回除现金等价物以外的短期投资、长期股权投资而收到的现金,以及收回长期债权投资本金而收到的现金,不包括长期债权投资收回的利息,以及收回的非现金资产。宏达公司2006年没有收回对外投资。

2. 取得投资收益收到的现金。该项目反映企业因股权性投资和债权性投资而取得的现金股利、利息,以及从子公司、联营企业或合营企业分回利润而收到的现金。股票股利不在本项目是反映。宏达公司2006年该项现金流入量为627 649.18元。

3. 处置固定资产、无形资产和其他长期资产收回的现金净额。该项目反映企业处置固定资产、无形资产和其他长期资产所取得的现金,减去为处置这些资产而支付的有关费用后的净额。固定资产报废、毁损的变卖收益,以及由于自然灾害所造成的固定资产等长期资产损失而收到的保险赔偿收入,也在本项目中反映。宏达公司 2006 年出售固定资产收到的现金减去出售过程中支付的现金后净收回现金 377 191 615.34 元。

4. 处置子公司及其他营业单位收到的现金净额。该项目反映企业处置子公司及其他营业单位所取得的现金,减去在处置过程中发生的各项费用支出后的净额。宏达公司本年无此项业务。

5. 收到的其他与投资活动有关的现金。该项目反映除了上述各项目外,收到的其他与投资活动有关的现金流量。宏达公司 2006 年收到的其他与投资活动有关的现金共计 7 315 655.63元。

6. 投资活动现金流入小计。该项目反映企业当期投资活动所收到的全部现金,在数量上等于上述五项之和。宏达公司 2006 年上述五项现金流入小计为 385 134 930.15 元。

(二)投资活动的现金流出量

1. 购建固定资产、无形资产和其他长期资产支付的现金。该项目反映企业购建固定资产、无形资产和其他长期资产所支付的现金,不包括为购建固定资产而发生的借款利息资本化的部分,以及融资租入固定资产支付的租赁费,后者应在"筹资活动产生的现金流量——支付的其他与筹资活动有关的现金"项目中反映。宏达公司 2006 年该项目共计支出 178 862 146.82元。

2. 投资支付的现金。该项目反映企业进行权益性投资和债权性投资所支付的现金,包括企业取得的除现金等价物以外的短期股票投资、短期债券投资、长期股权投资、长期债权投资支付的现金,以及支付的佣金、手续费等附加费用。宏达公司 2006 年没有此项支出。

3. 取得子公司及其他营业单位支付的现金净额。该项目反映企业在购买子公司或其他营业单位中用现金支付的部分减去子公司或其他营业单位持有的现金及现金等价物后的净额。宏达公司本年无此项业务。

4. 支付的其他与投资活动有关的现金。该项目反映除了上述各项目外支付的其他与投资活动有关的现金流出。宏达公司 2006 年无此项支出。

5. 投资活动现金流出小计。该项目反映企业当期投资活动所支付的全部现金,在数量上等于前四项之和。宏达公司 2006 年上述四项现金流出小计为 178 862 146.82 元,明显低于投资活动的现金流入量。

(三)投资活动产生的现金流量净额

将上述投资活动现金流入量小计减去现金流出量小计后的差额,即为投资活动产生的现金流量净额。宏达公司 2006 年投资活动产生的现金流量净额为 206 272 783.33 元。

(四)投资活动产生的现金流量质量分析

投资活动产生的现金流量一方面体现企业规模扩张情况,另一方面体现资产的处置和投资收益等情况。投资活动产生的现金流量质量可分以下几种情况进行分析。

1. 投资活动产生的现金净流量小于零。这种情况说明企业在购建固定资产、无形资产和其他长期资产,进行权益性投资和债权性投资等方面所支付的现金之和,大于企业因收回投资,分得股利或利润,取得债券利息收入,处置固定资产、无形资产和其他长期资产而收到的现金之和。对于这种情况,应分析企业投资是否与企业发展阶段、企业长期规划及短期计划相吻合,以判断现金流量的质量。

对于投资活动的现金流入量小于现金流出量的资金缺口,可以通过以下途径加以解决:消耗企业现存的货币资金;挤占本来可以用于经营活动的现金;进行额外货款;利用经营活动积累的现金进行补充;在没有贷款融资渠道的条件下,拖延债务支付。

2. 投资活动产生的现金净流量大于和等于零。这种情况说明企业在投资活动方面的现金流入量大于或等于现金流出量。这种情况的发生,或者是由于企业投资活动回收的规模大于投资支出的规模,这是比较好的现象;或者是由于企业在经营活动与筹资活动方面急需资金而不得不处理手中的长期资产,这种情况必须予以关注。

宏达公司本年度投资活动产生的现金净流量占投资活动产生的现金流入量的53.6%,从数量上看较为富裕,投资收益较好,究其具体原因,还应结合报表附注、财务情况说明书等资料作出评价。

三、筹资活动现金流量的阅读与分析

(一)筹资活动的现金流入量

1. 吸收投资收到的现金。该项目反映企业以发行股票、债券等方式筹集资金实际收到的款项净额(发行收入减去支付的佣金等发行费用后的净额)。企业发行股票、债券等由企业直接支付的审计费、咨询费、宣传费、印花税等费用,在"支付的其他与筹资活动有关的现金"项目中反映。宏达公司2006年没有此项现金流入。

2. 取得借款收到的现金。该项目反映企业在本期内向银行等金融机构举借各种短期、长期借款而收到的现金。宏达公司2006年向银行等金融机构举借长、短期借款共计916 390 000.00元。

3. 收到的其他与筹资活动有关的现金。该项目反映除上述各项目外收到的其他与筹集资金活动有关的现金,如接受捐赠等。宏达公司2006年该项目共计收到现金25 412 931.71元。

4. 筹资活动现金流入小计。该项目反映企业当期通过各种筹资活动实际收到的现金总额,如借款、发行股票、发行债券、融资租赁等。筹资活动现金流入小计在数量上等于前三项之和。宏达公司2006年筹资活动的现金流入共计941 802 931.71元。

(二)筹资活动的现金流出量

1. 偿还债务支付的现金。本项目反映企业以现金偿还债务的本金,包括偿还银行或其他金融机构的借款本金、偿还债券本金等。企业偿还的借款利息、债券利息不包括在本项目内,在"分配股利、利润或偿付利息支付的现金"项目中反映。宏达公司2006年共偿还到期借款本金1 039 830 000.00元。

2. 分配股利、利润或偿付利息支付的现金。该项目反映企业本期实际支付的现金股利、支付给其他投资单位的利润或用现金支付的利息,属于筹资成本的支出。宏达公司2006年该项目实际支付的现金为264 849 419.70元。

3. 支付的其他与筹资活动有关的现金。该项目反映除上述各项目外支付的其他与筹资活动有关的现金流出,如捐赠支出、融资租入固定资产支付的租赁费等。宏达公司2006年该项目共计支付71 884.98元。

4. 筹资活动现金流出小计。该项目反映企业当期筹资活动所支付的全部现金。该项目在数量上等于前三项之和。宏达公司2006年全部筹资活动实际支出现金1 304 751 304.68元。

(三)筹资活动产生的现金流量净额

将上述筹资活动的现金流入量小计减去现金流出量小计,即为筹资活动现金流量净额。宏达公司 2006 年筹资活动产生的现金流量净额为－362 948 372.97 元。

(四)筹资活动产生的现金流量质量分析

筹资活动产生的现金流量一方面体现企业资本及债务规模和构成的变化情况,另一方面体现企业的利润分配和筹资费用等情况。经营活动产生的现金流量质量可分以下几种情况进行分析:

1. 筹资活动产生的现金净流量大于或等于零。这种情况是指筹资活动的现金流入量大于或等于筹资活动的现金流出量。在企业处于起步阶段,扩大投资需要大量资金,以及企业经营活动的现金净流量小于零的条件下,企业的现金流量主要靠筹资活动解决。因此,分析企业筹资活动产生的现金净流量大于或等于零是否正常,关键要看企业的筹资活动是否已经纳入企业的发展规划,是企业管理当局以扩大投资为目标形成的,还是由于企业因投资活动和经营活动的现金流出失控而形成。

2. 筹资活动产生的现金净流量小于零。这种情况是指筹资活动的现金流入量小于现金流出量。这种情况的出现,或者是因为企业在会计期间集中发生偿还债务、支付筹资费用、分配股利或利润、偿还利息、融资租赁等业务,或者是因为企业经营活动与投资活动在现金流量方面运转较好,有能力完成上述支付。但是,企业筹资活动产生的现金净流量小于零,也可能是企业在投资和企业扩张方面没有更好的作为的一种表现。

宏达公司本年筹资活动产生的现金净流量小于零,主要是由于偿还债务所支付的现金数额巨大,是否还有其他潜在问题,可结合财务报表附注或财务情况说明书等资料进行全面评价。

四、汇率变动对现金流量影响的阅读与分析

本项目反映企业将外币现金流量及境外子公司的现金流量折算为人民币时,所采用的现金流量发生日的汇率或平均汇率折算人民币金额,与"现金及现金等价物净增加额"中外币现金净增加额按期末汇率折算的人民币金额之间的差额。汇率变动对现金的影响,应作为调节项目,在现金流量表中单独列示,调增数增大现金净流量,调减数抵减现金净流量。宏达公司本年度无此项业务。

五、补充资料的阅读与分析

补充资料是报表附注的重要组成部分,反映的内容多,包含的信息量大,是报表使用者必须加以关注的重要资料,补充资料的主要内容包括以下三个部分。

1. 将净利润调节为经营活动现金流量。根据新准则的规定,在净利润基础上进行调整的主要项目详见表 4-1 中的补充资料部分。阅读理解如下:

(1)以净利润为基础加上"资产减值准备"、"固定资产折旧等"、"无形资产摊销"、"长期待摊费用摊销"等项目的原因是:这些项目发生时,有的计入管理费用,有的计入制造费用。计入管理费用部分已作为期间费用列入了当期利润表,计入制造费用部分则通过销售成本列入了利润表。无论是折旧还是进行摊销,企业均未发生现金流出,所以应在调节净利润时加回。

(2)处置固定资产、无形资产和其他长期资产的损益;固定资产报废损失;公允价值变动

损益;财务费用以及投资损益是由投资、筹资活动产生的,不属于经营活动产生的损益;将本期净利润转换为经营活动的现金流量时应予以调整,即净损失应当加回,净收益应当扣除。

（3）在纳税影响下,由于计入当期所得税费用的金额大于当期应交的所得税金额,其差额没有发生现金流出,但在计算净利润时已经扣除,所以在将净利润调节为经营活动现金流量时,应当加上递延所得税负债的增加数（或减去递延所得税负债的减少数）;反之,则应加上递延所得税资产的减少数（或减去递延所得税资产的增加数）。

（4）存货的增减变动属于经营活动,在不存在赊购的情况下,期末存货比期初存货减少,说明本期生产经营过程耗用的存货有一部分是期初的存货,耗用这部分存货并没有发生现金流出,但在计算净利润时已经扣除。所以,在将净利润调节为经营活动现金流量时,应当加回。期末存货比其实存货增加,说明当期的存货除耗用外,还余留一部分,这部分存货也发生了现金流出,但在计算净利润时没有包括在内,所以在将净利润调节为经营活动现金流量时,需要扣除。简言之,存货增加,说明现金减少;存货减少,说明现金增加,所以在调节净利润时,应减去存货的增加数,或加上存货的减少数。

（5）经营性应收项目主要指应收账款、应收票据和其他应收款等项目中经营活动有关的部分（包括应收的增值税销项税额）。如果某一期间期末经营性应收项目余额大于期初经营性应收项目余额,说明本期利润表中的营业收入有一部分尚未收到现金。所以,应在调整时将经营性应收项目的增加额从净利润中减去;反之,如果该期间的经营性应收项目期末余额小于期初余额,说明本期从客户处收到的现金大于利润表中所确定的营业收入,所以应在调时将经营性应收项目的减少额加回到净利润中。

（6）经营性应付项目主要指应付账款、应付票据、应付职工薪酬、应交税费、其他应付款等项目中与经营活动有关的部分（包括应付的增值税进项税额）。经营性应付项目期末余额大于期初余额,说明本期存货中有一部分没有支付现金,这部分未付现金的存货价值通过营业成本从利润表中扣除,所以,在将净利润调节为经营活动现金流量时,需要加回;经营性应付项目期末余额小于期初余额,说明本期经营性支付的现金大于利润表中所确认的营业成本,所以,在将净利润调节为经营活动产生的现金流量时,需要扣除。

2. 不涉及现金收支的投资和筹资活动。这些投资和筹资活动虽然不发生现金收支,但对以后各期的现金流量有重大影响。如融资租赁设备,记入"长期应付款"账户,当期并不支付设备款及租金,但以后各期必须为此支付现金,从而在一定期间内形成了一项固定的现金支出。不涉及现金收支的投资和筹资活动的业务主要有:债务转为资本、一年内到期的可转换公司债券和融资租赁固定资产。宏达公司 2006 年没有发生此类业务。

3. 现金及现金等价物净增加情况。现金及现金等价物净增加情况,反映出现金流量表中数据的勾稽关系,即

$$现金及现金等价物净增加额 = 现金流入小计 - 现金流出小计$$
$$= 经营活动产生的现金流量净额 +$$
$$投资活动产生的现金流量净额 +$$
$$筹资活动产生的现金流量净额 +$$
$$汇率变动对现金及现金等价物的影响额$$
$$= 现金及现金等价物的期末余额 -$$
$$现金及现金等价物的期初余额$$

六、现金流量项目的综合分析

企业经营活动、投资活动和筹资活动产生的现金流量净额,都有可能出现正数或负数的情况,三者的组合有八种情形,如表 4-2 所示。不同的组合反映出不同的现金流量质量。从这三方面的正负构成情形进行分析,可以较全面地了解企业所处的经营状况和财务风险,进而对企业现金流量的质量作出客观、准确的评价。表中"+"表示现金流入量大于现金流出量,"-"表示现金流出量大于现金流入量。

从表 4-2 中可以看出,当经营活动现金流量净额为正数时,一般表明企业处于良性的生产经营状况,有能力继续发展,特别是当经营活动现金净流量是正数、投资活动现金净流量是负数、筹资活动现金净流量正负数相间时,通常表明企业正处于健康发展的成长阶段。反之,当经营活动现金流量净额为负数时,无论其投资活动、筹资活动的现金流量状况如何,企业都处于财务风险大的危险境地。

表 4-2 现金流量项目组合分析表

现金流量方向			一般分析结果
经营活动	投资活动	筹资活动	
+	+	+	企业筹资能力强,经营与投资收益良好,财务风险小。此时应警惕资金的浪费,把握良好的投资机会。
+	+	-	企业进入成熟期。在这个阶段,产品销售市场稳定,已进入投资回收期,经营及投资收入良性循环,财务状况稳定安全,处于债务偿还期,财务风险小。
+	-	+	企业处于调整发展的扩张时期。产品的市场占有率高,销售呈现快速上升趋势,使得经营活动中大量货币资金回笼。为了扩大市场份额,企业仍需要大量追加投资,仅靠经营活动现金流量净额远不能满足所追加的投资,必须筹集必要的外部资金作为补充,财务风险小。
+	-	-	企业经营状况良好,可在偿还前欠债务的同时继续投资,财务风险小,但应密切关注经营状况的变化,防止由于经营状况恶化而导致财务状况恶化。
-	+	+	企业借债维持经营活动所需资金,财务状况可能恶化,财务风险大,投资活动现金流入增加是一亮点,但要分析是来源于投资收益还是投资收回。如果是后者,企业所面临的形势将更加严峻。
-	+	-	企业处于衰退时期,市场萎缩,产品销售的市场占有率下降,经营活动现金流入小于流出,同时企业为了偿付债务不得不大规模收回投资以弥补现金的不足。如果投资活动现金流量来源于投资收益还好,如果来源于投资的回收,则企业将会出现更深层次的危机,财务风险极大。
-	-	+	有两种情况:① 企业处于初创期阶段,需要投入大量资金,形成生产能力,开拓市场,其资金来源只有举债、融资等筹资活动。② 企业处于衰退阶段,靠借债维持日常生产经营活动,如果渡不过难关,再继续发展将非常危险,财务风险较大。
-	-	-	这种情况往往发生在盲目扩张后的企业,由于市场预测失误等原因,造成经营活动现金流出大于流入,投资效益低下造成亏损,使投入扩张的大量资金难以收回,财务状况异常危险,到期债务不能偿还,财务风险极大。

根据上表的归纳总结,参见表4-1的资料进行分析,可得出如下结论:宏达公司经营活动产生的现金流量数量充裕,投资活动活跃,足以表明企业商品销售市场稳定,投资回收顺畅,企业进入了成熟期,经营及投资收入均处于良性循环状态,为偿还债务提供了可靠的资金保障。尽管筹资活动现金净流量出现了负数,但最终的现金净流量合计仍为正数,财务状况稳定安全,财务风险较小,收益质量较为理想。

知识链接

现金流量分析中应注意的问题

1. 经营活动现金流量是分析的重点。一个健康运转的企业,购、产、销活动是引起现金流量变化的主要原因,所以经营活动应该是现金流量的主要来源。企业的投资、筹资活动主要是为经营活动服务的,属于企业的理财活动。理财活动从某种意义上讲意味着相应的财务风险,理财活动的规模越大,说明企业面临的财务风险也就越大。

2. 现金流量分析必须注重销售现金收入。由于会计系统中权责发生制的实施和债务链的困扰,往往导致企业的销售收入大量停留在应收账款之中,销售现金收入较少,从而严重影响债务偿还和经营活动的顺利展开。企业破产不一定是亏损的结果,虽然账面利润丰厚,但由于现金流不足导致资金链断裂,使企业在巨额负债的情况下不得不宣布破产,这往往是成长型企业最易致命的环节。相反,有的企业虽然亏损,但是由于有充足的销售现金收入,却有可能使企业有机会走出困境,扭亏为盈。

3. 对于投资人来讲,现金流量的未来预测比历史分析更重要。尽管"现金流量表"提供了企业财务状况变动和现金流转的动态信息,可以帮助企业管理者发现和总结营运过程中存在的问题,但是从会计披露的角度讲,如果我们是企业的投资人,我们分析会计报表的主要目的就是以历史现金流量为基础挖掘企业未来现金流转及发展的信息,用于指导理财活动。

4. 正确对待现金流量变化的结果。现金流量的变化结果无非三种情况:一是现金及其等价物的净增加额大于零;二是现金及其等价物的净增加额等于零;三是现金及其等价物的净增加额小于零。无论出现哪种情况,我们均不能简单得出企业现金流量状况"好转"、"维持不变"或者"恶化"的结论。我们需要认真分析现金状况变化的原因,需要分析各种因素对现金流量的影响。对现金流量变化过程的分析远比对变化结果的分析更重要。

判断企业收益质量的关键是把握收入、利润、现金流量的相互关系,高收入并不一定代表高利润,也不一定代表高现金流量,同样,高现金流量也不一定代表高利润。企业的危机往往始于因应收账款、折旧、库存、筹资、税收等原因导致的企业利润与现金流的差异,使企业发生利润虚增,税金和利润分配超过实际情况的现象,最终出现投资回报率下降的结果。

5. 不要忽略对不涉及现金收支的活动分析。不涉及现金收支的活动虽然不会引起现金流量的变化,但是在一定程度上可以反映企业面临一定的现金流转困难。如企业用固定资产偿还债务、易货交易等,可能意味着企业没有足够的现金流偿还到期债务。另外,企业的投资活动也可能对未来现金流影响较大,这一点在现金流量预测中不可不考虑。

6. 现金流量分析要与现金预算的编制结合起来。现金流量不仅要重视事后分析,更要重视事前分析,也就是说要根据预测或计划的《现金预算表》进行分析,由此衡量一个企业在预测期内需要多少资金、这些资金在经营业务中可以取得多少、最有能力的债务偿还期间和金额是多少、最佳筹资(或投资)时机和金额是多少,这样以便我们更好地监控、掌握、分析和评价企业的现金流转情况。

7. 不同的观察者会从不同的角度分析、评价企业的现金流量。例如银行和其他债权人重视现金偿债能力指标;证券商则着眼于现金盈利能力指标;经营者一般尤为重视现金结构及周转性指标。因此,财务分析人员在做现金流分析工作时,需要充分考虑使用者的关注角度。

(资料来源:无忧会计网 http://www.51kj.com)

任务 2　现金流量表综合分析

案例导入

中远公司 2006 年现金流量表如表 4-3 所示。

表 4-3　现金流量表

编制单位:中远公司　　　　　　2006 年　　　　　　单位:万元

项　　　目	行次	2006 年度	2005 年度
一、经营活动产生的现金流量			
销售商品、提供劳务收到现金	1	37 255	44 768
收到退回的增值税	2		5 414
收到除增值税外的其他税费返还	3	1 986	1 304
收到其他与经营有关的现金	8	12 904	335
现金流入小计	9	52 145	51 821
购买商品、接受劳务支付的现金	10	21 317	24 492
支付给职工以及为职工支付的现金	12	3 886	4 252
实际交纳的增值税款	13	2 021	3 942
支付的所得税款	14	3 133	2 818
支付的除增值税和所得税外的其他税费	15	545	190
支付的其他与经营活动有关的现金	18	14 218	4 268
现金流出小计	20	45 120	39 962
经营活动产生的现金流量净额	21	7 025	11 859
二、投资活动产生的现金流量			
收回投资所收到现金	23	500	
分得股利或利润所收到现金	23	102	
取得债券利息收入所收到现金	24		

续　表

项　　目	行次	2006 年度	2005 年度
处理固定资产等长期资产收到现金净额	25	30	
收到其他与投资活动有关的现金	28	779	
现金流入小计	29	1 411	10 797
购建固定资产等长期资产所支付现金	20	10 884	
权益性投资所支付现金	31	5 390	
债权性投资所支付现金	32	1 000	1 408
支付的其他与投资活动有关的现金	35		
现金流出小计	36	17 274	12 205
投资活动产生的现金流量净额	37	−15 863	−12 205
三、筹资活动产生的现金流量			
吸收权益性投资所收到的现金	38	200	9 981
借款所收到的现金	40	51 227	18 137
收到的其他与筹资活动有关的现金	43	39	
现金流入小计	44	51 466	28 118
偿还债务所支付的现金	45	28 767	20 049
发生筹资费支付现金	46		296
分配股利或利润所支付现金	47		
偿还利息所支付的现金	48	1 556	1 486
现金流出小计	53	30 323	21 831
筹资活动产生现金流量净额	54	21 143	6 287
四、汇率变动对现金的影响额	55	10	−68
五、现金及等价物净增加额	56	12 315	5 873
补充资料(附注)			
1. 不涉及现金收支的投资与筹资活动			
以存货偿还债务	57		
2. 将净利润调整为经营活动的现金流量			
净利润	58	8 370	9 867
加：计提的坏账准备或已转销坏账	59	215	
固定资产折旧	60	2 337	2 361
无形资产摊销	61	71	176
递延资产摊销	62	−413	

续　表

项　　　　目	行次	2006 年度	2005 年度
财务费用	63	1 400	993
投资损失(减:投资收益)	64	−1 450	−2 096
存货的减少(减:增加)	65	−2 933	−474
待摊费用减少(减:增加)	66	−16	
预提费用增加(减:减少)	67	−90	
固定资产报废损失	68	5	1 596
经营性应收项目减少(减:增加)	69	−6 451	1 363
经营性应付项目增加(减:减少)	70	5 490	−1 606
其他	71	490	321
经营活动产生的现金流量净额	72	7 025	11 859
3. 现金及现金等价物净增加情况			
货币资金的期末余额	73	20 994	8 679
减:货币资金的期初余额	74	8 679	2 806
现金及等价物净增加额	75	12 315	5 873

【讨论分析】

以中远公司现金流量表资料为基础,对公司 2006 年各项财务活动现金流量进行综合分析评价。

一、现金流量一般分析

各项财务活动的现金流量一般分析,就是要根据现金流量表的数据,对企业现金流量变动情况进行分析与评价。这时,现金流量表本身可作为一张分析表,根据表中资料可分析说明企业现金流量变动情况及其原因。下面以表 4-3 所示的中远公司现金流量表为基础,对公司 2006 年各项财务活动现金流量进行分析评价。

1. 该公司本年现金净流量比年初增加 1.23 亿元,其中,经营现金净流量增加 7 025 万元,投资现金净流量减少 1.59 亿元,筹资现金净流量增加 2.11 亿元。

2. 经营现金流量增加 7 025 万元主要是企业净利润 8 370 万元引起的,如果再考虑折旧等不减少现金的项目 3 800 多万元,企业负债增加引起的现金流入增长 5 490 余万元,经营现金净流入可达到 1.77 多亿元,扣除资产增加等引起的经营现金流出量 1.06 亿元,经营现金净流量为 7 000 余万元。

3. 投资现金流量的减少主要是本期大量购置固定资产和对外投资引起的,使现金流出达 1.73 亿元,收回投资和分得股利等收入现金 1 411 万元,投资现金净流出为 1.59 亿元。

4. 筹资现金流量增加主要是借款 5.12 亿元所引起的,另外吸收投资 200 万元也是现金流量增加的原因;本期偿还借款 2.88 亿元,支付利息 1 556 万元,合计流出量为 3.04 亿元。二者相抵,筹资现金净流入量为 2.10 亿元。

二、现金流量水平分析

现金流量表一般分析只说明了企业当期现金流量变动的原因,没能揭示本期现金流量变动与前期或预计现金流量变动的差异。为解决这个问题,可采用水平分析法对现金流量表进行分析。以表4-3中远公司现金流量表资料为例,可编制水平分析表(如表4-4所示)。

表4-4 中远公司现金流量水平分析表　　　　　　　　单位:万元

项　　　目	2006年度	2005年度	增减额
一、经营活动产生的现金流量			
销售商品、提供劳务收到现金	37 255	44 768	−7 513
收到退回的增值税		5 414	−5 414
收到除增值税外其他税费返还	1 986	1 304	682
收到的其他与经营活动有关的现金	12 904	335	12 569
现金流入小计	52 145	51 821	324
购买商品、接受劳务支付的现金	21 317	24 492	−3 175
支付给职工的现金	3 886	4 252	−366
实际缴纳的增值税款	2 021	3 942	−1 921
支付的所得税款	3 133	2 818	315
其他税费	545	190	355
支付的其他与经营活动有关的现金	14 218	4 268	9 950
现金流出小计	45 120	39 962	5 158
经营活动产生的现金流量净额	7 025	11 859	−4 834
二、投资活动产生的现金流量			
收回投资所收到的现金	500		500
分得股利或利润所收到的现金	102		102
取得债券利息收入所收到的现金			
处理长期资产收到的现金净额	30		30
收到其他与投资活动有关的现金	779		779
现金流入小计	1 411		1 411
购建长期资产所支付的现金	10 884	10 797	87
权益性投资所支付的现金	5 390		5 390
债权性投资所支付的现金	1 000	1 408	−408
支付的其他与投资活动有关的现金			
现金流出小计	17 274	12 205	5 069
投资活动产生的现金流量净额	−15 863	−12 205	−3 658

项　　目	2006 年度	2005 年度	增减额
三、筹资活动产生的现金流量			
吸收权益性投资所收到的现金	200	9 981	−9 781
借款所收到的现金	51 227	18 137	33 090
收到其他与筹资活动有关的现金	39		39
现金流入小计	51 466	28 118	23 348
偿还债务所支付的现金	28 767	20 049	8 718
发生筹资费支付的现金		296	−296
分配股利或利润所支付的现金			
偿还利息所支付的现金	1 556	1 486	70
现金流出小计	30 323	21 831	8 492
筹资活动产生现金流量净额	21 143	6 287	14 856
四、汇率变动对现金的影响额	10	−68	78
五、现金及等价物净增加额	12 315	5 873	6 442

从表 4-4 可以看出,2006 年公司现金净流量状况比上年有所改善,现金净流量增加了 6 442 万元。但从现金净流量增加的原因看,主要是筹资现金净流量大幅度增加所致,2006 年比上年增加 14 856 万元,而经营流动现金净流量和投资现金净流量都有所下降,特别是经营现金净流量减少 4 834 万元,这是一个值得重视的问题。

经营现金净流量的减少,从经营现金流入和流出的对比看,主要是经营现金流出量大幅度增加引起的,其中购买商品或劳务的支出比上年减少了 3 175 万元,其他现金流出增加 9 950万元,这需要进一步查明增加的具体原因。虽然公司经营现金流入量有所增加,但应注意其增加的原因不是销售商品或提供劳务引起的,而是其他收入大幅度增加引起的。销售商品与劳务现金流入量比上年减少 7 513 万元。

投资活动现金净流量的减少主要是由于本年度投资现金流出量增加所致。2006 年投资现金流入量比上年增加 1 411 万元,但本年权益性投资增加 5 000 余万元,投资现金流入与投资现金流出相抵,使投资现金净流量减少 3 658 万元。

筹资活动现金净流量本年比上年增加,主要是本年筹资现金流入量大幅度增加引起的。筹资现金流入量的增加又主要是由于借款增加 3.3 亿元,同时筹资活动现金流出量也有所增加,流入量与流出量两者相抵,筹资活动现金净流量增加 1.49 亿元。

经营活动现金流量状况是企业现金流量分析的重点,这不仅因为经营现金流量是企业现金流量的最重要组成部分,而且因为经营现金流量水平可反映企业的经营水平和财务成果质量水平。因此,对现金流量表水平分析可利用其附表资料进一步对经营活动现金流量进行分析。表 4-5 是中远公司现金流量表附表的水平分析表。

表 4-5 中远公司现金流量表附表水平分析表　　　　　　单位：万元

项　　　目	2006 年度	2005 年度	增减额
补充资料（附注）			
1. 不涉及现金收支的投资及筹资			
2. 将净利润调整为经营现金流量			
净利润	8 370	9 867	−1 497
加：计提的坏账准备或已转销坏账	215		215
固定资产折旧	2 337	2 361	−24
无形资产摊销	71	176	−105
递延资产摊销	−413		−413
财务费用	1 400	993	407
投资损失（减：投资收益）	−1 450	−2 096	646
存货的减少（减：增加）	−2 933	−474	−2 459
待摊费用减少（减：增加）	−16		−16
预提费用增加（减：减少）	−90		−90
固定资产报废损失	5	1 596	−1 591
经营性应收项目减少（减：增加）	−6 451	1 363	−7 814
经营性应收项目增加（减：减少）	5 490	1 606	7 096
其他	490	−321	811
经营活动产生的现金流量净额	7 025	11 859	−4 834
3. 现金及现金等价物净增加情况			
货币资金的期末余额	20 994	8 679	12 315
减：货币资金的期初余额	8 679	2 806	5 873
现金及等价物净增加额	12 315	5 873	6 442

通过表 4-5 可进一步分析经营现金净流量变动的原因：

（1）公司 2006 年净利润比上年减少 1 497 万元，直接导致公司经营现金净流量减少，这是一个值得重视的原因，在一定程度上说明了企业经营业绩不佳对现金流量的影响。

（2）本年公司经营现金流量比上年减少的另一个原因是公司的非现金支出费用少于上年 500 余万元，待摊和预提费用使现金流量比上年减少 106 万元，这些都是正常会计方法与政策所引起的。

（3）公司资产项目的增减变化对经营现金流量的影响为负值，其中，由于应收项目增加使经营现金流量减少 7 814 万元，由于存货增加使经营现金流量减少 2 459 万元。如果企业存货没有积压，这种变动对企业是有利的。

（4）公司 2006 年应付项目大幅度增加，比上年增加 7 096 万元，这对企业现金净流量是有利的，但这要考虑负债结构与企业信用情况。

（5）财务费用和固定资产报废损失减少，虽然从现金流量表对比分析看使经营现金净流量比上年减少，但实质上对企业经营现金流量的影响只是表面的。因为这种费用与利润是互为消长的，但对固定资产报废损失要结合企业实际情况具体分析，如果应该报废而不报废、企业资产质量差，现金流量实质上等于减少。

三、现金流量结构分析

现金流量表结构分析，目的在于揭示现金流入量和现金流出量的结构情况，从而抓住企业现金流量管理的重点。现金流量结构分析的资料通常是用直接法编制的现金流量表，分析方法为垂直分析法。下面以表 4－3 资料为基础，经过处理，可得出现金流量结构分析表（如表 4－6 所示）。

表 4－6　现金流量垂直分析表　　　金额单位：万元；结构单位：%

项　　　　目	现金流入量	现金流出量	流入结构	流出结构
一、经营活动产生的现金流量				
销售商品、提供劳务收到现金	37 255		35.47	
收到退回的增值税				
收到除增值税外其他税费返还	1 986		1.89	
收到的其他与经营有关的现金	12 904		12.29	
现金流入小计	52 145		49.65	
购买商品、接受劳务支付的现金		21 317		22.99
支付给职工的现金		3 886		4.19
实际缴纳的增值税款		2 021		2.18
支付的所得税款		3 133		3.38
其他税费		545		0.59
其他与经营活动有关的现金		14 218		15.33
现金流出小计		45 120		48.66
二、投资活动产生的现金流量				
收回投资所收到的现金	500		0.48	
分得股利或利润所收到的现金	102		0.10	
取得债券利息收入所收到的现金				
处理长期资产收到的现金净额	30		0.02	
收到其他与投资活动有关的现金	779		0.74	
现金流入小计	1 411			1.34
购建长期资产所支付的现金		10 884		11.74
权益性投资所支付的现金		5 390		5.81

续 表

项　　　目	现金流入量	现金流出量	流入结构	流出结构
债权性投资所支付的现金		1 000		1.08
支付的其他与投资活动有关的现金			17 274	
现金流出小计				18.63
三、筹资活动产生的现金流量				
吸收权益性投资所收到的现金	200		0.19	
借款所收到的现金	51 227		48.78	
收到其他与筹资活动有关的现金	39		0.02	
现金流入小计	51 466	28 767	49.01	
偿还债务所支付的现金				31.03
发生筹资费支付的现金				
分配股利或利润所支付的现金				
偿还利息所支付的现金		1 556		1.68
现金流出小计		30 323		32.71
四、现金流量总额	10 502 292 717	100.00	100.00	
五、现金及等价物净增加额		12 305*		

ײ注：没考虑 10 万元汇兑帐蓝。

从表 4－6 可以看出：

1. 2006 年公司现金流入总量为 10.5 亿元，现金流出总量为 9.27 亿元，现金净流入量为 1.23 亿元。

2. 在现金流入总量中，经营现金流入量为 49.65％，投资现金流入量仅为 1.34％，筹资现金流入量为 49.01％。

3. 在现金流出总量中，经营现金流出量占 48.66％，投资现金流出量占 18.63％，筹资现金流出量占 32.71％。

从上述现金流量构成看，企业 2006 年的现金流量主要受经营活动现金流量和筹资活动现金流量的影响，而投资活动现金流量影响较小。对公司现金流量结构合理性的评价，应结合公司的生产经营特点和公司发展不同阶段的投资及筹资状况进行。

实战模拟

万国股份有限公司共同比和比较财务报表分析

综合分析所用的基本方法是编制共同比和比较财务报表，实际中可将两者合二为一编制成比较和共同比财务报表，这样更有利于对财务状况变化情况进行综合分析。下面是万国股份有限公司的财务报表资料（如表 4－7、表 4－8、表 4－9 所示）。

表 4-7 资产负债表

编制单位：万国股份有限公司　　　　　　　　　　　　　　　　　　　　单位：万元

资　　产	年初数	年末数	负债及股东权益	年初数	年末数
流动资产			流动负债		
货币资金	905	850	短期借款	10 750	14 050
交易性金融资产	102	50	应付票据	1 500	1 700
应收票据	2 200	2 180	应付账款	2 200	4 156
应收账款	4 400	5 470	预收款项	100	200
预付账款	150	200	应付职工薪酬	580	650
其他应收款	280	200	应交税费	500	800
存货	20 800	23 800	应付股利	1 100	1 300
流动资产合计	28 837	32 750	其他应付款	150	200
			流动负债合计	16 880	23 056
非流动资产			非流动负债		
长期股权投资	500	1 400	长期借款	4 700	2 700
固定资产	22 902	24 402	应付债券	700	606
在建工程	3 000	3 300	非流动负债合计	5 400	3 306
无形资产	1 300	1 150	负债合计	22 280	26 362
递延所得税资产	200	150	股东权益		
非流动资产合计	27 902	30 402	股本	14 000	14 000
			资本公积	16 100	16 100
			盈余公积	3 420	4 738
			其中：公益金	410	674
			未分配利润	939	1 952
			股东权益合计	34 459	36 790
资产总计	56 739	63 152	负债及股东权益总计	56 739	63 152

表 4-8 利润表

编制单位：万国股份有限公司　　　　　　　　　　　　　　　　　　　　单位：万元

项　　目	本　年	上　年
一、营业收入	112 100	120 000
减：营业成本	87 900	94 000
营业税金及附加	9 880	10 000
销售费用	3 120	4 200
管理费用	2 700	2 600

续 表

项 目	本 年	上 年
财务费用	1 300	1 100
资产减值损失		
加：公允价值变动收益		
投资收益	200	100
二、营业利润		
加：营业外收入	250	250
减：营业外支出	150	450
三、利润总额	7 500	8 000
减：所得税费用	2 250	2 400
四、净利润	5 250	5 600
五、每股收益		
（一）基本每股收益（1.4亿股）	0.375	0.4
（二）稀释每股收益（1.4亿股）	0.375	0.4

表4-9 现金流量表

编制单位：万国股份有限公司　　　　　　　　　　　　　　单位：万元

项 目	本 年	上 年
一、经营活动产生的现金流量		
销售商品、提供劳务收到的现金	111 050	118 800
收到的税费返还		
收到的其他与经营活动有关的现金	4 030	800
经营活动现金流入小计	115 080	119 600
购买商品接受劳务支付的现金	88 744	91 210
支付给职工以及为职工支付的现金	9 100	9 910
支付的各项税费	11 830	12 600
支付的其他与经营活动有关的现金		
经营活动现金流出小计	109 674	113 720
经营活动产生的现金流量净额	5 406	5 880
二、投资活动产生的现金流量		
取得投资收益所收到的现金	200	100
处置固定资产、无形资产和其他长期资产收回的现金净额	500	500
收到的其他与投资活动有关的现金		

续　表

项　　目	本　年	上　年
投资活动现金流入小计	700	600
购建固定无形和长期资产支付的现金	3 800	0
投资支付的现金	900	300
投资活动现金流出小计	4 700	300
投资活动产生的现金流量净额	−4 000	300
三、筹资活动产生的现金流量		
取得借款收到的现金	3 300	1 050
筹资活动现金流入小计	3 300	1 050
偿还债务支付的现金	2 094	2 950
分配股利、利润或偿付利息支付的现金	2 719	3 300
支付的其他与筹资活动有关的现金		
筹资活动现金流出小计	4 813	6 250
筹资活动产生的现金流量净额	−1 513	−5 200
四、汇率变动对现金的影响		
五、现金及现金等价物净增加额	−107	980
加：期初现金及现金等价物余额	1 007	27
六、期末现金及现金等价物余额	900	1 007

【实战模拟要求】

根据上述财务报表进行综合分析。

【实战模拟解析】

一、财务状况变化分析

根据表 4−7 所示的万国公司资产负债表，编制万国公司比较和共同比资产负债表（如表 4−10 所示）。

表 4−10　万国公司比较和共同比资产负债表 单位：万元

资　　产	年初数		年末数		增减额	
	绝对数	比重（%）	绝对数	比重（%）	绝对数	比重（%）
货币资金	905	1.60	850	1.35	−55	−0.25
交易性金融资产	102	0.18	50	0.08	−52	−0.10
应收票据	2 200	3.88	2 180	3.45	−20	−0.43
应收账款	4 400	7.75	5 470	8.66	1 070	0.91
预付账款	150	0.26	200	0.32	50	0.05

续　表

资　产	年初数		年末数		增减额	
	绝对数	比重(%)	绝对数	比重(%)	绝对数	比重(%)
其他应收款	280	0.49	200	0.32	−80	−0.18
存货	20 800	36.66	23 800	37.69	3 000	1.03
流动资产合计	28 837	50.82	32 750	51.86	3 913	1.04
长期股权投资	500	0.88	1 400	2.22	900	1.34
固定资产	22 902	40.36	24 402	38.64	1 500	−1.72
在建工程	3 000	5.29	3 300	5.23	300	−0.06
无形资产	1 300	2.29	1 150	1.82	−150	−0.47
递延所得税资产	200	0.35	150	0.24	−50	−0.11
非流动资产合计	27 902	49.18	30 402	48.14	2 500	−1.04
资产总计	56 739	100.00	63 152	100.00	6 413	0.00
短期借款	10 750	18.95	14 050	22.25	3 300	3.30
应付票据	1 500	2.64	1 700	2.69	200	0.05
应付账款	2 200	3.88	4 156	6.58	1 956	2.70
预收款项	100	0.18	200	0.32	100	0.14
应付职工薪酬	580	1.02	650	1.03	70	0.01
应交税费	500	0.88	800	1.27	300	0.39
应付股利	1 100	1.94	1 300	2.06	200	0.12
其他应付款	150	0.26	200	0.32	50	0.05
流动负债合计	16 880	29.75	23 056	36.51	6 176	6.76
长期借款	4 700	8.28	2 700	4.28	−2 000	−4.01
应付债券	700	1.23	606	0.96	−94	−0.27
非流动负债合计	5 400	9.52	3 306	5.23	−2 094	−4.28
负债合计	22 280	39.27	26 362	41.74	4 082	2.48
股本	14 000	24.67	14 000	22.17	0	−2.51
资本公积	16 100	28.38	16 100	25.49	0	−2.88
盈余公积	3 420	6.03	4 738	7.50	1 318	1.47
其中:公益金	410	0.72	674	1.07	264	0.34
未分配利润	939	1.65	1 952	3.09	1 013	1.44
股东权益合计	34 459	60.73	36 790	58.26	2 331	−2.48
负债及股东权益总计	56 739	100.00	63 152	100.00	6 413	0.00

（一）资产变化情况分析

从总资产来看，万国公司年末比年初增加了 6 413 万元，比年初增长了 11.30%，表明企业占有的经济资源有所增加，经营规模有所扩大。

从总资产构成来看，流动资产增加了 3 913 万元，占总资产的比重由年初的 50.82%上升为年末的 51.86%，上升了 1.04 个百分点；长期投资增加了 900 万元，占总资产的比重由年初的 0.88%，上升为年末的 2.21%，上升了 1.33 个百分点；固定资产金额虽然增加了 1 800 万元，但占总资产的比重由年初的 45.66%下降为 43.87%，下降了 1.79 个百分点。无形资产因摊销而逐年下降属正常情况，且占总资产的比重不大，在分析中可以省略。从总资产构成来看，企业流动性资产比重上升，固定资产比重下降，表明了企业资产流动性增强、风险降低。再结合固定资产绝对值增加这一点来分析，可发现企业资产风险降低并不会导致经营规模缩小、盈利减少。因此，可以对企业总资产结构变化予以好评。

从各大类资产金额和构成的变化来看，固定资产等长期资产的变化应属正常，而流动资产的变化则存在一定的问题，这主要表现在应收账款和存货两个项目上。应收账款年末比年初增加 1 070 万元，上升了 24.32%，存货年末比年初增加了 3 000 万元，上升了14.42%。两个项目合计年末比年初增加了 4 070 万元，占总资产的比重上升了 1.93 个百分点，占流动资产增加额的 104.01%。

应收账款的增加，结合本公司利润表中的营业收入减少这一事实，可以认定公司的信用政策发生了变化，通过放松信用来增加营业收入。

存货总额的增减变化受其构成的影响，进一步观察该公司存货的构成（如表 4-11 所示）可发现，材料存货年末比年初减少 1 800 万元，减少 18%；在产品存货年末比年初增加了 550 万元，上升了 8.87%；产成品存货年末比年初增加了 4 250 万元，上升了 92.39%。可见，存货增加的主要原因是产成品存货激增。产成品库存增加一般是产品销路不畅的原因所致。就万国公司而言，从应收账款与产成品存货同时增加和营业收入减少这一点看，几乎可以断定该公司产成品存在积压现象。从该公司各组成项目的变化中可以看出，公司已经采取了一定的措施减少生产物资的储备，大幅削减材料存货可视为企业压缩产量的先兆。而生产量下降的结果将使企业生产能力不能得到充分的运用，单位产品成本因固定成本分摊率的提高而上升，使企业盈利能力下降。另外，积压产品还表明它的变现能力低、风险大。通过上述分析，可知万国公司存货，特别是产成品存货激增，对公司生产经营活动极为不利，它使公司存货资产的质量下降，对未来的盈利能力和风险水平带来了不利的影响。

表 4-11　万国公司存货构成变动分析表　　　　　　　　　　单位：万元

存货项目	年初数		年末数		差异额	
	金额	百分比	金额	百分比	金额	百分比
原材料	10 000	48.08	8 200	34.45	-1 800	-13.63
在制品	6 200	29.81	6 750	28.36	550	-1.45
产成品	4 600	22.11	8 850	37.19	4 250	15.08
存货合计	20 800	100.00	23 800	100.00	3 000	0.00

总的来说，虽然万国公司资产总额有所增加，经营能力也有所提高，但由于应收账款和

产成品存货等资产质量下降,因此,该公司的经营能力的提高并不如账面表示的那样快。

（二）负债变化情况分析

从负债总额看来,年末比年初增加了 4 082 万元,增长率为 19.32％,占资金来源的比重从 39.27％上升为 41.74％,上升了 2.47 个百分点,表明了企业财务风险年末较年初高。

从负债的构成来看,流动负债年末比年初增加了 6 176 万元,增长率为 36.59％,占资金来源的比重从 29.75％上升为 36.51％,上升了 6.76 个百分点;长期负债年末比年初减少了 2 094 万元,降低率为 38.78％,占资金来源的比重从 9.52％下降为 5.23％,下降了 4.29 个百分点。从理论上看,流动负债风险大于长期负债。流动负债比重上升就意味着企业的财务风险增大。所以,万国公司年末财务风险较年初有所增加。

从流动负债内部结构来看,对流动负债变化影响最大的两项是短期借款和应付账款,年末与年初相比,短期借款增加了 3 300 万元,增长率为 30.7％,占总资金来源的比重上升了 3.29 个百分点;应付账款 1 956 万元,增长率为 88.91％,占总资金来源的比重上升了 2.7 个百分点;两个项目合计增加了 5 256 万元,占流动负债增加总额的 85.1％。可见,控制流动负债的主要项目应是短期借款和应付账款这两个项目。

从短期借款的性质来看,该借款是根据借款合同取得的,企业如不能按期还本付息,其风险较大。从应付账款的性质来看,它是随采购发生的,一般采购量越大,应付账款的量也就越大。如果出现采购量减少与应付账款量同时增大的情况,则可能是企业拖欠应付未付的货款所致,表明企业信誉级别下降。从万国公司来看,材料存货的年末余额低于年初余额 18％。一般而言,其本年采购量也应低于上年采购量,特别与应付账款相关的本年最后几个月的采购量应有所减少。如果该公司付款策略不变,那么应付账款余额年末数也应低于年初数。但是,实际上应付账款余额年末数却大大高于了年初数,这表明企业付款策略发生了变化,信用程度有所降低。至于由信用程度降低所引起的风险水平是否超过可承受程度,则需要结合更多的资料进行深入分析才能作出评价。

从长期负债的内部结构来看,导致长期负债降低的主要因素是长期借款减少,本年度偿还借款 2 000 万元,使长期借款年末比年初数下降 42.55％,占资金来源的比重下降了 4.01 个百分点。到期还款虽属正常,但却导致了流动负债的增加,使财务风险增大。至于这种风险增大是否可取,则需要进行更深入的分析才能作出评价。

总体而言,万国公司本年度财务风险有所增加,而且这种增加不仅是流动负债增加和长期负债减少的原因引起的,更重要的是流动负债内部结构的变化不均匀所引起的,因此,实际财务风险可能被放大,从而超过账面上所表示出来的风险。

（三）所有者权益变化情况分析

从所有者权益总额来看,年末数比年初数增加了 2 331 万元,增长率为 6.76％,且由于本年度并未发行新股,故 6.76％的增长均来自于经营方面的贡献,表明经营有成绩。

从所有者权益占总资金来源的比重看,年末比年初下降了 2.47 个百分点。这表明所有者权益增加数,不仅不能满足资产增加的金额需要,也不能按原比例满足资产增加的需要。所有者权益占总资金来源比重的下降,意味着该公司的财务风险大于年初,究其原因主要是企业在外部环境发生变化时,资金使用欠合理和资金筹集欠科学所致。

（四）财务状况变化的总括分析和评价

根据前述三项分析,可以得出如下总括的分析结论:第一,万国公司经营能力增加。这不仅可从企业总资产增加中推出,而且也可以从净资产增加中推出。第二,企业整体财务风险增大。它既可以从负债比重上升和所有者权益比重下降中推出,又可以从流动负债比重上升和长期负债比重下降中推出。第三,无效资产增加,资产质量降低。这可以从产成品存货和应收账款同时增长以及营业收入反而减少的现象中推出。第四,企业绝对经营能力的增长速度低于风险水平的增长速度。这可以从以上三点中推出。

导致财务风险水平上升的原因,可从企业资金筹集和资金使用两个方面来考察:第一,从资金筹集来看,随着长期负债到期偿还,企业长期负债减少,但生产经营资金需求却在不断扩大,企业必须再筹措新资金才能满足需要。这些新的资金来源中,除小部分靠经营利润留存弥补之外,大部分依赖于流动负债,从而导致流动负债激增,财务风险增大。第二,从资金使用上看,资金使用不太合理,它突出表现在企业在偿还长期负债中,大量购建固定资产3 300万元和从事长期投资 900 万元,两者合计高达 4 200 万元,远远超过了所有者权益增加数的 2 331 万元,占总资产增加额的 65.49%,偿还长期负债和增加其他资产只能依靠追加流动负债来解决,从而导致财务风险增大。

长期负债虽是客观原因,但企业可以通过主观努力来控制财务风险水平的上升。比如,企业可以通过再筹措长期负债资金,减少流动负债的筹资量,通过改变企业负债结构来控制财务风险,也可以暂缓对外长期投资和购建固定资产,通过减少资金需用量来减少流动负债,控制财务风险。

当然,企业财务风险扩大未必就不是一件好事,因为财务风险扩大,可以给企业带来更大的财务杠杆利益。对财务风险扩大后的得失判断,必须进行深入的细致分析。

二、盈利能力变化分析

根据表 4-8 所示万国公司利润表编制比较和共同比利润表(如表 4-12 所示)。

表 4-12　万国公司比较和共同比利润表　　　　　　　　　单位:万元

项　　目	上　年		本　年		增减额	
	金额	百分比	金额	百分比	金额	百分比
一、营业收入	120 000	100.00	112 100	100.00	−7 900	0.00
减:营业成本	94 000	78.33	87 900	78.41	−6 100	0.08
营业税金及附加	10 000	8.33	9 880	8.81	−120	0.48
销售费用	4 200	3.50	3 120	2.78	−1 080	−0.72
管理费用	2 600	2.17	2 700	2.41	100	0.24
财务费用	1 100	0.92	1 300	1.16	200	0.24
资产减值损失		0.00		0.00		0.00
加:公允价值变动收益		0.00		0.00		0.00
投资收益	100	0.08	200	0.18	100	0.10
二、营业利润	8 200	6.83	7 400	6.60	−800	−0.23
加:营业外收入	250	0.21	250	0.22	0	0.01
减:营业外支出	450	0.38	150	0.13	−300	−0.24

续　表

项　　目	上　年		本　年		增减额	
	金额	百分比	金额	百分比	金额	百分比
三、利润总额	8 000	6.67	7 500	6.69	−500	0.02
减：所得税费用	2 400	2.00	2 250	2.01	−150	0.01
四、净利润	5 600	4.67	5 250	4.68	−350	0.02
五、每股收益						
（一）基本每股收益(12亿股)	0.40		0.375		−0.03	
（二）稀释每股收益(12亿股)	0.40		0.375		−0.03	

从表 4-12 中可看出，企业营业收入本年度比上年度下降 6.58%，营业利润下降了 9.76%，利润总额和净利润则下降了 6.25%。从表格数据中可以发现，虽然企业利润总额和净利润的下降幅度基本上与营业收入的下降幅度相当，但营业利润的下降幅度则高于营业收入的下降幅度，这表明利润表中的各个项目并不都是与营业收入同比例下降。

期间费用本年比上年减少了 780 万元，降低率为 9.87%。期间费用减少，部分地抵减了利润的下降，若从期间费用整体考察，期间费用减少导致利润增加(抵减利润下降)可以给予好评；但是，如从期间费用的性质考察，对这类费用减少的利弊，还需进行深入分析才能作出评价。从期间费用的各构成项目来看，管理费用和财务费用均有所上升，只有销售费用大幅度下降，下降幅度高达 25.71%。一般而言，采取积极的攻式营销策略，销售费用会因广告费的增加而增加；反之，采取保守的守式营销策略，销售费用则会减少。该公司销售费用大幅度减少的主要原因，可能是营销策略的变化所致。

投资收益增长了 100%，结合资产负债表可以看出，这是企业长期投资增加的结果。

公司营业收入下降，但营业成本占营业收入的比重基本上没有上升，从表面上看，该公司在产品成本控制上有一定的成绩。因为产品成本是由变动成本和固定成本所构成的。一般情况下，随着产销量的下降，单位产品所分担的固定成本会增加，从而导致产品的单位成本上升，占营业收入的比重上升。从公司的比较资产负债表中可以看出，本年度产大于销（产成品期末数大于期初数），说明该公司产品营业成本占营业收入的比重基本上没有上升，这一现象并非是成本控制的业绩。另外，营业成本占营业收入比重的变化，还受产品销售价格的影响，该比重与销售价格成反比，在产品销售成本不变时，产品销售价格越高，该比重越低。

三、现金流量变化分析

根据表 4-9 所示万国公司现金流量表编制比较和共同比现金流量表（如表 4-13 所示）。

表 4 – 13　万国公司比较和共同比现金流量表　　　　　　单位：万元

项　　目	本　年		上　年		差　异	
	金额	百分比	金额	百分比	金额	百分比
一、现金流入量						
1. 经营活动产生的现金流入量	115 080	96.64	119 600	98.64	−4 520	−2.00
其中：销售商品、提供劳务收到的现金	111 050	93.26	118 800	97.98	−7 750	−4.72
收到的其他与经营活动有关的现金	4 030	3.38	800	0.66	3 230	2.72
2. 投资活动产生的现金流入量	700	0.59	600	0.49	100	0.09
其中：取得投资收益所收到的现金	200	0.17	100	0.08	100	0.09
处置固定资产、无形资产和其他长期资产收回的现金净额	500	0.42	500	0.41	0	0.01
3. 筹资活动产生的现金流入量	3 300	2.77	1 050	0.87	2 250	1.91
其中：取得借款收到的现金	3 300	2.77	1 050	0.87	2 250	1.91
现金流入量合计	119 080	100.00	121 250	100.00	−2 170	0.00
二、现金流出量						
1. 经营活动产生的现金流出量	109 674	92.02	113 720	94.55	−4 046	−2.54
其中：购买商品接受劳务支付的现金	88 744	74.46	91 210	75.84	−2 466	−1.38
支付的各项税费	11 830	9.93	12 600	10.48	−770	−0.55
支付给职工以及为职工支付的现金	9 100	7.64	9 910	8.24	−810	−0.60
2. 投资活动产生的现金流出量	4 700	3.94	300	0.25	4 400	3.69
其中：购建固定资产、无形资产和长期资产支付的现金	3 800	3.19	0	0.00	3 800	3.19
投资支付的现金	900	0.76	300	0.25	600	0.51
3. 筹资活动产生的现金流出量	4 813	4.04	6 250	5.20	−1 437	−1.16
其中：偿还债务支付的现金	2 094	1.76	2 950	2.45	−856	−0.70
分配股利、利润或偿付利息支付的现金	2 719	2.28	3 300	2.74	−581	−0.46
现金流出量合计	119 187	100.00	120 270	100.00	−1 083	0.00

　　从现金流入量看,经营活动产生的现金流入量占总现金流入量的比重本年度比上年度下降了两个百分点,其中销售产品收到的现金下降幅度更大,达 4.72 个百分点,这说明该公司现金流入量的质量有所下降。因为经营活动产生的现金流入量,特别是销售产品收到的现金,其稳定性要大于其他渠道来源的现金流入量。不过,本年度虽然经营产生的现金流入量占总现金流入量的比重有所下降,但是其比重仍高达 96.64%,质量是相当高的。投资活动产生的现金流入量占总现金流入量比重极低,可不作分析重点。筹资活动产生的现金流入量来自于借款,占现金流入量比重本年度虽有增加,但仅为 2.77%,对总现金流入量的影

响不大。该企业现金流入量这些特征说明,该企业是一个主营业务突出、投机性小、主要依靠自身创造的现金流入量谋求生存和发展的企业。

从现金流出量看,经营活动产生的现金流出量占现金总流出量的比重很大,上年为94.55%,本年为92.02%。这表明,该企业在生产经营领域之外,可以动用的现金流出量的比例较小,上年为5.45%,本年为7.98%,企业靠经营积累来扩张企业规模的能力较弱。若这种能力过弱,不但会制约企业的发展,而且会降低其偿债能力,最终危及企业的生存。企业投资活动产生的现金流出量也大幅攀升,本年度比上年度上升3.7个百分点,但占总现金流出量的比重并不算高,仅为3.94%,因此,尚在企业的承受能力之内,可算正常。筹资活动产生的现金流出量占总现金流出量的比重,从上年度的5.20%下降为本年度的4.04%,下降了1.16个百分点。对于筹资活动产生的现金流出量应分为法定流出和自由流出两个方面来考察,其中自由流出量是指股利分配所引起的现金流出量,企业在现金紧张时,可以不支付股利。因此,这部分现金流出量不作为分析的重点。法定流出量是指由借债合同规定的还本付息金额,如果企业不按期还本付息,可能会面临破产的风险。结合取得借款收到的现金可以看出,该公司本年度借款数大于还款数1 206万元,未来将存在一定的还款压力。

综上分析,对万国公司现金流变化可作如下结论:第一,公司现金流入量稳健,经营中投机性小,但本年度现金流入量的质量低于上年度;第二,公司可动用的现金流出量比例低,积累能力不强,但该问题在本年度已有一定的改善;第三,综合前述两点,该公司应属生存尚可、发展潜力不足、转向速度较慢、应变能力不强,正处于成熟期的公司。

万国公司是一个已步入成熟期的企业,盈利能力和风险能力处于相对稳定状态,但已经开始出现盈利能力下滑和财务风险上升的势头。在折中形势下,公司采取了收缩发展速度的方针政策,无论对外减少营销宣传,还是对内缩减分利,都暴露出企业试图集聚资金以应付不测之需的动机。公司为了防止企业步入衰退期,除仍在从事固定资产投资外,还注意增加对外股权投资,调整资产结构,转变经营方略,进取心犹存。但公司自身创造的现金流入量少,不足以满足调整之需,导致负债增加,特别是流动负债增加。总之,该公司属于较典型的成熟期企业,即风险水平有所上升但仍在可控范围内,盈利能力有所下降但仍不算低,有进取意识但内部资源的支持力不够,内部控制能力较强但经营创新意识不强。对该企业投资可以获得风险较小的稳定回报。

项目2 掌握现金流量财务比率分析

案例导入

根据以下表4-14大华股份有限公司2007年度现金流量表,进行现金流量财务比率分析。

表 4 - 14　现金流量表

编制单位：大华股份有限公司　　　　　　2007 年度　　　　　　　　单位：万元

项　　　目	附　注	金　额
一、经营活动产生的现金流量		
销售商品、提供劳务收到的现金		284 845
收到的税费返还		31
收到的其他与经营活动有关的现金		912
现金流入小计		285 788
购买商品、接受劳务支付的现金		89 893
支付给职工以及为职工支付的现金		66 990
支付的各项税费		42 641
支付的其他与经营活动有关的现金		15 358
现金流出小计		214 882
经营活动产生的现金流量净额		70 906
二、投资活动产生的现金流量		
收回投资所收到的现金		
取得投资收益所收到的现金		
处置固定资产、无形资产和其他长期资产所收回的现金净额		110
收到的其他与投资活动有关的现金		147
现金流入小计		257
构建固定资产、无形资产和其他资产所支付的现金		93 898
投资所支付的现金		
支付的其他与投资活动有关的现金		
现金流出小计		93 898
投资活动产生的现金流量净额		93 641
三、筹资活动产生的现金流量		
吸收投资所收到的现金		68 127
借款所收到的现金		23 500
收到的其他与筹资活动有关的现金		
现金流入小计		91 627
偿还债务所支付的现金		32 000
分配股利、利润或偿付利息所支付的现金		6 930
支付的其他与筹资活动有关的现金		460
现金流出小计		39 390

续　表

项　目	附　注	金　额
筹资活动产生的现金流量净额		52 237
四、汇率变动对现金的影响		
五、现金及现金等价物净增加额		29 502
补充资料：		
1. 将净利润调节为经营活动现金流量		
净利润		38 126
加：少数股东损益		
加：计提的资产减值准备		2 993
固定资产折旧		18 155
无形资产摊销		105
长期待摊费用摊销		
待摊费用减少（减：增加）		
预提费用增加（减：减少）		
处置固定资产、无形资产和其他长期资产的损失（减：收益）		2 846
固定资产报废损失		
财务费用		2 120
投资损失（减：收益）		
递延税款贷项（减：借项）		
存货的减少（减：增加）		856
经营性应收项目的减少（减：增加）		15 147
经营性应付项目的增加（减：减少）		22 564
其他		
经营活动产生的现金流量净额		70 906
2. 不涉及现金收支的投资和筹资活动		
债务转为资本		
一年内到期的可转换公司债券		
融资租入固定资产		
3. 现金及现金等价物净增加情况		
现金的期末余额		46 334
现金的期初余额		16 832
加：现金等价物的期末余额		
减：现金等价物的期初余额		
现金及现金等价物净增加额		29 502

现金流量财务比率分析法主要是通过计算现金流量表中不同类别但具有一定的依存关系的两个项目的比例，来揭示它们之间的内在结构关系，反映企业资产的流动状况、偿债能力和获利能力，以此考察企业现金流量所能满足生产经营、投资与偿债需要的一种方法，在现金流量表分析中具有更广泛、更深远的意义。企业现金流量的财务比率大体上可分为两类：一是现金偿债比率，二是现金收益比率。

任务 1　现金偿债比率分析

所谓现金偿债比率分析，就是将经营活动产生的现金净流量与企业的各种债务进行对比计算所得的比率，从而评价企业用经营活动产生的现金偿还到期债务的能力。现金偿债比率分析，有利于债权人按期、足额地收回本金和利息；有利于投资者把握有利的投资机会，创造更多的利润；同时也有利于经营者减少企业的财务风险，提高企业的收益能力。

一、现金比率

现金比率是指企业的现金余额与企业的流动负债之比，其计算公式为：

$$现金比率 = \frac{现金余额}{流动负债} \times 100\%$$

公式中现金余额为货币资金与现金等价物之和，如资料中没有提供现金等价物的金额，此处的现金余额即为资产负债表中货币资金的金额。流动负债总额是指企业期末拥有的各项流动负债的总额，来源于资产负债表中"流动负债合计"项目的期末数。

现金比率是衡量企业偿债能力的一个重要指标。对于债权人来说，现金比率总是越高越好。现金比率越高，说明企业的短期偿债能力越强；反之则越弱。如果现金比率超过1，即现金余额等于或大于流动负债总额，那就是说，企业即使不动用其他资产，如存货、应收账款，仅靠手中的现金就足以偿还流动负债。对于债权人来说，这样当然最好。而对于企业的所有者和经营者而言，现金比率并不是越高越好。因为资产的流动性和其盈利能力成反比，流动性好的资产，往往盈利能力差，如现金的流动性最好，同时其盈利能力最低。因此不应该保持过长时间太高的现金比率。但此比例较低时，应引起企业管理者的重视。

二、现金流动负债比率

现金流动负债比率是指经营活动的净现金流量与流动负债的比率，反映企业靠经营活动获得现金偿还短期债务的能力。该指标曾在偿债能力分析中有所介绍。为什么要使用经营活动的净现金流量呢？第一，在正常的生产经营情况下，当期取得的现金收入先要满足生产经营活动的支出，如购买原材料、支付职工工资、交纳税金等，然后才能满足偿还债务的支出。第二，企业的经营活动是企业的主要活动，是获取自有资金的主要来源，应该说也是最为安全而且是规范地取得现金流量的办法，用经营活动的净现金流量与流动负债之比来衡量企业的偿债风险，是比较安全的。其计算公式为：

$$现金流动负债比率 = \frac{经营活动产生的现金净流量}{流动负债} \times 100\%$$

公式中流动负债包含企业的流动负债与当年到期的长期（非流动）负债之和，来源于资产负债表。

根据导入案例中表4-14的资料，同时假设大华股份有限公司2007年12月31日流动负债合计为92 113万元，其现金流动负债比率计算如下：

$$现金流动负债比率 = \frac{经营活动产生的现金净流量}{流动负债} \times 100\%$$

$$= 70\ 906/92\ 113 \times 100\% = 76.98\%$$

企业为了偿还即将到期的流动负债，固然可以通过出售投资、长期资产等投资活动取得现金流入，以及筹借现金来进行偿债，但最安全可靠的办法，仍是利用企业的经营活动产生的现金净流量。该比率可以反映负债所能得到的现金保障程度，或企业获得现金偿付短期债务的能力。这个比率越大，表明企业的短期偿债能力越强；反之，则表明企业短期偿债能力越差。大华股份有限公司现金流动比率是比较高的，对于债权人和投资者来说这是一个比较安全的信号，但另一方面也说明了企业现金的获利能力较低，现金没有得到充分、有效的利用，容易造成资源的浪费。

三、现金债务总额比率

现金债务总额比率是指经营活动的净现金流量与全部债务的比率，反映企业用年度经营活动现金净流量偿付全部债务的能力，因此也是一个较综合反映企业偿债能力的比率。它是评价企业中长期偿债能力的重要指标，同时也是预测公司破产的重要指标，该指标越高，企业承担债务的能力越强。其计算公式为：

$$现金债务总额比率 = \frac{经营活动产生的现金净流量}{负债总额} \times 100\%$$

公司中总负债指企业的流动负债与非流动（长期）负债之和，来源于资产负债表。

根据导入案例中表4-14的资料，同时假设大华股份有限公司2007年12月31日总负债为164 021万元，其现金流动负债比率计算如下：

$$现金债务总额比率 = \frac{经营活动产生的现金净流量}{负债总额} \times 100\%$$

$$= 70\ 906/164\ 021 \times 100\% = 43.23\%$$

这个比率比较高，说明大华股份有限公司承担债务的能力较强。仅从支付利息的角度看，该企业最大的付息能力是43.23%，即利息高达43.23%时企业仍能按时付息。只要能按时付息，企业就能借新债还旧债，维持债务规模。如果市场利率是10%，那么该公司最大的负债能力是70 906÷10% = 709 060（万元）。仅从付息能力看，企业还可以借债545 039万元（709 060 - 164 021），可见企业的举债能力是较强的。

现金债务总额比是反映企业长期综合偿债能力、风险的指标。在利用资产负债表进行分析时，我们已经介绍过资产负债率指标，而现金债务总额比反映由企业经营活动所获取的现金流量对偿还债务能力的保证程度，这个比率更具有现实性。

四、现金偿付比率

现金偿付比率是生产经营活动产生的现金流量与长期债务总额之比,反映企业按照当前经营活动提供的现金偿还长期债务的能力。虽然企业可以用从投资或筹资活动中产生的现金来偿还债务,但从经营活动中所获得的现金应该是企业长期现金的主要来源。其计算公式为:

$$现金偿付比率 = \frac{经营活动产生的现金净流量}{长期负债总额} \times 100\%$$

公式中长期债务来源于资产负债表。

根据导入案例中表 4-14 的资料,同时假设大华股份有限公司 2007 年 12 月 31 日长期负债为 71 909 万元,其现金偿付比率计算如下:

$$现金偿付比率 = \frac{经营活动产生的现金净流量}{长期负债总额} \times 100\%$$

$$= 70\ 906/71\ 909 \times 100\% = 98.61\%$$

一般来说,这一比率越高,企业偿还长期债务的能力就越强。从分析中可以看出大华股份有限公司偿还长期负债的能力是很强的。

另外,以下几个比率也有助于信息使用者分析企业的现金流量情况。

(一) 现金到期债务比率

这一比率是经营活动产生的现金净流量与本期到期债务本金和现金利息支出之和的比率。用来衡量企业到期债务本金及利息可由经营活动创造现金支付的程度。其计算公式为:

$$现金到期债务比率 = \frac{经营活动产生的现金净流量}{本期到期债务本息} \times 100\%$$

该比率越大,说明企业偿付到期债务的能力就越强。如果比率小于 1,说明企业经营活动产生的现金不足以偿付到期债务本息,企业必须对外筹资或出售资产才能偿还债务。

(二) 强制性现金支付比率

这一比率是当期现金流入总量、经营活动现金流出量与本期到期债务本息之和的比率。

这一比率反映企业是否有足够的现金偿还债务、支付经营费用等。在持续不断的经营过程中,公司的现金流入量应该满足一强制性为目的的支付,即用于经营活动支出和偿还债务。这一比率越大,其现金支付能力越强。用公式表示如下:

$$强制性现金支付比率 = \frac{现金流入总量}{经营活动现金流出量 + 本期到期债务本息} \times 100\%$$

(三) 现金股利支付率或利润分配率

$$现金股利支付率 = \frac{现金股利(分配利润)}{经营活动现金净流量}$$

这一比率反映本期经营活动现金净流量与现金股利(或向投资者分配利润)之间的关系,比率越低,企业支付现金股利的能力就越强。传统的股利支付率(应付股利÷净利润,假设不考虑优先股)反映的是支付股利与净利润的关系,而按现金净流量反映的股利支付率更能体现支付股利的现金来源及其可靠程度。

任务 2　现金收益比率分析

　　所谓现金收益比率分析,就是将企业经营活动产生的现金净流量与收入或利润进行对比计算现金收益比率,从而评价企业的现金收益能力。现金收益能力的高低是报表使用者更加关心的财务指标,是反映企业根本性财务能力的指标。

　　前面我们已经利用利润表对获利能力进行分析,但是传统财务报表分析对获利能力的评价,一般将利润与资源相比较。而利润的计算过程是通过会计制度规范而由会计人员计算出来的,受主观估计和人为判断的影响,即使排除会计人员指使或其他人为操纵的因素,它也只是账面上的结果,也就是说对利润表的分析不能反映现金收益能力。现金收益比率分析更能客观地评价企业的收益质量和获利能力。

一、主营业务收入现金比率

　　主营业务收入现金比率是经营活动现金流量与主管业务收入的比值,它反映企业每 1 元主营业务收入所能得到的现金净流量,是考核企业经营活动效益的一个指标。其计算公式为:

$$主营业务收入现金比率 = \frac{经营活动现金净流量}{主营业务收入} \times 100\%$$

　　公式中主营业务收入来源于利润表。

　　根据导入案例中表 4-14 的资料,同时假设大华股份有限公司 2007 年主营业务收入为 240 921 万元,其主营业务收入现金比率计算如下:

$$主营业务收入现金比率 = \frac{经营活动现金净流量}{主营业务收入} \times 100\%$$
$$= 70\,906/240\,921 \times 100 = 29.43\%$$

　　该比率反映了企业当期主营业务收入的资金收现情况,可以大致说明企业销售回收现金的情况及企业销售的质量。该指标数值越高,说明企业经营状况和经营效益越好;指标数值越低,说明企业收账能力差,或者说明企业销售条件较为宽松。这样势必造成应收账款占用过大,影响企业的偿债能力。通过以上的计算分析,可以看出大华股份有限公司每 1 元的主营业务收入得到的净现金为 0.294 3 元。

二、净利润现金比率

　　净利润现金比率是经营活动产生的现金净流量与净利润的比值,反映企业当期实现净利润中创造的现金流量。其计算公式为:

$$净利润现金比率 = \frac{经营活动产生的现金净流量}{净利润} \times 100\%$$

　　公式中净利润来源于利润表或现金流量附注部分。

　　根据导入案例中表 4-14 的资料,同时假设大华股份有限公司 2007 年净利润为 38 126 万元,其净利润现金比率计算如下:

$$净利润现金比率 = \frac{经营活动产生的现金净流量}{净利润} \times 100\%$$

$$= 70\,906/38\,126 \times 100\% = 185.98\%$$

这一比率反映了经营的现金净流量与当期净利润的差异程度,即当期实现的净利润中有多少现金作保证。不难看出,该比率较高,说明企业经营活动的现金回收率越高,相应的,企业的实际收益能力越强。通过这一指标,对于防止企业操纵利润而给报表使用者带来误导有一定的积极作用。如果发现有的企业账面利润留存很高,而经营活动的现金流量不充足,甚至出现负数,说明企业的利润不是来自经营活动,而是来自其他渠道,其自身通过经营活动创造现金净流量的能力明显不足。经营活动产生的现金净流量与会计利润之比若大于或等于1,说明企业收益的收现能力较强,利润质量较好。大华股份有限公司经营现金流量与净利润比率为185.98%,说明大华公司收益的收现能力较强。

由于利润表中的净利润指标是企业根据权责发生制原则和配比原则编制的,利润质量往往受到一定影响,如会受固定资产折旧、临时设施等资产摊销、大量应收账款及坏账估计等影响。它并不能反映企业经营活动产生了多少现金,但通过经营活动的现金流量与会计利润进行对比,就可以对利润质量进行评价。因此,通过经营活动产生的现金流量与会计上的净利润对比可以评价利润质量。

在竞争日益激烈的今天,该比率也不是越高越好,保持一定的商业信用也是企业生存发展所需要的。

三、全部资产现金回收率

全部资产现金回收率是指经营活动产生的现金净流量与全部资产的比值。其计算公式为:

$$全部资产现金回收率 = \frac{经营活动现金净流量}{总资产} \times 100\%$$

公式中总资产可以采用全年总资产平均值,来源于资产负债表。

根据导入案例中表4-14的资料,同时假设大华股份有限公司2006年12月31日资产总额为253 957万元、2007年12月31日资产总额为363 985万元,其全部资产现金回收率计算如下:

$$平均总资产为:(253\,957 + 363\,985) \div 2 = 308\,971(万元)$$

$$全部资产现金回收率 = \frac{经营活动现金净流量}{总资产} \times 100\%$$

$$= 70\,906 \div 308\,971 \times 100\% = 22.95\%$$

该指标反映了每1元资产获得的现金流量。这一比率反映企业运用全部资产获取现金的能力。全部资产代表企业占有的全部经济资源,包括股东和债权人投入的资源,它是企业进行生产经营活动的物质基础。企业所拥有和控制的这些经济资源能否得到合理有效的利用,其中一点就在于它为企业创造现金流量的多少。一般而言比值越高就越能说明企业运用全部资产获取现金的能力强。

知识链接

上市公司盈利能力与现金流量能力比较分析

1. 盈利能力分析。"上市公司盈利是永恒的话题",公司盈利能力主要反映企业经营业务创造利润的能力,它一方面直接表现为企业实现利润的多少和利润的稳定程度,另一方面也通过企业投入资金的收益能力或企业资产周转和消耗的盈利能力等经济效益指标反映出来。我们主要利用成本费用净利率、主营业务利润率、销售净利率、总资产净利率、每股盈余、净资产收益率等经济效益指标来分析。成本费用净利率反映企业每付出单位成本费用所取得利润的大小,也可判断企业对成本费用的控制能力。主营业务利润率指标剔除了其他业务、投资和营业外收支的影响,反映企业主营业务本身的获利能力和竞争能力。只有主营业务发展稳健,企业才能实现净利润的可持续增长,才能在激烈的市场竞争中取胜。每股收益反映发行在外的普通股每股获取收益的能力,它是上市公司的年报指标。净资产收益率,也称为股东权益报酬率,即资本金净利率,主要反映企业经营业务创造利润的能力,是衡量投资者(股东)资本金收益能力的重要指标。净资产收益率一直是投资者和管理者关注的重点,同时也是杜邦分析体系的核心指标,可以将其分解为权益乘数、销售净利率、资产周转率这些分别反映偿债能力、盈利能力和营运能力方面的指标具体分析。

尽管以盈利为核心的评估指标能在一定程度上反映公司的经营状况,具有较大作用,但它也容易受公司高层管理者利润粉饰或操纵的影响,从而对投资者正确评估公司价值以作出正确的投资决策产生干扰,对投资者的利益造成损失。

2. 现金流量能力分析。公司的现金流量能力主要反映企业经营业务利润带来经营活动现金流量的能力,能从另一个角度反映上市公司盈利能力以及盈利质量高低。由于现金流量同盈利能力指标相比,受会计估算和分摊的影响较小,因此公司的现金流量能力分析,可以在一定程度上检验上市公司是否有盈余粉饰和操纵现象、识别盈利能力强弱的真伪。这也是近些年来,现金流量表以及现金流量能力分析日益备受关注的原因之一。盈利能力指标是以权责发生制为基础的;而现金流量分析则是以现金收付实现制为基础的。一般而言,收入增加迟早会带来现金的流入,费用的增加迟早会带来现金的流出。因此,如果公司盈利较好,应该也有较好的现金流入,特别是较好的营业现金流量。我们主要利用营业现金流量、主营业务收入现金含量和自由现金流量等指标来分析,并将其与盈利能力指标对比分析。如果盈利能力和现金流量能力都较好,说明盈利能力有其营业现金流量作为保障,其盈利质量较好。而通过利润操纵而显示较高的盈利水平,一般是没有营业现金流入作保障的。

营业现金流量是指公司正常经营活动所发生的现金流入和现金流出之间的净额。主营业务收入现金含量反映主营业务收入带来营业活动现金流量的多少,其指标越高,表明主营业务收入盈利能力、现金能力和盈利质量越好。自由现金流量是指从客户处获得的现金净额减去用以维持公司目前增长所需的现金支出,其公式为:自由现金流量=经营现金净流量-资本支出。自由现金流量是企业在不影响其成长前景的前提下,可以分配给股东的最大现金流量,或可以留用以便将来增值的最大自由现金流量。企业的自由现金流量越大,企业的市场价越高。

上述现金流量能力指标共同的优点是：不受存货估价、费用摊销、折旧计提等方面不同会计方法的影响，也不受公司经理的操纵，它们的计算没有随意主观性，是客观性强的指标；按照收付实现制的原则计算，是企业在一定时期内实际收到的现金收入，它们不存在未实际收到的现金收入的风险，是确定性很强的指标。而自由现金流量与营业现金流量及主营业务收入现金含量相比的一大优势是：自由现金流量考虑了资本性支出对现金流量的影响，是在不影响企业当前增长的情况下可供自由使用的超额现金流量，是投资者进行投资决策的重要依据。

（资料来源：中华资料网 http://www.zhzl.net）

实战模拟

现金流量表及现金流量财务比率分析

海外公司相关资料如表 4-15 至表 4-18 所示。

表 4-15　资产负债表

编制公司：海外股份有限公司　　　　2005 年 12 月 31 日　　　　单位：元

资　　产	年初数	期末数	负债和所有者权益	年初数	期末数
流动资产：			流动负债：		
货币资金	1 801 100	1 874 655	短期借款	500 000	300 000
短期投资	26 800	26 800	应付票据	250 000	100 000
应收票据	80 000	0	应付账款	760 000	675 000
应收股利	0	0	预收账款	0	0
应收利息	0	0	应付工资	39 000	39 000
应收账款	392 000	492 940	应付福利费	12 000	124 000
其他应收款	4 500	4 500	应付股利	0	81 145
预付账款	65 000	65 000	应交税金	35 000	134 025
应收补贴款		0	其他应交款	5 800	130 800
存货	348 200	516 910	其他应付款	65 000	65 000
待摊费用	120 000	83 000	预提费用	12 000	24 000
一年内到期的长期债权投资		0	预计负债	0	0
其他流动资产		0	一年内到期的长期负债	850 000	400 000
流动资产合计	2 837 600	3 063 805	其他流动负债		0
长期投资：			流动负债合计	2 528 800	2 072 970
长期股权投资	295 500	295 500	长期负债：		
长期债权投资		0	长期借款	950 000	1 520 500

141

续　表

资　产	年初数	期末数	负债和所有者权益	年初数	期末数
长期投资合计	295 500	295 500	应付债券	0	0
固定资产：			长期应付款	0	0
固定资产原价	3 099 000	3 519 000	专项应付款	0	0
减：累计折旧	600 000	235 000	其他长期负债	0	0
固定资产净值	2 499 000	3 284 000	长期负债合计	950 000	1 520 500
减：固定资产减值准备	190 000	85 000	递延税项：		
固定资产净额	2 309 000	3 199 000	递延税款贷项	0	0
工程物资	0	152 100	负债合计	3 478 800	3 593 470
在建工程	1 600 000	670 000	股东权益：		
固定资产清理		0	股本	4 200 000	4 200 000
固定资产合计	3 909 000	4 021 100	资本公积	233 300	233 300
无形资产及其他资产：			盈余公积	150 000	176 217
无形资产	960 000	880 000	其中：法定盈余公积	50 000	58 739
长期待摊费用	150 000	100 000	未分配利润	90 000	157 418
其他长期资产	0	0	股东权益合计	4 673 300	4 766 935
无形资产及其他资产合计	1 110 000	980 000			
递延税项：					
递延税款借项	0	0			
资产合计	8 152 100	8 360 405	负债和股东权益合计	8 152 100	8 360 405

表 4 - 16　利润表

编制单位：海外股份有限公司　　　　　　2005 年度　　　　　　　　　　单位：元

项　　目	行次	上年数	本年累计数
一、主营业务收入	1	1 200 000	1 500 000
减：主营业务成本	4	750 000	900 000
主营业务税金及附加	5	18 000	21 250
二、主营业务利润	10	432 000	578 750
加：其他业务利润	11	0	0
减：营业费用	14	25 000	13 000
管理费用	15	200 000	240 950
财务费用	16	50 000	32 500
三、营业利润	18	157 000	292 300
加：投资收益	19	50 000	40 000

续　表

项　　目	行次	上年数	本年累计数
补贴收入	22	0	0
营业外收入	23	30 000	0
减：营业外支出	25	80 000	90 000
四、利润总额	27	157 000	242 300
减：所得税	28	48 000	67 520
五、净利润	30	109 000	174 780

表 4 - 17　利润分配表

编制单位：海外股份有限公司　　　　　　2005 年度　　　　　　　单位：元

项　　目	本年实际	上年实际
一、净利润	174 780	109 000
加：年初未分配利润	90 000	50 000
其他转入	0	0
二、可供分配利润	264 780	159 000
减：提取法定盈余公积	17 478	10 900
提取法定公益金	8 739	5 450
提取职工奖励及福利基金	0	0
提取储备基金	0	0
提取企业发展基金	0	0
利润归还投资	0	0
三、可供投资者分配的利润	238 563	142 650
减：应付优先股股利	0	0
提取任意盈余公积	0	0
应付普通股股利	81 145	52 650
四、未分配利润	157 418	90 000

表 4 - 18　现金流量表

编制单位：海外股份有限公司　　　　　　2005 年度　　　　　　　单位：元

项　　目	行　次	金　　额
一、经营活动产生的现金流量		
销售商品、提供劳务收到的现金		1 727 000
收到的税费返还		0

续　表

项　　　目	行　次	金　　　额
收到的其他与经营活动有关的现金		0
现金流入小计		1 727 000
购买商品、接受劳务支付的现金		613 495
支付给职工及为职工支付的现金		550 000
支付的各项税费		189 750
支付的其他与经营活动有关的现金		78 100
现金流出小计		1 431 345
经营活动产生的现金流量净额		295 655
二、投资活动产生的现金流量		
收回投资所收到的现金		0
取得投资收益所收到的现金		40 000
处置固定资产、无形资产和其他长期资产所收回的现金净额		400 000
收到的其他与投资活动有关的现金		0
现金流入小计		440 000
构建固定资产、无形资产和其他资产所支付的现金		402 100
投资所支付的现金		0
支付的其他与投资活动有关的现金		0
现金流出小计		402 100
投资活动产生的现金流量净额		37 900
三、筹资活动产生的现金流量		
吸收投资所收到的现金		0
其中：子公司吸收少数股东权益性投资收到的现金		
借款所收到的现金		800 000
收到的其他与筹资活动有关的现金		0
现金流入小计		800 000
偿还债务所支付的现金		1 050 000
分配股利、利润或偿付利息所支付的现金		10 000
其中：子公司支付少数股东的股利		
支付的其他与筹资活动有关的现金		0
现金流出小计		1 060 000

项 目	行 次	金 额
筹资活动产生的现金流量净额		−260 000
四、汇率变动对现金的影响		0
五、现金及现金等价物净增加额		73 555
补充资料：		
1. 将净利润调节为经营活动现金流量		
净利润		174 780
加：计提的资产减值准备		38 250
固定资产折旧		120 000
无形资产摊销		80 000
长期待摊费用摊销		50 000
待摊费用减少（减：增加）		37 000
预提费用增加（减：减少）		0
处置固定资产、无形资产和其他长期资产的损失		70 000
固定资产报废损失		0
财务费用		32 500
投资损失（减：收益）		−40 000
递延税款贷项（减：借项）		0
存货的减少（减：增加）		−179 900
经营性应收项目的减少（减：增加）		−28 000
经营性应付项目的增加（减：减少）		−58 975
其他		0
经营活动产生的现金流量净额		295 655
2. 不涉及现金收支的投资和筹资活动		
债务转为资本		
一年内到期的可转换公司债券		
融资租入固定资产		
3. 现金及现金等价物净增加情况		
现金期末余额		1 874 655
减：现金的期初余额		1 801 100
加：现金等价物的期末余额		0
减：现金等价物的期初余额		0
现金及现金等价物净增加额		73 555

【实战模拟要求】

根据上面的报表资料,对该企业进行现金流量分析和现金流量的比率分析,从而对企业的现金流量质量作出评价。

【实战模拟解析】

一、现金流量的初步分析

(一)经营活动现金流量分析

海外公司 2005 年度经营活动产生的现金净流量为 295 655 元。2005 年度经营活动产生的现金净流量大于零,从现金流量附表中可以计算出非付现成本,小于本期的经营活动的现金净流量,即在补偿当期的非付现成本后仍有剩余。这意味着企业通过正常的购销活动带来的现金流入量能支付因经营活动而引起的货币流出、补偿全部的非付现成本后还能为投资活动贡献力量。这种状态是企业经营活动现金流量运行的良好状态。

(二)投资活动现金流量分析

海外公司 2005 年度投资活动产生的现金流量为 37 900,大于零。这意味着企业在构建固定资产、无形资产和其他长期资产、权益性投资以及债权性投资等方面所支付的现金之和,小于企业因收回投资、分得股利或利润、取得债券利息收入、处置固定资产、无形资产和其他长期资产而收到的现金净额之和。这种情况的发生,或者是由于企业投资活动回收的规模大于投资支出的规模,这是比较好的现象;或者是由于企业在经营活动与筹资活动方面急需现金而不得不处理手中的长期资产,这种情况必须加以重视。海外公司 2005 年度投资活动产生的现金流量中处置固定资产、无形资产和其他长期资产所收回的现金净额 400 000元,与构建固定资产、无形资产和其他资产所支付的现金 402 100 相差不多,主要原因是取得投资收益所收到的现金。

(三)筹资活动现金流量分析

海外公司 2005 年度筹资活动产生的现金流量为 −260 000 元,小于零。这意味着企业在吸收权益性投资、发行债券及借款等方面所收到的现金之和,小于企业在偿还债务、支付筹资费用、分配股利或利润、偿付利息、融资租赁以及减少注册资本等方面所支付的现金之和。这种情况的出现,或者是由于企业在本会计期间集中发生偿还债务、支付筹资费用、分配股利或利润、偿付利息、融资租赁等业务,或者是因为企业经营活动与投资活动在现金流量方面运转较好,有能力完成上述各项支付。

二、现金流量财务比率分析

(一)现金偿债比率

1. 现金比率。

现金比率＝现金余额÷流动负债×100％＝1 874 655÷2 072 970×100％＝90.43％

现金比率是衡量企业短期偿债能力的一个重要指标。海外公司现金比率为 90.43％,现金比率越高,说明企业的短期偿债能力越强;反之,则越弱。但由于资产的流动性和其盈利能力成反比,流动性好的资产,往往盈利能力差。因此不应该保持过长时间太高的现金比率,但此指标较低时,应引起企业管理者的重视。

2. 现金流动负债比。

现金流动负债比＝经营活动所产生的现金净流量÷流动负债×100％

$\qquad$＝295 655÷2 072 970×100％

$\qquad$＝14.26％

企业为了偿还即将到期的流动负债,固然可以通过出售投资、长期资产等投资活动取得现金流入,以及筹借现金来进行偿债,但最安全可靠的办法,仍然是利用企业的经营活动产生现金净流量。海外公司现金流动负债比率为14.26％,是比较低的,说明本期经营活动现金流量的净额相对流动负债较小,企业的短期偿债能力较弱。

3. 现金债务总额比。

现金债务总额比＝经营活动产生的现金净流量÷总负债×100％

$\qquad$＝295 655÷3 593 470×100％

$\qquad$＝8.23％

海外公司承担债务的付息能力是8.23％,即利息在不超过8.23％时企业能按时付息。只要能按时付息,企业就能借新债还旧债,维持债务规模。

4. 现金偿付比率。

现金偿付比率＝经营活动产生的现金净流量÷长期负债总额×100％

$\qquad$＝295 655÷1 520 500×100％

$\qquad$＝19.44％

一般来说,这一比率越高,企业偿还长期债务的能力越强。从分析中可以看出海外公司偿还长期负债的能力不是很强。

(二) 现金收益比率

1. 主营业务收入现金比率。

主营业务收入现金比率＝经营活动现金净流量÷主营业务收入×100％

$\qquad$＝295 655÷1 500 000×100％

$\qquad$＝19.7％

海外公司每1元的主营业务收入得到的净现金为0.197元,数值较低,说明企业销售收现情况较差,势必造成应收账款占用过大,影响企业的偿债能力。因此企业经营状况和经营效益有待改善,收账能力有待提高。

2. 净利润现金比率。

净利润现金比率＝经营活动产生的现金净流量÷净利润×100％

$\qquad$＝295 655÷174 780×100％

$\qquad$＝169.16％

海外公司经营现金流量与净利润比率为169.16％,说明会计收益的收现能力较强,利润较好。但该比率也不是越高越好,保持一定的商业信用也是企业生存发展所需要的。

3. 全部资产现金回收率。

全部资产现金回收率＝经营活动产生的现金净流量÷总资产×100％

$\qquad$＝295 655÷8 360 405×100％

$\qquad$＝3.54％

该指标反映了每1元资产获得的现金流量。这一比率反映企业运用全部资产获取现金的能力。全部资产代表企业占有的全部经济资源,包括股东和债权人投入的资源,它是企业进行生产经营活动的物质基础。企业所拥有和控制的这些经济资源能否得到合理、有效的利用,其中一点就在于它为企业创造现金净流量的多少了。一般而言该比值越高就越能说明全部资产创造现金净流量的能力越强,资产的利用效率越好。上述计算结果表明,海外公司资产的获利能力较差。

三、现金流量结构分析

（一）现金净流量结构分析

现金净流量结构分析如表 4-19 所示。

表 4-19　现金净流量结构分析

项　　目	金额（元）	结构百分比（%）
经营活动产生的现金流量净额	295 655	401.95
投资活动产生的现金流量净额	37 900	51.53
筹资活动产生的现金流量净额	−260 000	−353.48
汇率变动的影响	0	0
现金净流量合计	73 555	100

现金净流量结构分析：其中现金净流量合计中经营活动产生的现金净流量占 401.95%；投资活动产生的现金净流量占 51.53%；筹资活动产生的现金净流量占−353.48%。该比例说明经营活动产生的现金净流量占全部现金净流量的重要比例,投资活动也是该企业现金流入来源的重要方面。

（二）现金流入总量结构分析

现金流入总量结构分析如表 4-20 所示。

表 4-20　现金流入总量结构分析

项　　目	金额（元）	结构百分比（%）
经营活动现金流入小计	1 727 000	58.21
投资活动现金流入小计	440 000	14.83
筹资活动现金流入小计	800 000	26.96
现金流入合计	2 967 000	100

现金流入总量结构分析：其中现金总流入中经营活动现金流入量占 58.21%,投资活动现金流入量占 14.83%,筹资活动现金流入占 26.96%。该比例说明海外公司经营活动现金流入在现金流入总量中占有重要地位,筹资活动也是该企业现金流入来源的重要方面。

（三）现金流入的内部结构分析

现金流入的内部结构分析如表 4-21 所示。

表 4 - 21　现金流入的内部结构分析

项　目	金额(元)	结构百分比(%)
销售商品、提供劳务收到的现金	1 727 000	100
经营活动现金流入小计	1 727 000	100
取得投资收益所收到的现金	40 000	9.09
处置固定资产、无形资产和其他长期资产所收回的现金净额	400 000	90.91
投资活动现金流入小计	440 000	100
借款所收到的现金	800 000	100
筹资活动现金流入小计	800 000	100

（四）现金流出总量结构分析

现金流出总量结构分析如表 4 - 22 所示。

表 4 - 22　现金流出总量结构分析

项　目	金额(元)	结构百分比(%)
经营活动现金流出小计	1 431 345	49.47
投资活动现金流出小计	402 100	13.90
筹资活动现金流出小计	1 060 000	36.63
现金流出小计	2 893 445	100

　　海外公司现金流出总量结构分析：其中经营活动现金流出占 49.47%，投资活动现金流出占 13.90%，筹资活动现金流出占 36.63%。该比例说明海外公司经营活动现金流出占有重要地位，筹资活动也是该企业现金流出的重要方面。同时结合现金流入结构分析，筹资活动现金流入占总流入的比例仅为 26.96%，从而可以看出筹资活动的现金流出比例相对来说是较大的。也就是说，海外公司现金流出中大部分用于偿还债务。

（五）现金流出的内部结构分析

现金流出的内部结构分析如表 4 - 23 所示。

表 4 - 23　现金流出的内部结构分析

项　目	金额(元)	结构百分比(%)
购买商品、接受劳务支付的现金	613 495	42.86
支付给职工以及为职工支付的现金	550 000	38.43
支付的各项税费	189 750	13.26
支付的其他与经营活动有关的现金	78 100	5.46
经营活动现金流出小计	1 431 345	100
构建固定资产、无形资产和其他资产所支付的现金	402 100	100
投资活动现金流出小计	402 100	100

续　表

项　目	金额（元）	结构百分比（%）
偿还债务所支付的现金	1 050 000	99.06
分配股利、利润或偿付利息所支付的现金	10 000	0.94
筹资活动现金流出小计	1 060 000	100

（六）现金流量流入流出比例分析

现金流量流入流出比例分析如表 4 - 24 所示。

表 4 - 24　现金流量流入流出比例分析

项　目	现金流入量（元）	现金流出量（元）	流入流出比例（%）
经营活动现金流量	1 727 000	1 431 345	120.66
投资活动现金流量	440 000	402 100	109.43
筹资活动现金流量	800 000	1 060 000	75.47

　　该公司筹资活动的现金流量流入流出比为 75.47%，该值小于 1，说明还款大于借款，筹资活动中现金流入是举债获得，同时也说明该公司较大程度上存在借新款还旧款的现象。因此应引起管理者的足够重视。

思考题

1. 对现金流量结构分析的目的是什么？如何分析？
2. 简述现金流量分析的作用？
3. 为什么说现金流量分析可以补充分析收益能力与偿债能力？
4. 企业的利益相关各方为何重视现金支付能力？
5. 净利润为何不等于经营活动所产生的现金净流量？
6. 反映企业现金能力的财务指标有哪些？如何计算和分析？

能力训练

一、宏发公司现金流量结构分析

宏发公司 2007 年的现金流量表如下表 4 - 25 所示。

表 4 - 25　现金流量表

编制单位：宏发公司　　　　　　　2007 年度　　　　　　　单位：万元

项　目	金　额
一、经营活动产生的现金流量	
销售商品、提供劳务收到的现金	867 506.04
收到的税费返还	231.80

项　　　目	金　　额
收到的其他与经营活动有关的现金	13 463.00
经营活动现金注入小计	881 201.20
购买商品、接受劳务支付的现金	278 842.40
支付给职工以及为职工支付的现金	31 648.60
支付的各种税费	156 600.20
支付的其他与经营活动有关的现金	48 419.60
经营活动现金流出小计	515 510.80
经营活动产生的现金流量净额	365 690.40
二、投资活动产生的现金流量	
收回投资收到的现金	294 532.60
取得投资收益收到的现金	76 016.00
处置固定资产、无形资产和其他长期资产收到的现金净额	546.20
收到的其他与投资活动有关的现金	55.40
投资活动现金流入小计	371 150.20
购建固定资产、无形资产和其他长期资产支付的现金	207 085.20
投资支付的现金	44 767.00
支付的其他与投资活动有关的现金	379.00
投资活动现金流出小计	252 231.20
投资活动产生的现金流量净额	118 919.00
三、筹资活动产生的现金流量	
吸收投资收到的现金	
借款收到的现金	453 557.80
收到的其他与筹资活动有关的现金	1 652.00
筹资活动现金流入小计	455 209.80
偿还债务支付的现金	741 574.80
分配股利、利润或偿付利息支付的现金	195 051.40
支付的其他与筹资活动有关的现金	1 026.40
筹资活动现金流出小计	937 652.60
筹资活动产生的现金流量净额	−482 442.80
四、汇率变动对现金及等价物的影响	
五、现金及现金等价物净增加额	2 166.60

【能力训练要求】

根据宏发公司2006年的现金流量表(如表4-25所示),进行现金流量的结构分析。编制比较性资产负债表、比较性利润表、比较性现金流量表进行趋势比较分析。

二、财务报表趋势比较分析

兴化股份有限公司的资产负债表、利润表、现金流量表分别如表4-26、4-27、4-28所示。

表4-26 兴化股份有限公司资产负债表　　　　　　　　　　　　单位:百万元

报　告　期	2007年	2006年	2005年
流动资产			
货币资金	670.23	715.08	829.60
应收票据	1 063.35	896.51	957.95
应收账款	1 012.35	958.04	613.15
预付款项	148.63	375.61	750.55
应收股利	0.04	0.01	0.00
其他应收款	71.87	161.32	247.17
存货	878.11	851.21	602.00
流动资产合计	3 844.59	3 957.79	4 000.43
非流动资产			
长期应收款	68.41	74.54	101.52
长期股权投资	1 259.78	1 379.99	1 446.55
固定资产	1 506.54	1 597.26	1 704.48
在建工程	29.77	22.94	37.74
无形资产	67.16	73.40	80.56
长期待摊费用	1.24	1.14	1.43
递延所得税资产	0.00	0.00	0.00
非流动资产合计	2 932.91	3 149.27	3 372.28
资产总计	6 777.50	7 107.06	7 372.71
负债及股东权益			
流动负债			
短期借款	7.00	0.00	645.00
应付票据	0.00	0.00	20.00
应付账款	333.08	324.64	239.86
预收款项	29.57	138.74	51.41
应付职工薪酬	23.19	34.01	44.37
应交税费	7.73	123.20	102.35

续　表

报　告　期	2007 年	2006 年	2005 年
应付股利	72.09	50.22	70.29
其他应付款	110.70	112.64	218.98
一年内到期的长期负债	138.36	0.00	0.00
流动负债合计	721.73	783.45	1 392.26
非流动负债			
长期借款	0.00	138.36	138.36
长期应付款	455.70	458.22	446.87
专项应付款	1.37	8.51	6.25
递延所得税负债	0.00	0.00	0.00
非流动负债合计	457.07	605.09	591.48
负债合计	1 178.79	1 388.54	1 983.74
股东权益			
股本	1 196.47	1 196.47	797.65
资本公积	2 933.72	2 933.72	3 173.01
盈余公积	1 323.14	1 197.96	1 071.70
其中:公益金	547.95	486.46	469.57
未分配利润	145.37	390.37	346.60
股东权益合计	5 598.70	5 718.52	5 388.97
负债及股东权益总计	6 777.50	7 107.06	7 372.71

表 4 - 27　兴化股份公司利润表　　　　单位:百万元

时　间 项　目	2007 年	2006 年
一、营业收入	16 623.43	15 449.48
减:营业成本	14 667.80	13 407.09
营业税金及附加	27.99	16.00
销售费用	915.91	828.46
管理费用	574.44	562.98
财务费用	-2.03	7.29
资产减值损失	0.00	0.00
加:公允价值变动收益	0.00	0.00
投资收益	-113.21	-121.54

续　表

时间 项　目	2007 年	2006 年
二、营业利润	326.12	506.12
加：营业外收入	5.76	4.33
减：营业外支出	6.11	0.65
三、利润总额	325.77	509.81
减：所得税费用	86.65	140.37
四、净利润	239.13	369.44
五、每股收益		
（一）基本每股收益（12 亿股）	0.20	0.31
（二）稀释每股收益（12 亿股）	0.20	0.31

表 4 - 28　兴化股份有限公司现金流量表　　　　　　　单位：百万元

时间 项　目	2007 年	2006 年
一、经营活动产生的现金流量		
销售商品、提供劳务收到的现金	3 973.63	4 087.58
收到的税费返还	117.56	134.21
收到的其他与经营活动有关的现金	59.29	49.24
经营活动现金流入小计	4 150.48	4 271.04
购买商品接受劳务支付的现金	1 993.01	2 066.18
支付给职工以及为职工支付的现金	236.75	221.45
支付的各项税费	416.44	378.63
支付的其他与经营活动有关的现金	1 036.34	866.51
经营活动现金流出小计	3 682.53	3 532.78
经营活动产生的现金流量净额	467.95	738.26
二、投资活动产生的现金流量		
取得投资收益所收到的现金	0.50	0.00
处置固定资产、无形资产和其他长期资产收回的现金净额	0.85	0.25
收到的其他与投资活动有关的现金	6.93	1.11
投资活动现金流入小计	8.28	1.36
购建固定资产、无形资产和长期资产支付的现金	80.13	100.45
投资支付的现金	90.93	49.80
投资活动现金流出小计	171.06	150.25
投资活动产生的现金流量净额	－162.78	－148.88

续　表

时　间　　　　项　目	2007 年	2006 年
三、筹资活动产生的现金流量		
取得借款收到的现金	7.00	0.00
筹资活动现金流入小计	7.00	0.00
偿还债务支付的现金	0.00	645.00
分配股利、利润或偿付利息支付的现金	330.59	29.06
支付的其他与筹资活动有关的现金	26.43	29.84
筹资活动现金流出小计	357.02	703.90
筹资活动产生的现金流量净额	−350.02	−703.90
四、汇率变动对现金的影响	0.00	0.00
五、现金及现金等价物净增加额	−44.85	−114.52
加：期初现金及现金等价物余额	715.08	829.60
六、期末现金及现金等价物余额	670.23	715.08
1. 将净利润调节为经营活动的现金流量		
净利润	239.13	369.44
加：资产减值准备	9.07	34.97
固定资产折旧	210.20	198.36
无形资产摊销	7.33	7.28
长期待摊费用的摊销	0.52	0.29
处置固定无形和其他长期资产的损失（减：收益）	−0.13	−0.07
固定资产报废损失	0.18	0.00
财务费用	0.67	10.39
投资损失（减收益）	113.21	121.54
存货的减少（减增加）	46.63	−248.75
经营性应收项目的减少（减增加）	151.20	162.49
经营性应付项目的增加（减减少）	−310.05	82.33
其他	0.00	0.00
经营活动产生的现金流量净额	467.95	738.26
2. 现金及现金等价物净增加情况	0.00	0.00
现金的期末余额	670.23	715.08
减：现金的期初余额	715.08	829.60
加：现金等价物的期末余额		
减：现金等价物的期初余额		
现金及现金等价物净增加额	−44.85	−114.52

【能力训练要求】

根据兴化股份公司的财务报表编制比较性资产负债表、比较性利润表、比较性现金流量表进行趋势比较分析。

综合训练

1. 基本案情

万科1988年完成股份制改造,1991年在深圳证券交易所挂牌上市,是中国首批公开上市的企业之一,万科已成为中国房地产行业的优秀企业。1993年4月向境外发行4,500万股B股。公司以中国市场为目标、以房地产为核心业务,涉及进出口贸易及零售投资、工业制造、娱乐及广告等业务。公司投资重点主要集中在上海、北京、天津、深圳等中国区域经济中心。

参考以下网址,搜集万科2005年至2007年年度报告。

巨灵经济信息网　　　　http://www.genius.com.cn

中国证券网　　　　　　http://www.stocknews.com.cn

　　　　　　　　　　　http://www.astprince.com

巨潮资讯数据库　　　　http://www.cninfo.com.cn

全景网络　　　　　　　http://www.p5w.net

2. 分析要点

(1)根据公司历年的现金流量结构,分析现金流量所反映的财务状况。

(2)根据现金流量结构各年的变化,分析公司的经营策略和财务策略。

3. 问题探讨

根据公司历年的现金流量结构分析能获得哪些财务状况信息?分析公司现金流量结构的变化。

5

模块 5

营运能力分析与发展能力分析

知 识 目 标	能 力 目 标
1. 掌握企业营运能力、发展能力分析指标的构成、计算方法和评价方法。 2. 理解营运能力与偿债能力、获利能力的关系。	1. 运用营运能力指标、发展能力分析指标评价企业营运能力和发展能力。 2. 运用杜邦财务比率分析方法,系统剖析和评价企业的财务状况和经营成果。

案例导入

宏远公司 2007 年资产负债表(表 5-1)和利润表(表 5-2)如下。

表 5-1 资产负债表

编制单位:宏远公司　　　　　　　　2007 年 12 月 31 日　　　　　　　　单位:万元

资　　产	期末余额	年初余额	负债和所有者权益	期末余额	年初余额
流动资产:			流动负债:		
货币资金	900	800	短期借款	2 300	2 000
交易性金融资产	500	1 000	应付账款	1 200	1 000
应收账款	1 300	1 200	预收账款	400	300
预付账款	70	40	其他应付款	100	100
存　　货	5 200	4 000	流动负债合计	4 000	3 400
其他流动资产	80	60	非流动负债:		
流动资产合计	8 050	7 100	长期借款	2 500	2 000
非流动资产:			非流动负债合计	2 500	2 000
持有至到期投资	400	400	负债合计	6 500	5 400
固定资产	14 000	12 000	所有者权益:		
无形资产	550	500	实收资本(或股本)	12 000	12 000
非流动资产合计	14 950	12 900	盈余公积	1 600	1 600

续 表

资 产	期末余额	年初余额	负债和所有者权益	期末余额	年初余额
			未分配利润	2 900	1 000
			所有者权益合计	16 500	14 600
资产总计	23 000	20 000	负债及所有者权益合计	23 000	20 000

表 5-2　利润表

编制单位：宏远公司　　　　　　　　　　2007 年度　　　　　　　　　　单位：万元

项　　　目	本期金额	上期金额
一、营业收入	21 200	18 800
减：营业成本	12 400	10 900
营业税金及附加	1 200	1 080
销售费用	1 900	1 620
管理费用	1 000	800
财务费用	300	200
加：投资收益	300	300
二、营业利润	4 700	4 500
加：营业外收入	150	100
减：营业外支出	650	600
三、利润总额	4 200	4 000
减：所得税费用	1 680	1 600
四、净利润	2 520	2 400

注：① 资产负债表和利润表均为简化格式，仅用于示例。
　　② 为简化，假设所得税税率为 40％。

【讨论分析】

1. 分别对企业营运能力和发展能力进行分析。

2. 进行杜邦财务比率指标分析。

项目 1　掌握营运能力分析

　　营运能力是指企业充分利用现有资源创造社会财富的能力，它是评价企业资产利用程度和营运活力的标志。强有力的营运能力，既是企业获利的基础，又是企业及时足额地偿付到期债务的保证。

　　营运能力分析，主要是通过销售收入（或销售成本）与企业各项资产的比例关系，分析各项资产的周转速度，了解各项资产对收入和财务目标的贡献程度。因此，营运能力分析也称资产管理比率分析。一般说来,企业取得的销售收入越多,所需投入的资产价值也就越大。如果企业投入的资产价值大、收入少、利润低,则说明企业资产投入的构成不合理,经济资源没有得到有效的配置和利用。如果企业投入的资产能创造较高收入,获得较多利润,则说明企业投资合理,各项资产之间的比例恰当,资产使用效率高。营运能力分析的比率指标主要包括总资产周转率、应收账款周转率、存货周转率、流动资产周转率等。周转率有两种表现形式:一是资产在一定时期内周转的次数;二是资产周转一次所需要的时间(天数)。通过周转率指标,可以分别揭示企业资产管理效率的高低、销售能力的强弱、信用状况的好坏及管理者工作绩效的优劣等。

$$周转率(周转次数) = \frac{周转额}{资产平均余额}$$

$$周转期(周转天数) = \frac{计算期天数}{周转次数} = 资产平均余额 \times \frac{计算期天数}{周转额}$$

具体地说,营运能力分析可以从流动资产营运能力、固定资产营运能力以及总资产营运能力等几个方面进行分析。

一、流动资产营运能力分析

反映流动资产营运能力的指标主要有应收账款周转率、存货周转率和流动资产周转率。

(一) 应收账款周转率

它是企业一定时期内营业收入(或主营业务收入,本章下同)与平均应收账款余额的比率,是反映应收账款周转速度的指标。其计算公式为:

$$应收账款周转率(周转次数) = \frac{营业收入}{平均应收账款余额}$$

其中:

$$平均应收账款余额 = \frac{(应收账款余额年初数 + 应收账款余额年末数)}{2}$$

$$应收账款周转期(周转天数) = \frac{平均应收账款余额 \times 360}{营业收入}$$

应收账款周转率反映了企业应收账款变现速度的快慢及管理效率的高低,周转率高表明:① 收账迅速,账龄较短;② 资产流动性强,短期偿债能力强;③ 可以减少收账费用和坏账损失,从而相对增加企业流动资产的投资收益。同时借助应收账款周转期与企业信用期限的比较,还可以评价购买单位的信用程度,以及企业原定的信用条件是否适当。

利用上述公式计算应收账款周转率时,需要注意以下几个问题:① 公式中的应收账款包括会计核算中"应收账款"和"应收票据"等全部赊销账款在内;② 如果应收账款余额的波动性较大,应尽可能使用更详尽的计算资料,如按每月的应收账款余额来计算其平均占用额;③ 分子、分母的数据应注意时间的对应性。

根据导入案例中表 5-1 和表 5-2 资料,同时假定该公司 2005 年年末的应收账款余额为 1 100 万元,该公司 2006 年度和 2007 年度应收账款周转率的计算如表 5-3 所示。

表 5-3　应收账款周转率计算表　　　　　　金额单位：万元

项目 ＼ 时间	2005 年	2006 年	2007 年
营业收入		18 800	21 200
应收账款年末余额	1 100	1 200	1 300
平均应收账款余额		1 150	1 250
应收账款周转率（次）		16.35	16.96
应收账款周转期（天）		22.02	21.23

以上计算结果表明，该公司 2007 年度的应收账款周转率比 2006 年度略有改善，周转次数由 16.35 次提高为 16.96 次，周转天数由 22.02 天缩短为 21.23 天。这不仅说明公司的运营能力有所增强，而且对流动资产的变现能力和周转速度也会起到促进作用。

（二）存货周转率

它是企业一定时期营业成本（或主营业务成本，本章下同）与平均存货余额的比率，是反映企业流动资产流动性的一个指标，也是衡量企业生产经营各环节中存货运营效率的一个综合性指标。其计算公式为：

$$存货周转率（周转次数）＝\frac{营业成本}{平均存货余额}$$

其中：

$$平均存货余额＝\frac{存货余额年初数＋存货余额年末数}{2}$$

$$存货周转期（周转天数）＝\frac{平均存货余额\times360}{营业成本}$$

存货周转速度的快慢，不仅反映出企业采购、储存、生产、销售各环节管理工作状况的好坏，而且对企业的偿债能力及获利能力产生决定性的影响。一般来讲，存货周转率越高越好，存货周转率越高，表明其变现的速度越快，周转额越大，资产占用水平越低。因此，通常存货既不能储存过少，否则可能造成生产中断或销售紧张，又不能储存过多而形成呆滞、积压。存货一定要保持结构合理、质量可靠。其次，存货是流动资产的重要组成部分，其质量和流动对企业流动比率具有举足轻重的影响，并进而影响企业的短期偿债能力。故一定要加强存货的管理，来提高其投资的变现能力和获利能力。

在计算存货周转率时应注意以下几个问题：① 存货计价方法对存货周转率具有较大的影响，因此，在分析企业不同时期或不同企业的存货周转率时，应注意存货计价方法的口径是否一致；② 分子、分母的数据应注意时间上的对应性。

根据导入案例表 5-1 和表 5-2 的资料，同时假设该公司 2005 年年末的存货余额为 3 800 万元，该公司 2006 年度和 2007 年度存货周转率的计算如表 5-4 所示。

表 5-4　存货周转率计算表　　　　　　　　金额单位：万元

项 目　　时 间	2005 年	2006 年	2007 年
营业成本		10 900	12 400
存货年末余额	3 800	4 000	5 200
平均存货余额		3 900	4 600
存货周转率（次）		2.79	2.70
存货周转期（天）		129.03	133.33

以上计算结果表明，该公司 2007 年度的存货周转速度比 2006 年度有所减缓，存货周转次数由 2.79 次降为 2.70 次，周转天数由 129.03 天增为 133.33 天。这反映出该公司 2007 年度存货管理效率不如 2006 年度，其原因可能与 2007 年度存货较大幅度增长有关。

（三）流动资产周转率

它是企业一定时期营业收入与平均流动资产总额的比率，是反映企业流动资产周转速度的指标。其计算公式为：

$$流动资产周转率（周转次数）＝\frac{营业收入}{平均流动资产总额}$$

其中：

$$平均流动资产总额＝\frac{（流动资产余额年初数＋流动资产余额年末数）}{2}$$

$$流动资产周转期（天）＝\frac{平均资产总额×360}{营业收入}$$

在一定时期内，流动资产周转次数越多，表明以相同的流动资产完成的周转额越多，流动资产利用效果越好。从流动资产周转天数来看，周转一次所需要的天数越少，表明流动资产在经历生产和销售各阶段时所占用的时间越短。生产经营任何一个环节上的工作改善，都会反映到周转天数的缩短上来。

根据导入案例表 5-1 和表 5-2 的资料，同时假设该公司 2005 年年末的流动资产总额为 6 000 万元，该公司 2006 年度和 2007 年度流动资产周转率的计算如表 5-5 所示。

表 5-5　流动资产周转率计算表　　　　　　　金额单位：万元

项 目　　时 间	2005 年	2006 年	2007 年
营业收入		18 800	21 200
流动资产年末总额	6 000	7 100	8 050
平均流动资产总额		6 550	7 575
流动资产周转率（次）		2.87	2.80
流动资产周转期（天）		125.44	128.57

由此可见，该公司 2007 年度的流动资产周转期比 2006 年度延缓了 3.2 天，流动资金占

用增加,增加占用的数额可计算如下:

$$(128.57-125.44)\times 21\,200/360=184.32(万元)$$

二、固定资产营运能力分析

反映固定资产营运能力的主要指标是固定资产周转率,它是企业一定时期营业收入与平均固定资产净值的比率,是衡量固定资产利用效率的一项指标。其计算公式为:

$$固定资产周转率(周转次数)=\frac{营业收入}{平均固定资产净值}$$

其中:

$$平均固定资产净值=\frac{固定资产净值年初数+固定资产净值年末数}{2}$$

$$固定资产周转期(周转天数)=\frac{平均固定资产净值\times 360}{营业收入}$$

需要说明的是,与固定资产有关的价值指标有固定资产原价、固定资产净值和固定资产净额等。其中,固定资产原价是指固定资产的历史成本。固定资产净值为固定资产原价扣除已计提的累积折旧后的金额(固定资产净值=固定资产原价-累计折旧)。固定资产净额则是固定资产原价扣除已计提的累计折旧以及已计提的减值准备后的余额(固定资产净额=固定资产原价-累计折旧-已计提减值准备)。

一般情况下,固定资产周转率越高,表明企业固定资产利用充分,同时也能表明企业固定资产投资得当,固定资产结构合理,能够充分发挥效率。反之,如果固定资产周转率不高,则表明固定资产使用效率不高,提供的生产成果不多,企业的运营能力不强。

运用固定资产周转率时,需要考虑固定资产因计提折旧的影响其净值在不断地减少,以及因更新重置其价值会突然增加的影响。同时,由于折旧方法的不同,可能影响其可比性。在分析时,一定要剔除掉这些不可比因素。

根据导入案例表5-1和表5-2的资料,同时假设该公司2005年年末的固定资产净值为11 800万元,表5-1中的固定资产金额均为固定资产净值(未计提固定资产减值准备)。该公司2006年度和2007年度固定资产周转率的计算如表5-6所示。

表5-6   固定资产周转率计算表   金额单位:万元

时间\\项目	2005 年	2006 年	2007 年
营业收入净额		18 800	21 200
固定资产年末净值	11 800	12 000	14 000
平均固定资产净值		11 900	13 000
固定资产周转率(次)		1.58	1.63
固定资产周转期(天)		227.85	220.86

以上计算结果表明,公司2007年度的固定资产周转率比2006年度有所加快,其主要原因是固定资产净值的增加幅度低于营业收入增长幅度所引起。这表明公司的运营能力有所提高。

三、总资产营运能力分析

反映总资产周转情况的主要指标是总资产周转率,它是企业一定时期营业收入与平均资产总额的比率,可以用来反映企业全部资产的利用效率。其计算公式为:

$$总资产周转率(周转次数) = \frac{营业收入}{平均资产总额}$$

其中:

$$平均总资产余额 = \frac{资产总额年初数 + 资产总额年末数}{2}$$

$$总资产周转期(周转天数) = \frac{平均资产总额 \times 360}{营业收入}$$

总资产周转率越高,表明企业全部资产的使用效率越高;反之,如果该指标较低,则说明企业利用全部资产进行经营的效率较差,最终会影响企业的获利能力。企业应采取各项措施来提高企业的资产利用程度,比如提高销售收入或处理多余的资产。

根据导入案例表 5-1 和表 5-2 的资料,同时假设该公司 2005 年年末的资产总额为 19 000 万元,该公司 2006 年度和 2007 年度总资产周转率的计算如表 5-7 所示。

表 5-7   总资产周转率计算表   金额单位:万元

时间 项目	2005 年	2006 年	2007 年
营业收入		18 800	21 200
资产年末总额	19 000	20 000	23 000
平均资产总额		19 500	21 500
总资产周转率(次)		0.96	0.99
总资产周转期(天)		375	363.64

以上计算表明,该公司 2007 年度的总资产周转率比 2006 年度略有加快。这是因为该公司固定资产平均净值的增长程度(9.24%)虽低于营业收入的增长程度(12.77%),但流动资产平均余额的增长程度(15.65%)却以更大幅度高于营业收入的增长程度,所以总资产的利用效果难以大幅度提高。

需要说明的是,在上述指标的计算中均以年度作为计算期,在实际中,计算期应视分析的需要而定,但应保持分子与分母在时间口径上的一致。如果资金占用的波动性较大,企业应采用更详细的资料进行计算。如果各期占用额比较稳定,波动不大,季度、年度的平均资金占用额也可以直接用"(期初数+期末数)/2"的公式来计算。

知识链接

资产质量对企业营运能力的影响

这里说的资产质量是指资产的变现能力。在我国,传统的营运能力分析一般有流动资产周转、应收账款周转率、存货周转率和固定资产周转率等。这些指标都涉及资产总额及其资产项目这个核心数据,但撇开了资产质量这个核心问题,营运能力分析指标恐怕就带有一定的虚假性和欺骗性，由此产生的财务分析结论也可能不正确。

以流动资产中的应收账款为例，应收账款周转率或收账时间的长短，可以测验应收账款的有效性和周转性。应收账款的有效性表示应收账款转换为现金时是否发生账款损失，其周转性则指应收账款转换为现金的速度。以上两方面对应收账款而言，具有相互影响的作用。应收账款周转率偏低，可能显示下列各项问题：销售条件或收账政策不当，收账工作执行不力或者客户发生财务困难。如果前两个问题存在，则企业管理者必须采取对策改进。企业的应收账款周转率或收账期限，可能由于某些特殊因素存在，如销售条件改变、现销或分期付款销售政策对正常赊销的影响、景气程度、同行业竞争、物价水平变动、信用或收账政策更新、新产品开发等，导致应收账款周转率或收账期限的变化。

严格说来，应收账款周转率或收账期限仅表示全部应收账款中的一项平均值，无法全面了解应收账款中涉及的各个客户的情况。

如甲公司全年实现的营业收入为9 600万元，而应收账款平均占用额为20万元，则该企业的应收账款周转率计算的结果为：

$$应收账款周转率＝9\,600÷20＝480（次）$$

$$应收账款周转天数＝360÷480＝0.75（天）$$

如果单看计算结果，该企业的应收账款的周转速度非常快，应收账款平均不到1天就收回全额，企业的应收账款管理情况良好，但实际情况可能并非如此。该企业当年可能就没有赊销业务发生或者当年发生少量的应收账款当年已收回，而20万元的应收账款是以前年度发生的，拖欠时间较长有可能将无法收回。这样该企业的应收账款管理应该存在着严重的问题。

再如，红利公司的存货质量，其存货情况如表5-8所示。

表5-8　红利公司存货情况分析表　　　　　　　　　　金额单位：元

项　目	期末金额	其中三年以上部分		计提跌价准备		净　值
		金额	百分比	金额	百分比	
原材料	5 689 087	3 989 700.00	70.13	1 137 817.40	20.00	4 551 269.60
在产品	1 765 990		0.00			1 765 990.00
产成品	3 483 579	2 098 970.00	60.25	522 536.85	15.00	2 961 042.15
合计	10 938 656	6 088 670.00		1 660 354.25		9 278 301.75

假设红利公司在该会计期间计算出来的存货周转率为4.8次，行业平均水平为4.73次，略高于行业平均水平。从资产的账面数字看其营运能力还是可以的，但是从表4-13又看出，企业的存货中，原材料和产成品中3年以上部分分别占了70.13%和60.25%，存货积压严重，跌价准备也有一定规模，说明公司存货的质量有严重的问题，变现能力差。不仅其本身为企业带来利益的能力大大下降，而且也影响到企业的偿债能力分析。其实际的营运状况就大打折扣了。

有时，企业的营运能力比率数字分析起来令人满意，各比率也被控制在合理的范围，但是其财务状况实际上却没有这些指标所显示的那么好。红利公司的问题，就是因为企业的"资产质量"很差。那么，什么是"资产质量"呢？它有两层含义。

（1）资产的物理质量。资产的物理质量主要通过资产的质地、结构、性能、耐用性和新旧程度等表现出来。资产的物理质量对企业营运能力的影响是显然的。如果有两个拥有同样数额资产的企业，但一个企业资产为近年来购置的，另一个则是若干年前购置的。那么，它们的营运能力状况一定存在差别。但是，在以数量化为主体的财务会计报告中，这方面的信息非常缺乏。我们在分析固定资产周转率时，通过"固定资产原价"和"累计折旧"的比较，可以得到有关企业资产新旧程度的一些情况。至于其他方面，无论采用原值还是净值都无法得到资产的真实使用状况。

（2）资产的结构质量。这里的结构是指以各种形态存在的资产在企业总资产中所占的比重，对一个具体的企业而言，企业各种资产必须合理分配、配套运作，总体资产的效用才能充分发挥出来，否则就会出现"木桶效应"，即某项资产成为企业整体发展的瓶颈，其他资产也得不到最大了限度的利用。从某一阶段的经营过程看，企业的资产（流动资产和长期资产）都应该存在一个合理的比例。例如，总资产中流动资产与固定资产的比重，如果固定资产比重过高，就会削弱营运资金的作用；如果固定资产比重偏低，则说明企业缺乏发展后劲；如果流动资产中的结算资产太高，则产生不良资产的可能性大大增加。企业资产结构的质量，一般可以通过各种比例的计算来判断，但最重要的问题是，什么样的比例算高、什么样的比例算低、某一个项目的变化幅度到底达到多大就属于"例外"，需要财务分析人员的职业判断，要对企业所在行业和相关背景比较了解，对企业内部经营过程比较熟悉，这样就可以比较迅速地获得正确结论。

由于企业生产经营环境的复杂性，资产的物理质量与结构质量都对企业资产的营运能力产生影响。为解决这一问题，在进行企业营运能力分析时，有必要对资产的真实质量进行评价，然后再结合周转率的各种指标，才能更好地反映企业的真实状况，获得对决策有用的信息。

实战模拟

华能电子公司资产运用效率分析

华能电子 2006 年度经营成果和财务状况如下。

该公司 2006 年度的主营业务利润为 8 258 135 000.00 元，营业利润为 1 186 383 000.00 元，净利润为 1 008 870 000.00 元，这表明公司的利润结构并无异常。

该公司 2006 年度扣除非经常性损益后的净利润为 9 924 000.00 元，净利润为 1 008 870 000.00 元，由于扣除非经常性损益后的净利润不到净利润的 50%，表明公司的利润主要来源于企业的偶发性业务，目前的利润水平在未来能否得以维持值得怀疑。

该公司 2006 年度的经营活动产生的现金流量净额为 1 644 619 000.00 元，同口径利润为 2 003 743 000.00 元，由于经营活动产生的现金流量净额超过了同口径利润的三分之一，表明公司经营活动产生的现金流量相对于其经营利润水平属于正常范围。

1. 公司 2006 年度其他应收款状况如表 5-9 所示。

表 5－9　其他应收款表　　　　　　　　　　　　　金额单位：元

项　　目	2006 年	2005 年	差值	变动百分比
其他应收款	257 595 000.00	368 286 744.22	－110 691 744.22	－30.06％
流动资产	18 556 046 000.00			
2006 年其他应收款与流动资产的比值	0.01			

从表 5－9 来看，2006 年度其他应收款比 2005 年度降低了 30.06％，而且 2006 年其他应收款仅占流动资产的 1％，故对企业的资金周转不会造成太大的影响。但是亿元级的其他应收款应引起分析者的严重关注，其他应收款过高往往与公司的关联企业占用公司资金有关，而且有些占用甚至是不计资金成本的。分析时应该进一步探究公司报表附注对此是否有合理的解释，比如当期是否有出租包装物所形成的应收款项，同时应检查其他应收款是否计提了合理的坏账准备。

2. 华能电子公司 2004—2006 年度资产负债表如表 5－10 所示。

表 5－10　资产负债表

编制单位：华能电子公司　　　　　　　　　　　　　　　　　　　　　　单位：元

时　间 项　目	2006 年	2005 年	2004 年
货币资金	7 598 223 000.00	3 785 021 830.08	2 939 067 567.68
短期投资	0.00	0.00	0.00
短期投资跌价准备	0.00	0.00	0.00
短期投资净额	0.00	0.00	0.00
应收票据	2 258 088 000.00	2 639 966 404.85	2 192 416 437.01
应收股利	0.00	0.00	0.00
应收利息	0.00	0.00	0.00
应收账款	3 652 506 000.00	2 155 168 855.13	1 710 881 956.35
其他应收款	257 595 000.00	368 286 744.22	395 140 617.94
坏账准备	907 098 000.00	0.00	0.00
应收账款净额	3 910 101 000.00	0.00	0.00
预付账款	145 398 000.00	147 038 813.97	143 765 902.67
应收补贴款	0.00	0.00	0.00
存货	4 643 758 000.00	4 704 395 973.82	3 241 454 436.64
存货跌价准备	762 518 000.00	0.00	0.00
存货净额	4 643 758 000.00	0.00	0.00
待摊费用	478 000.00	2 489 084.99	4 362 906.65
待处理流动资产净损失	0.00	0.00	0.00
一年内到期的长期债权投资	0.00	0.00	0.00

时　间 项　目	2006 年	2005 年	2004 年
其他流动资产	0.00	0.00	0.00
流动资产合计	18 556 046 000.00	13 802 367 707.06	10 627 089 551.94
长期股权投资	67 176 000.00	33 985 805.64	77 000 138.46
长期债权投资	0.00	0.00	0.00
长期投资合计	67 176 000.00	33 985 805.64	77 000 138.46
长期投资减值准备	13 036 000.00	0.00	0.00
长期投资净额	67 176 000.00	0.00	0.00
固定资产原价	2 725 769 000.00	2 346 524 499.97	1 841 918 640.92
累计折旧	793 323 000.00	593 885 178.35	370 352 381.93
固定资产减值准备	94 980 000.00	0.00	0.00
固定资产净值	1 837 466 000.00	1 752 639 321.62	1 471 566 258.99
工程物资	0.00	0.00	0.00
在建工程	114 677 000.00	20 614 666.16	80 972 683.56
固定资产清理	0.00	0.00	0.00
待处理固定资产净损失	0.00	0.00	0.00
固定资产合计	1 952 143 000.00	1 773 253 987.78	1 552 538 942.55
无形资产	146 214 000.00	143 015 362.49	134 598 772.52
长期待摊费用	23 785 000.00	14 332 020.70	14 542 700.34
递延资产	0.00	0.00	0.00
其他长期资产	0.00	0.00	0.00
无形资产及其他资产合计	169 999 000.00	157 347 383.19	149 141 472.86
递延税款借项	104 625 000.00	0.00	0.00
资产总计	20 849 989 000.00	15 766 954 883.67	12 405 770 105.81
短期借款	405 695 000.00	876 811 442.65	250 507 751.60
应付票据	1 422 401 000.00	1 280 453 427.38	703 746 911.18
应付账款	2 919 483 000.00	3 114 297 172.09	2 478 964 411.40
预收账款	2 630 721 000.00	2 362 730 080.33	1 474 506 829.13
应付工资	1 031 464 000.00	658 790 849.43	436 869 682.08
应付福利费	437 786 000.00	340 233 112.86	244 746 697.44
应付股利	40 921 000.00	63 610 703.28	114 637 996.20
应交税金	52 459 000.00	42 815 097.73	262 823 271.60

续 表

项 目 时 间	2006 年	2005 年	2004 年
其他应交款	13 197 000.00	7 652 612.38	9 025 352.90
其他应付款	698 727 000.00	411 685 280.50	252 146 182.99
预提费用	268 534 000.00	174 925 699.29	328 220 555.21
预计负债	20 000 000.00	0.00	0.00
一年内到期的长期负债	16 900 000.00	273 000 000.00	95 000 000.00
其他流动负债	0.00	0.00	0.00
流动负债合计	9 958 288 000.00	9 607 005 477.92	6 651 195 641.73
长期借款	1 025 263 000.00	759 900 000.00	1 103 848 574.12
应付债券	0.00	0.00	0.00
长期应付款	0.00	0.00	0.00
专项应付款	227 320 000.00	123 475 000.00	157 520 000.00
其他长期负债	0.00	0.00	0.00
长期负债合计	1 252 583 000.00	883 375 000.00	1 261 368 574.12
递延税款贷项	0.00	0.00	0.00
负债合计	11 210 871 000.00	10 490 380 477.92	7 912 564 215.85
少数股东权益	464 679 000.00	232 643 727.06	216 792 942.24
股本	959 522 000.00	667 296 000.00	556 080 000.00
已归还投资	0.00	0.00	0.00
股本净额	959 522 000.00	667 296 000.00	556 080 000.00
资本公积	5 491 658 000.00	2 097 672 728.71	2 193 869 477.54
盈余公积	985 356 000.00	647 118 399.15	476 232 327.11
其中：法定公益金	252 006 000.00	221 729 257.23	164 766 127.99
未分配利润(资产负债表)	1 495 431 000.00	1 431 654 750.83	1 050 231 143.07
股东权益合计	9 174 439 000.00	5 043 930 678.69	4 276 412 947.72
负债和股东权益总计	20 849 989 000.00	15 766 954 883.67	12 405 770 105.81
优先股股本	0.00	0.00	0.00
优先股溢折价	0.00	0.00	0.00
优先股权益	0.00	0.00	0.00
普通股股本	959 522 000.00	667 296 000.00	556 080 000.00
普通股权益	9 174 439 000.00	5 043 930 678.69	4 276 412 947.72

3. 华能电子公司 2006 年的收益相关资料如表 5 - 11 所示。

表 5 - 11　华能电子公司 2006 年的收益相关资料表　　　　　单位：万元

项　目　　时　间	2006 年	2005 年
主营业务收入	2 269 815.30	1 815 852.24
主营业务成本	1 444 001.80	1 227 401.53
毛利	825 813.50	588 450.71
净利润	100 887.00	80 709.60
加权平均每股收益	1.511 9	1.235 6
资产总计	2 084 998.90	1 576 695.49

【实战模拟要求】

1. 对华能电子公司的资产运用效率变动情况进行分析评价，并简要分析其各因素的影响。

2. 对华能电子公司 2006 年的资产运用效率进行横向分析。

【实战模拟解析】

从总资产周转率及其各子周转率（流动资产周转率、固定资产周转率、其他长期资产周转率）和流动资产周转率的子周转率（应收账款周转率、存货周转率、应付账款周转率），分析公司的资产管理效率。

1. 华能电子公司的资产运用效率变动情况的分析及评价。该分析主要计算下列指标：

（1）流动资产周转率及其各子周转率和周转天数。华能电子公司流动资产周转率和周转天数及其影响因素变动如表 5 - 12 所示。

表 5 - 12　流动资产周转率及其各子周转率、周转天数和影响因素变动表　金额单位：万元

指　标	2006 年	2005 年	差　值
① 期初应收账款余额	215 516.89	171 088.20	
② 期末应收账款余额	365 250.60	215 516.89	
③ 平均应收账款余额 ①＋②/2	290 383.75	193 302.55	97 081.20
④ 期初存货	470 439.60	324 145.42	
⑤ 期末存货	464 375.80	470 439.60	
⑥ 平均存货余额 ④＋⑤/2	467 407.70	397 292.51	70 115.19
⑦ 期初流动资产	1 380 236.77	1 062 708.96	
⑧ 期末流动资产	1 855 604.60	1 380 236.77	
⑨ 平均流动资产 ⑦＋⑧/2	1 617 920.69	1 221 472.87	396 447.82

续 表

指 标	2006 年	2005 年	差 值
⑩ 主营业务收入净额	2 269 815.30	1 815 852.24	453 963.06
⑪ 主营业务成本	1 444 001.80	1 227 401.53	216 600.27
⑫应收账款周转率(次) ⑩/③	7.82	9.39	−1.57
应收账款周转天数(天)360/⑫	46.04	38.34	7.70
⑬存货周转率(次) ⑪/⑥	3.09	3.09	0
存货周转天数(天)360/⑬	116.50	116.50	0
⑭流动资产周转率(次) ⑩/⑨	1.40	1.49	−0.09
流动资产周转天数(天)360/⑭	257.14	241.61	15.53
营业周期(天)	162.54	154.84	7.70

注：因为历史应收账款净额和赊销收入净额资料不足,故此案例中分别用应收账款余额和主营业务收入净额代替。

上述结果表明：华能电子公司 2006 年的流动资产运用效率比 2005 年有所降低。其表现为流动资产周转率降低了 0.09 次,流动资产周转天数增加了 15.53 天,营业周期增加了 7.7 天。究其原因主要是应收账款的管理不善所致,其表现是应收账款的周转率年均下降了 1.57 次,即应收账款的周转天数延长了 7.7 天,主要是由于应收账款的余额平均增长了 97 081.2 万元,其上升速度为 50.22%,已超过了销售收入净额的增长率 25%。同时还反映了公司该年度的平均存货余额虽然比上年增加了 70 115.19 万元,其上升速度为 17.65%,但是其增长略超过销售成本的增长率 17.647%,所以存货管理效率基本与上年持平。

（2）固定资产周转率和周转天数。固定资产周转率和周转天数及其影响因素变动如表 5 - 13 所示。

表 5 - 13　固定资产周转率、周转天数和影响因素变动表　　　金额单位：万元

指 标	2006 年	2005 年	差 值	变动(%)
期初固定资产净额	175 263.93	147 156.63		
期末固定资产净额	183 746.60	175 263.93		
平均固定资产净额 ①+②/2	179 505.27	161 210.28	18 294.99	11.35
销售收入净额	2 269 815.30	1 815 852.24	453 963.06	25.00
固定资产周转率(次) ④/③	12.64	11.26	1.38	12.26
固定资产周转天数(天)360/⑤	28.48	31.97	−3.49	10.92

上述结果表明：该公司 2006 年的固定资产周转率和周转天数均比上年效果好。其表现为固定资产周转率加快了 1.38 次，即上升速度为 12.26%，其主要原因是由于销售收入净额增加 453 963.06 万元，提高幅度为 25%，远超过平均固定资产净值增长 11.35%，致使固定资产周转率提高，同时使固定资产周转天数平均减少了 3.49 天，从而反映出公司的固定资产运用效率提高，其效果为周转速度加快了 1.38 次。

（3）总资产周转率和周转天数。总资产周转率和周转天数及其影响因素变动如表 5-14 所示。

表 5-14　总资产周转率、周转天数和影响因素变动表　　金额单位：万元

项目和指标	2006 年	2005 年	差　值
期初总资产	1 576 695.49	1 240 577.01	336 118.48
期末总资产	2 084 998.90	1 576 695.49	508 303.41
平均总资产①＋②/2	1 830 847.20	1 408 636.25	422 210.95
销售收入净额	2 269 815.30	1 815 852.24	453 963.06
总资产周转率（次）④/③	1.24	1.29	−0.05
总资产周转天数（天）360/⑤	290.32	279.07	11.25

上述结果表明：该公司 2006 年度的总资产管理效率比上年有所降低。主要表现为总资产周转率由 1.29 次下降到 1.24 次，即周转率下降了 0.05 次，周转天数由 279.07 增至 290.32 元，平均增加了 11.25 天。究其原因主要是由于平均总资产增加了 422 210.95 万元，其递增速度为 29.97%，已超过了销售收入 25%的增长幅度，这充分揭示了华能电子公司本年度总资产的占用存在着不合理的现象。根据上述固定资产和流动资产运用效率的分析不难看出，其根本原因是应收账款的大幅度上升所致。因此，公司管理部门应进一步完善和加强对应收账款的管理，才能不断提高公司的资产管理效率。

2. 华能电子 2006 年度资产运用效率指标与同期行业平均标准值的横向比较分析如表 5-15 所示。

表 5-15　比较分析表

指标名称（次）	2006 年	行业平均值	差值	差异（%）	倍数
总资产周转率	1.239 8	0.756 8	0.483 0	63.82	1.64
流动资产周转率	1.402 9	1.064 4	0.338 5	31.80	1.32
固定资产周转率	12.185 6	4.113 1	8.072 5	196.26	2.96
其他长期资产周转率	85.150 0	13.949 7	71.200 3	510.41	6.10
应收账款周转率	7.816 6	8.093 0	−0.276 4	−3.42	0.97
存货周转率	3.094 2	3.416 4	−0.322 2	−9.43	0.91
应付账款周转率	4.762 9	5.919 9	−1.157 0	−19.54	0.80

从表 5-15 可以看出，华能电子公司总资产周转率、流动资产周转率、固定资产周转

率和其他长期资产周转率分别高于行业平均值 0.483 0、0.338 5、8.072 5 和 71.200 3，这说明该公司资产运用效率较高。相比之下，流动资产的运用效率较低，这主要是由于应收账款周转率低于同行业 8.093 0 次的平均水平，表明公司应收账款管理水平与同行业相比差距较大，揭示了公司应收账款的管理存在较大问题。存货周转率和应付账款周转率也分别低于同行业 3.416 4 次和 5.919 9 次的平均水平，反映了公司存货和应付账款的管理水平均有待于提高。

项目 2　掌握发展能力分析

发展能力是企业在生存的基础上，扩大规模、壮大实力的潜在能力。分析发展能力主要考察的指标有营业增长率、资本积累率、总资产增长率。

一、营业增长率

营业增长率是企业本年营业收入增长额与上年营业收入总额的比率。它反映企业营业收入的增减变动情况，是评价企业成长状况和发展能力的重要指标。其计算公式为：

$$营业增长率 = \frac{本年营业收入增长额}{上年营业收入总额} \times 100\%$$

式中，本年营业收入增长额＝本年营业收入总额－上年营业收入总额

实务中，也可以使用销售增长率来分析企业经营业务收入的增减情况。其计算公式为：

$$销售增长率 = \frac{本年主营业务收入增长额}{上年主营业务收入总额} \times 100\%$$

营业收入增长率是衡量企业经营成果和市场占有能力、预测企业经营业务拓展趋势的重要标志。不断增加的营业收入是企业生存的基础和发展的条件。该指标若大于 0，表示企业本年的营业收入有所增长，指标值越高，表明增长速度越快，企业市场前景越好；若该指标小于 0，则说明产品或服务不适销对路、质次价高，或是在售后服务等方面存在问题，市场份额萎缩。该指标在实际操作时，应结合企业历年的营业收入水平、企业市场占有情况、行业未来发展及其他影响企业发展的潜在因素进行前瞻性预测，或者结合企业前三年的营业收入增长率作出趋势性分析判断。

根据导入案例表 5-2 资料，计算该公司 2007 年度的营业增长率为：

$$(21\ 200-18\ 800)/18\ 800 \times 100\% = 12.77\%$$

二、资本积累率

资本积累率是企业本年所有者权益增长额与年初所有者权益的比率。它反映企业当年资本的积累能力，是评价企业发展潜力的重要指标。该指标在获利能力分析中有所介绍。其计算公式为：

$$资本积累率 = \frac{本年所有者权益增长额}{年初所有者权益} \times 100\%$$

式中,本年所有者权益增长额＝所有者权益年末数－所有者权益年初数

资本积累率是企业当年所有者权益总的增长率,反映了企业所有者权益在当年变动水平,体现了企业资本的积累情况,是企业发展强盛的标志,是企业扩大再生产的源泉,展示了企业的发展潜力。资本积累率还反映了投资者投入企业资本的保全性和增长性。该指标如为负值,表明企业资本受到侵蚀,所有者利益受到损害,应予以充分重视。

根据导入案例表 5-1 资料,计算该公司 2007 年度的资本积累率为:

$$(16\ 500-14\ 600)/14\ 600\times100\%=13.01\%$$

三、总资产增长率

总资产增长率是企业本年总资产增长速度额同年初资产总额的比率,它反映企业本期资产规模的增长情况。其计算公式为:

$$总资产增长率＝\frac{本年总资产增长额}{年初资产总额}\times100\%$$

式中,本年总资产增长额＝资产总额年末数－资产总额年初数

总资产增长率是从企业资产总量扩张方面衡量企业的发展能力,表明企业规模增长水平对企业发展后劲的影响。该指标越高,表明企业一定时期内资产经营规模扩张的速度越快。但在实际分析时,应注意考虑资产规模扩张的质和量的关系以及企业的后续发展能力,避免资产盲目扩张。

根据导入案例表 5-1 资料,计算该公司 2007 年度的总资本增长率为:

$$(23\ 000-20\ 000)/20\ 000\times100\%=15\%$$

知识链接
企业成长能力的财务指标是评价企业经营业绩指标体系的核心

评价企业经营业绩的财务指标包括评价企业的财务状况和财务成果两个方面,但反映企业成长能力的财务指标才是评价企业经营业绩指标体系的核心。

1. 成长能力是企业实力的综合反映

一个企业的经营业绩集中表现为该企业的经营成果,企业经营成果的好坏又可以进一步分解为经营成果的规模和经营成果的稳定性。在财务评价中,运用盈利能力指标来反映企业经营成果规模的大小,运用支付能力(偿债能力)指标反映企业经营成果的稳定性程度。通过分析企业资产的运用效率,可以考核一个企业管理效率的高低,管理效率越高,企业资产的周转速度就越快,从而资产的变现速度也就越快,支付能力就越强。

企业的支付能力(偿债能力)、盈利能力和管理效率都是从不同的侧面对企业成长能力的具体分解,较强的支付能力是实现企业发展的前提条件,较强的盈利能力则是实现企业发展的关键,而较高的管理效率又是提高盈利能力的必由之路,所以,增强企业的支付能力、盈利能力、提高企业的管理效率,都是为了企业未来生存和发展的需要,都是为了增强企业的成长能力。可以说,将成长能力进一步分解,就是企业的支付能力、盈利能力和管理效率,将支付能力、盈利能力和管理效率概括起来,就是企业的成长能力。可见,考核企业的经营业绩,不仅仅要考核企业的支付能力、盈利能力和管理效率,更重要的还应考

核企业的成长能力,成长能力的财务指标才是考核一个企业经营业绩指标体系中的核心内容。

2. 考核企业成长能力的意义

在企业的财务评价体系中,加入成长能力的考核指标,对于完善现代企业制度和现代企业的理财目标,具有极其重要的意义。

(1)考核企业的成长能力,可以抑制企业的短期行为,有利于完善现代企业制度。企业的短期行为集中地表现为追求眼前利润,忽视企业资产的保值与增值,为了实现短期利润,有些企业不惜拼耗设备,少计费用和成本,增加了对企业成长能力的考核后,不仅要考核企业目前实现的利润,还要考核企业资产的保值和增值情况,就可以从一定程度上抑制企业的短期行为,真正地增强企业的经济实力,以完善现代企业制度。

(2)考核企业的成长能力,还有利于完善现代企业的理财目标。现代企业的理财目标应该是实现企业价值的最大化,为了实现企业价值的最大化目标,一方面要求企业追求利润,扩大财务成果,另一方面则要不断地改善财务状况,增强经营成果的稳定性。为此,不仅要分别对企业的财务状况和财务成果进行考核,更重要的是,要将财务状况和财务成果结合起来,综合地考核企业的成长能力。

3. 关于利润增长趋势的判断

观察企业的利润增长趋势,在财务报表中要留意公司的主营利润增长率和净利润增长率。

企业的利润是收入扣除相关费用后得出的。在会计上,收入包括主营业务收入、其他业务收入、利息收入、补贴收入、营业外收入等,相应的,利润也包括主营业务利润、其他业务利润、营业利润、投资收益、营业外收支净额、利润总额、净利润等。

在这里最值得关注的是主营业务利润率和净利润率的变化,其中主营业务利润增长率等于本年主营业务利润减去上一年的主营业务利润之后,再除以上一年主营业务利润后得出的商,对应地,净利润增长率等于本年净利润减去上一年净利润后,再除以上一年净利润后得出的比例。

利润在会计上可能是也可能不是企业正常经营活动产生的。例如,营业利润、股权投资收益是企业正常经营活动产生的,而变卖短期投资和转让长期投资获得的净收益则不是企业正常经营活动产生的利润。而净利润的概念对于利润是否是企业正常经营活动产生的并不加以考虑,因此,在考察企业的利润率变化趋势时,对于净利润增长率和主营业务利润增长率应该给以同等的重视。

在读财务报表的时候,经常可以发现净利润增长率和主营业务增长率差别很大的公司,这个时候就要特别留意它的净利润增长的构成了。比如说,某公司某一年通过变卖了一些投资资产获得了净利润的大幅提高,投资者就要考虑这种变卖是否符合公司的长远经营目标了。是扔掉了一个"包袱"呢,还是错失了一个未来的利润增长点呢,甚至还是一种会计"花样"呢?这都需要投资者会作出判断。

一般来说,净利润增长率指标反映的是企业获利能力的增长情况,反映了企业长期的盈利能力趋势,该指标通常越大越好。最好的情况是主营业务利润增长率和净利润增长率同步提高,如果在一个较长的时期内,这种趋势是明显的,那么投资者基本上可以对这家公司的成长性抱乐观态度了。

📁 **实战模拟**

2005 年上半年上市空调企业经营现状分析

随着 2005 冷年的提前结束，国家信息中心正式发布了"2005 年度空调白皮书"，该白皮书数据显示，"今年上半年，重点城市空调销售量同比增长 16.72％，而销售额同比增长 14.31％。空调产品的平均价格略有上升，但呈逐月持续下降趋势"。这一数据再次证实了空调市场销量不断攀升，而销售额却增长乏力的现状，大量的特价机型和低端机型占据新增市场份额的重要比重，而厂商尽管经受着原材料涨价、竞争环境恶化、非理性竞争行为增多的一再考验，却依然无法抵御来自流通渠道的对整个市场价格的走势的巨大影响力。

白皮书同时显示，"2005 年空调市场的品牌集中度进一步提高。2005 年空调市场消失了 27 个品牌，在现存的 69 个品牌中销量市场占有率低于 0.5％的有 37 个，而市场份额前三品牌的销售额和销量占有率已经分别达到 52.96％和 53.07％"。由于利润空间的持续紧缩，拥有高产能和大产销量的厂商才能凭借规模效益在更加激烈的竞争环境中生存。而空调市场的集中度也必然将进一步提升，拥有雄厚实力的厂商将起到对行业发展走向的决定性影响，空调行业进入大品牌时代。而纵观 2005 年上半年国内主营空调上市企业的业绩，则不同程度显露出发展过程中的疲态，整个空调行业正在从快速发展期进入行业发展的调整期。

表 5-16　2005 年上半年上市空调企业主要财务指标　　　　　单位：百万元

项　目	格力	海尔	美的	科龙	长虹	春兰
主营业务收入	92.56	95.55	153.79	45.58	72.21	18.79
净利润	2.68	1.48	2.44	−4.87	2.16	0.058
总资产	143.65	73.51	126.68	99.98	152.6	51.53
债务总额	117.8	13.85	88.27	75.1	54.49	19.31
主营业务成本	75.68	84	125.62	41.45	61.05	15.43
空调业务收入	89.18	51.35	95	25.96	12.13	1.87
所有者权益	25.02	55.08	28.64	22.13	96.74	30.19

【实战模拟要求】

根据各主营空调上市企业的中期报告的各项指标（如表 5-16 所示），分别从盈利能力、发展能力、偿债能力和发展能力对企业的经营状况进行概要分析，对整个空调行业的整体发展走势作微观的判断。

【实战模拟解析】

一、盈利能力分析

2005 年年初家电上市企业的平均利润水平与收入增长基本保持同步，而进入第二季度后，行业利润同比增幅出现大幅下降。

表 5－17　2005 年上半年主要上市空调企业毛利率

项　　目	格力	海尔	美的	科龙	长虹	春兰
主营业务利润率(%)	2.9	1.55	1.59	−10.68	2.99	0.31
毛利率(%)	18.23	12.08	18.32	9.06	15.45	17.88

从表 5－17 可以看出,各企业的主营业务利润率分别为 2.90%、1.55%、1.59%、−10.68%、2.99% 和 0.31%,仅有格力、长虹两家超过了行业平均利润率 2.18%,而其他几家的利润率水平并不容乐观,而科龙由于遭受到管理层出现严重问题而错过了空调旺季造成了严重亏损的局面。

从各家上市企业的主营业务毛利率来看,格力、海尔、美的、科龙、长虹、春兰的主营业务毛利率分别为 18.23%、12.08%、18.32%、9.06%、15.45%、17.88%。其中成功剥离了小家电产品的美的不但实现了经营上的扭亏为盈,也作出了较好的业绩。格力的专业化路线和自建营销渠道为格力赢得了近 30% 的市场份额,较高的主营业务毛利率和主营业务利润率表现出很好的盈利能力。而长虹主营业务毛利率表现稍弱,但其主营业务利润率排名第一,这一方面是其渠道整合效应的显现,同时其在科龙出让部分市场空间后出色发挥出二线品牌的潜力。

二、发展能力分析

面对国内空调市场的日趋饱和,空调厂商为消化日益扩张的产能无一例外地将出口作为提升效益的增长点。2005 年,美的空调海外销量高达 430 万台,稳居行业首位。而格力、海尔、长虹的外销比重也分别达到了 24%、18% 和 16.5%。外销成为拉动国内空调企业业务收入持续增长的重要手段。

表 5－18　2005 年上半年主要上市空调企业净利润增长率　　　　　　单位:%

项　　目	格力	海尔	美的	科龙	长虹	春兰
主营收入增长率	37.66	10.39	56.05	−7.56	12.65	29.5
净利润增长率	22.32	−22.19	43.53	−405.88	231.35	−78.52

从表 5－18 中各品牌的主营业务收入增长率来看,美的发展速度最快,达到 56.05%,而格力也有大幅提升,为 37.66%,相比而言,海尔的发展速度较弱,仅为 10.39%,其空调产品的毛利率仅为 12.08%,仅高于科龙的毛利率 9.06%,而远远低于其他品牌(16%～19%)的水平。可见海尔空调的成本控制能力较弱。与去年同期水平相比,各品牌的空调产品毛利率除格力外均呈下降趋势,格力也仅增加了 0.01 个百分点,空调产品的成本压力有增无减。

从各品牌净利润增长率(如表 5－18 所示)分析,长虹发展最快,高达 231.35%,而美的有较大增幅,春兰和海尔的净利润大幅减少。受到原材料上涨和连锁渠道议价的双重压力,制造环节利润近一步压缩,行业平均利润向上下游转移。尽管美的净利润排行第一,但对其上半年净利润贡献较大的却是投资收益。行业利润的降低开始诱发企业自身投资结构的调整。

三、偿债能力分析

表 5-19　2005 年上半年主要上市空调企业负债权益比

项　　目	格力	海尔	美的	科龙	长虹	春兰
资产负债率	82	18.84	69.67	75.12	35.71	37.47
负债权益比	470.82	25.15	308.21	339.36	56.33	63.96

从表 5-19 各上市企业的资产负债率来看,大部分企业存在着较沉重的债务负担,其中美的和科龙的资产负债率分别为 69.67% 和 75.12%,格力则高达 82%。但较高的资产负债率同时表明了该企业对本行业有着较好远景预期,其扩张经营能力较强,有较高的机会赢得更多的利润。由此可见科龙和格力的发展策略更为主动,而海尔则略显保守。

从负债权益比来看,海尔的负债权益比最小,其长期债务偿还能力最强,而美的、科龙、格力的还债风险较高。

四、营运能力分析

存货周转率是衡量和评价企业购入存货、投入生产、销售收回等各环节管理状况的综合性指标。存货周转率越高,说明存货周转快,公司控制存货的能力强,存货成本低,经营效率高。

表 5-20　2005 年上半年主要空调企业存货周转率

项　　目	格力	海尔	美的	科龙	长虹	春兰
存货周转率	2.18	9.6	3.42	1.37	1.1	1.91

从表 5-20 所示各企业的库存周转率来看,除海尔表现出较高的库存管理水平外,其他企业库存管理成本居高不下,仍需要通过不断加强内部库存管理来减低财务费用。

2005 年冷冻年度遗留下近千万台空调库存,居高不下的库存不但将严重消耗掉空调厂商的资源,同时也将给众多小品牌厂商形成严峻的生存挑战。加深向三、四级市场渠道布局和海外市场的泄洪依然将是各品牌的主导营销策略。

从各项指标综合分析,空调依旧是各家电上市企业的主导产品,而在激烈的竞争、成本不断攀升的局面下,为保有市场份额,各厂商只能选择牺牲利润空间,行业净利润下挫。而严重的库存问题、债务负担和渠道价格压力迫使空调企业不得不继续在刀锋上起舞。尽管在 2005 年中所显示出来的颓势局面还需要经过"金九银十"这一黄金季节的结束才有定论,而产能销量天平的错位、汇率改革和反倾销的海外市场风险以及厂商和连锁渠道间愈益激化的矛盾却依旧是各上市企业不可回避的现实问题。

知识链接

沃尔评分法

在进行财务分析时,人们遇到的一个主要困难就是计算出财务比率之后,无法判断它是偏高还是偏低。与本企业的历史比较,也只能看出自身的变化,却难以评价其在市场竞争中的优劣地位。财务状况综合评价的先驱者之一亚历山大·沃尔,在 21 世纪初出版的《信用晴雨表研究》和《财务报表比率分析》中提出了信用能力指数的概念,把若干个财务比率用线性关系结合起来,以此评价企业的信用水平。他选择了七种财务比率,将流动比率、产权比率、固定资产比率、存货周转率、应收账款周转率、固定资产周转率、自有资金周转率等七项财务比率用线性关系结合起来,并分别给定各自的分数比重,然后通过与标准比率进行比较,确定各项指标的得分及总体指标的累计分数,从而对企业的信用水平作出评价,这种方法即称为沃尔评分法。

原始意义上的沃尔分析法存在两个缺陷:一是所选定的七项指标缺乏证明力;二是当某项指标严重异常时,会对总评分产生不合逻辑的重大影响。况且,现代社会与沃尔所处的时代相比,已经发生了很大的变化。沃尔最初提出的七项指标已难以完全适用当前企业评价的需要。现在通常认为,在选择指标时,偿债能力、营运能力、获利能力和发展能力指标均应当选到,除此之外还应当适当选取一些非财务指标作为参考。

以案例导入的宏远公司为例,介绍沃尔评分法的基本步骤如下。

(1) 选择评价指标并分配指标权重,如表 5-21 所示。

表 5-21　评价指标及权重表

选择的评价指标	分配的权重
一、偿债能力指标	20
1. 资产负债率	12
2. 已获利息倍数	8
二、获利能力指标	38
1. 净资产收益率	25
2. 总资产报酬率	13
三、营运能力指标	18
1. 总资产周转率	9
2. 流动资产周转率	9
四、发展能力指标	24
1. 营业增长率	13
2. 资本积累率	12
合　计	100

(2) 确定各项评价指标的标准值。财务指标的标准值一般可以行业平均数、企业历史先进数、国家有关标准或者国际公认数为基准数来加以确定。下表 5-22 中的标准值仅是为举例目的而假设的。

表 5-22　评价指标的标准值表

选择的评价指标	指标的标准值
一、偿债能力指标	
1. 资产负债率	60%

续　表

选择的评价指标	指标的标准值
2. 已获利息倍数	3
二、获利能力指标	
1. 净资产收益率	25％
2. 总资产报酬率	16％
三、运营能力指标	
1. 总资产周转率	2
2. 流动资产周转率	5
四、发展能力指标	
1. 营业增长率	10％
2. 资本积累率	15％

（3）对各项评价指标计分并计算综合分数，如表 5 - 23 所示。

$$各项评价指标的得分 = 各项指标的权重 \times \left(\frac{指标的实际值}{标准值} \right)$$

$$综合分析 = \sum 各项评价指标的得分$$

表 5 - 23　各评价指标得分及综合得分表

选择的评价指标	分配的权重①	指标的标准值②	指标的实际值③	实际得分④=①×③/②
一、偿债能力指标	20			
1. 资产负债率	12	60％	28.26％	5.65
2. 已获利息倍数	8	3	15	40
二、获利能力指标	38			
1. 净资产收益率	25	25％	16.21％	16.21
2. 总资产报酬率	13	16％	20.93％	17.00
三、营运能力指标	18			
1. 总资产周转率	9	2	0.93	4.19
2. 流动资产周转率	9	5	2.64	4.75
四、发展能力指标	24			
1. 营业增长率	12	10％	11.11％	13.33
2. 资本积累率	12	5％	13.01％	10.41
综合得分	100			111.54

（4）形成评价结果。在最终评价时，如果综合得分大于100，则说明企业的财务状况比较好；反之，则说明企业的财务状况比同行业平均水平或者本企业历史先进水平等差。由于该公司综合得分为111.54，大于100，说明其财务状况较为良好。

沃尔比重评分法是评价企业总体财务状况的一种比较可取的方法,这一方法的关键在于指标的选定、权重的分配以及标准值的确定等。只有长期连续实践,不断修正,才能取得较好的效果。

杜邦财务比率分析法

杜邦财务比率分析(简称杜邦体系)是利用各财务指标间的内在关系,对企业综合经营理财及经济效益进行系统分析评价的方法。因其最初由美国杜邦公司创立并成功运用而得名。该体系以净资产收益率为核心,将其分解为若干财务指标,通过分析各分解指标的变动对净资产收益率的影响来揭示企业获利能力及其变动原因。

杜邦体系各主要指标之间的关系如下:

净资产收益率＝总资产净利率×权益乘数＝营业净利率×总资产周转率×权益乘数

其中:

$$营业净利率＝\frac{净利率}{营业收入}$$

$$总资产周转率＝\frac{营业收入}{平均资产总额}$$

$$权益乘数＝\frac{资产总额}{所有者权益总额}＝\frac{1}{1-资产负债率}$$

在具体运用杜邦体系进行分析时,可以采用前文所述的因素分析法,首先确定营业净利率、总资产周转率和权益乘数的基准值,然后顺次计算这三个指标的实际值(如图5-1所示),分别计算分析这三个指标的变动对净资产收益率的影响方向和程度,还可以使用因素分析法进一步分解各个指标并分析其变动的深层次原因,找出解决的方法。

根据导入案例表5-1和表5-2的资料,可计算该公司2007年度杜邦财务分析体系中的各项指标如图5-1所示。

注:因保留小数点两位,图中的指标金额可能与直接计算的金额略有差异。

需要说明的是,由于净资产收益率、总资产净利率、营业净利率和总资产周转率都是时期指标,而权益乘数和资产负债率是时点指标,因此,为了使这些指标具有可比性,上图中的权益乘数和资产负债率均采用的是2007年度年初和年末的平均值。

根据导入案例表5-1和表5-2的资料以及前文中的假定,运用连环替代法对宏远公司2007年度的净资产收益率进行分析。

净资产收益率＝营业净利率×总资产周转率×权益乘数

2006年度指标:$12.77\%×0.96×1.41＝17.29\%$ ①

第一次替代:$11.89\%×0.96×1.41＝16.09\%$ ②

第二次替代:$11.89\%×0.99×1.41＝16.60\%$ ③

第三次替代:$11.89\%×0.99×1.38＝16.27\%$ ④

②－①＝$16.09\%-17.29\%＝-1.20\%$ 营业净利率下降的影响

③－②＝$16.60\%-16.09\%＝0.51\%$ 总资产周转率上升的影响

④－③＝$16.24\%-16.60\%＝-0.36\%$ 权益乘数下降的影响

上述指标之间的关系如下:

净资产收益率16.24%

总资产净利率11.77% × 权益乘数率1.38

营业净利率11.89% × 总资产周转率0.99　　　1÷(1−资产负债率27.67%)

净利润 2 520 ÷ 营业收入 21 200 ÷ 资产平均总额21 500　　　负债(平均)总额9 500 ÷ 资产平均总额21 500

营业收入 21 200 − 成本费用总额16 800 − 投资收益300 − 营业外收支净额−500 − 所得税费用1 680　　　流动负债3 700 + 非流动负债2 250　　　流动资产7 575 + 非流动资产13 925

营业成本 12 400 + 营业税金及附加1 200 + 营业收入 21 200 + 销售费用1 900 + 管理费用1 000 + 财务费用300

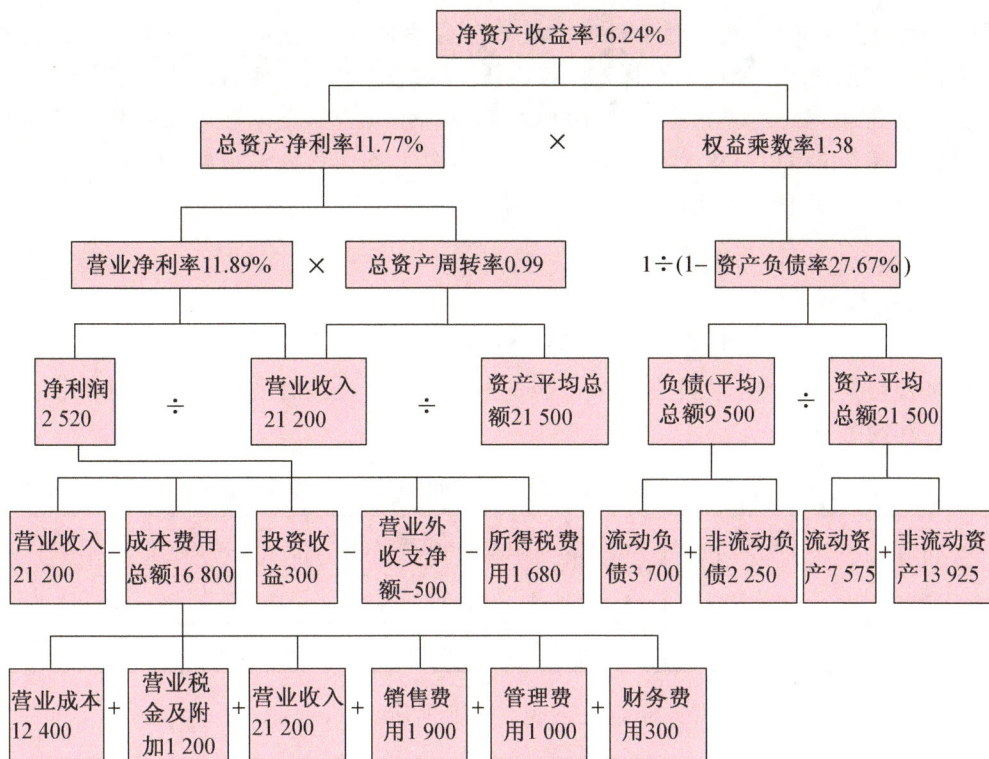

图 5−1　杜邦分析图

(1) 净资产收益率是一个综合性最强的财务比率,是杜邦体系的核心。其他各项指标都是围绕这一核心,通过研究彼此间的依存制约关系,从而揭示企业的获利能力及其前因后果。财务管理的目标是使所有者财富最大化,净资产收益率反映所有者投入资金的获利能力,反映企业筹资、投资、资产运营等活动的效率,提高净资产收益率是实现财务管理目标的基本保证。该指标的高低取决于营业净利率、总资产周转率与权益乘数。

(2) 营业净利率反映了企业净利润与营业收入的关系。提高营业净利率是提高企业盈利的关键,主要有两个途径:一是扩大营业收入,二是降低成本费用。

(3) 总资产周转率揭示企业资产总额实现营业收入的综合能力。企业应当联系营业收入分析企业资产的使用是否合理,资产总额中流动资产和非流动资产的结构安排是否适当。此外,还必须对资产的内部结构以及影响资产周转率的各具体因素进行分析。

(4) 权益乘数反映所有者权益与总资产的关系。权益乘数越大,说明企业负债程度较高,能给企业带来较大的财务杠杆利益,但同时也带来了较大的偿债风险。因此,企业既要合理使用全部资产,又要妥善安排资本结构。

通过杜邦体系自上而下的分析,不仅可以揭示出企业各项财务指标间的结构关系,查明各项主要指标变动的影响因素,而且为决策者优化经营理财状况,提高企业经营效益提供了思路。提高净资产收益率的根本在于扩大销售、节约成本、合理投资配置、加速资金周转、优化资本结构、确立风险意识等。

杜邦分析方法的指标设计也具有一定的局限性,它更偏重于企业所有者的利益角度。

从杜邦指标体系来看,在其他因素不变的情况下,资产负债率越高,净资产收益率就越高。这是因为利用较多负债,从而利用财务杠杆作用的结果,但是没有考虑财务风险的因素,负债越多,财务风险越大,偿债压力越大。因此,还要结合其他指标进行综合分析。

应当指出,杜邦分析方法是一种分解财务比率的方法,不是另外建立新的财务指标,可以用于各种财务比率的分解。杜邦分析方法和其他财务分析方法一样,关键不在于指标的计算,而在于指标的理解和运用。

实战模拟

世界通信与美国电报电话公司的经营业绩比较

东海公司是一家生产汽车的公司,表5-24、5-25是该公司2005年、2006年的相关财务数据和财务利率。

表5-24　东海公司2005年、2006年相关财务数据表　　　　　　　　　　　　单位:万元

年　　　度	净利润	主营业务收入	资产总额	负债总额	全部成本
2005	10 284.04	411 224.01	306 222.94	205 677.07	403 967.43
2006	12 653.92	757 613.81	330 580.21	215 659.54	737 045.24

该公司2005—2006年财务比率见下表5-25所示。

表5-25　东海公司2005年、2006年财务比率表

年　　　度	权益净利率	权益乘数	资产负债率	资产净利率	销售净利率	总资产周转率
2005	10.4%	3.049	67.2%	3.4%	2.5%	1.34
2006	11.2%	2.874	65.2%	3.9%	1.7%	2.29

【实战模拟要求】

试用杜邦财务分析法,对公司的权益净利率及其分解指标进行分析,解释指标变动的原因。

【实战模拟解析】

一、对权益净利率的分析

权益净利率指标是衡量企业利用资产获取利润能力的指标。权益净利率充分考虑了筹资方式对企业获利能力的影响,因此它所反映的获利能力是企业经营能力、财务决策和筹资方式等多种因素综合作用的结果。

该公司的权益净利率在2005—2006年间出现了一定程度的好转,分别从2005年的10.4%增加至2006年的11.2%。企业的投资者在很大程度上依据这个指标来判断是否投资或是否转让股份,考察经营者业绩和决定股利分配政策。这些指标对公司的管理者也至关重要。

公司经理们为改善财务决策而进行财务分析,他们可以将权益净利率分解为权益乘数和资产净利率,以找到问题产生的原因。

权益净利率分析如下:

FT 汽车	权益净利率	=	权益乘数	×	资产净利率
2005 年	10.4%	=	3.049	×	3.4%
2006 年	11.2%	=	2.874	×	3.9%

通过分解可以明显地看出,该公司权益净利率的变动在于资本结构(权益乘数)变动和资产利用效果(资产净利率)变动两方面共同作用的结果。而该公司的资产净利率太低,显示出很差的资产利用效果。

二、分解分析过程

权益净利率=资产净利率×权益乘数

2005 年 10.4%=3.4%×3.049

2006 年 11.2%=3.9%×2.874

经过分解表明,权益净利率的改变是由于资本结构的改变(权益乘数下降),同时资产利用和成本控制也出现变动(资产净利率也有改变)。那么,我们继续对资产净利率进行分解:

资产净利率=销售净利率×总资产周转率

2005 年 0.034=2.5%×1.34

2006 年 0.039=1.7%×2.29

通过分解可以看出 2006 年的总资产周转率有所提高,说明资产的利用得到了比较好的控制,显示出比前一年较好的效果,表明该公司利用其总资产产生销售收入的效率在增加。总资产周转率提高的同时销售净利率的减少阻碍了资产净利率的增加,下面接着对销售净利率进行分解:

销售净利率=净利润÷销售收入

2005 年 2.5%=10 284.04÷411 224.01

2006 年 1.7%=12 653.92÷757 613.81

该公司 2005 年大幅度提高了销售收入,但是净利润的提高幅度却很小,分析其原因是成本费用增多,从表 5－24 可知:全部成本从 2005 年 403 967.43 万元增加到 2006 年 736 747.24 万元,与销售收入的增加幅度大致相当。下面是对全部成本进行的分解:

全部成本=营业成本＋销售费用＋管理费用＋财务费用

2005 年 403 967.43=373 534.53＋10 203.05＋18 667.77＋1 562.08

2006 年 737 045.24=684 559.91＋21 740.962＋25 718.20＋5 026.17

通过分解可以看出杜邦分析法有效地解释了指标变动的原因和趋势,为采取应对措施指明了方向。

导致权益利润率小的主要原因是全部成本过大。也正是因为全部成本的大幅度提高导致了净利润提高幅度不大,而销售收入大幅度增加,就引起了销售净利率的减少,显示出该公司销售盈利能力的降低。资产净利率的提高应当归功于总资产周转率的提高,销售净利率的减少却起到了阻碍的作用。

东海汽车下降的权益乘数,说明该公司的资本结构在 2005 至 2006 年发生了变动。2006 年的权益乘数较 2005 年有所减小。权益乘数越小,企业负债程度越低,偿还债务能力越强,财务风险程度越低。这个指标同时也反映了财务杠杆对利润水平的影响。财务杠杆具有正反两方面的作用。在收益较好的年度,它可以使股东获得的潜在报酬增加,但股东要承担因负债增加而引起的风险;在收益不好的年度,则可能使股东潜在的报酬下降。该公司的权益乘数一直处于 2~5 之间,即负债率在 50%~80% 之间,属于激进战略型企业。管理者应该准确把握公司所处的环境,准确预测利润,合理控制负债带来的风险。

因此,对于东海汽车,当前最为重要的就是要努力减少各项成本,在控制成本上下力气。同时要保持自己较高的总资产周转率。这样,可以使销售利润率得到提高,进而使资产净利率有大的提高。

思考题

1. 反映企业营运能力的财务指标有哪些? 如何计算和分析?
2. 反映企业发展能力的财务指标有哪些? 如何计算和分析?
3. 什么是营业周期? 营业周期与哪些营运能力指标有关系?
4. 如何运用杜邦财务比率进行综合分析?
5. 杜邦财务分析体系的意义是什么?
6. 如何提高企业的资产管理效率?

能力训练

一、苏宁电器营运能力分析

苏宁电器营运能力指标如表 5-26 所示。

表 5-26　苏宁电器营运能力指标计算表　　　金额单位:百万元

项　目＼时　间	2005 年	2004 年
营业收入	15 936.39	9 107.25
营业成本	14 393.44	8 218.7
平均资产	3 189.47	1 403.48
平均流动资产	2 838.65	1 236.58
平均固定资产	216.62	104.03
平均应收账款	134.84	48.08
平均存货	1 393.07	546.18
总资产周转率(次)	5	6.49
流动资产周转率(次)	5.61	7.36

时　　间 项　　目	2005 年	2004 年
固定资产周转率（次）	73.57	87.55
应收账款周转率（次）	118.19	189.42
存货周转率（次）	10.33	15.05

【能力训练要求】

依据表 5-26 进行企业营运能力分析。

二、海龙公司财务分析

海龙公司 2005 年实现销售收入 12 000 元,2006 年比 2005 年销售收入增长 20％;2005 年该公司资产总额为 7 000 万元,以后预计每年比前一年资产增加 1 000 万元,该公司资产由流动资产和固定资产组成,连续几年来固定资产未发生变化,均为 4 000 万元,假设该公司无投资收益和营业外收支,所得税率保持不变,其他有关数据和财务比率如下表 5-27 所示。

表 5-27　海龙公司部分财务指标数据

项　　目	2005 年	2006 年
资产负债率	40％	50％
流动比率	0.6	0.8
速动比率	0.7	0.8
销售毛利率	15％	18％
平均收账期	60 天	50 天
净利润	1 200	1 500

【能力训练要求】

1. 分析海龙公司 2006 年与 2005 年相比,资产、负债的变化原因。

2. 分析 2006 年海龙公司流动比率的变动原因。

3. 分析 2006 年海龙公司资产净利率的变动原因。

4. 计算 2006 年海龙公司权益净利率的变动程度,并采用因素分析法按顺序确定销售净利率、资产周转率和权益乘数对权益净利率的影响程度(式中涉及资产负债的数额均按期末数算)。

综合训练

上海机电净资产收益分析

1. 基本案情

上海机电股份有限公司是坐落在上海市浦东新区的一家上市公司,股票简称:上海机电(600835)。该公司的主营业务为电梯制造、冷冻空调设备制造、印刷包装、机械制造、人造板、企业投资等。近些年,公司的这几块主营业务都充当了行业"领跑者"的角色,如电梯产品的销售收入、利税总额等指标在全国同行业中继续保持首位。

参考以下网址,搜集上海机电股份有限公司 2006 年和 2007 年年度报告。

巨灵经济信息网　　http://www.genius.com.cn
中国证券网　　　　http://www.stocknews.com.cn
　　　　　　　　　http://www.astprince.com
巨潮资讯数据库　　http://www.cninfo.com.cn
全景网络　　　　　http://www.p5w.net

2. 分析要点

计算上海机电股份 2006 年和 2007 年的净资产收益率、资产报酬率、权益乘数、销售净利润率、总资产周转率指标,并绘制杜邦分析体系图。

3. 问题探讨

该公司在 2007 年的综合财务状况与 2006 年比较有何变化,其变化的原因有哪些?

模块 6

财务报表综合分析应用

知 识 目 标	能 力 目 标
1. 熟知财务分析报告撰写的要求	1. 系统、全面、综合地对企业的财务状况和经营成果进行分析和评价,判断企业整体财务状况和经营成果的优劣。 2. 能够撰写财务分析报告。

项目1 掌握企业财务状况质量综合分析

案例导入

雅戈尔集团 2005—2007 年财务报表资料(如表 6-1、表 6-2、表 6-3 所示)。

表 6-1 雅戈尔集团 2005—2007 年资产负债表数据   单位:元

资　　　产	2005 年 12 月 31 日	2006 年 12 月 31 日	2007 年 12 月 31 日
流动资产:			
货币资金	760 850 990.90	661 165 718.50	2 192 846 691
短期投资	0	873 774.42	2 128 334.44
短期投资跌价准备	0	0	0
短期投资净额	0	873 774.42	2 128 334.44
应收票据	5 178 970.94	5 329 152.00	5 382 000.00
应收账款净额	300 239 223.50	407 584 686.80	456 274 759.00
其他应收款净额	58 503 284.82	92 247 134.33	179 412 897.90
坏账准备	0	0	0
应收款项净额	358 742 508.30	499 831 821.10	635 687 656.90

187

续　表

资　　产	2005 年 12 月 31 日	2006 年 12 月 31 日	2007 年 12 月 31 日
预付账款	1 232 851 832.00	1 428 684 098.00	3 392 962 551.00
应收补贴款	19 698 760.44	0	0
存货净额	3 938 063 784.00	5 465 662 278.00	7 369 713 562.00
待摊费用	13 843 723.24	0	0
待处理流动资产净损失	0	0	0
一年内到期的长期债权投资	0	0	0
其他流动资产	0	0	0
流动资产合计	6 329 230 569.82	8 061 546 842.02	13 598 720 795.34
长期投资：			
长期股权投资	955 422 888.90	569 554 108.50	871 012 465.80
长期债权投资	0	0	0
长期投资净额	955 422 888.90	569 554 108.50	871 012 465.80
合并价差	77 076 649.44	0	0
股权投资差额	0	0	0
固定资产：			
固定资产净额	3 798 323 735.00	3 648 993 863.00	3 686 616 267.00
工程物资	62 068.05	0	68 760 902.48
在建工程净额	87 309 322.18	106 497 010.20	286 969 303.00
待处理固定资产净损失	0	0	0
固定资产清理	0	0	0
固定资产合计	3 885 695 125.63	3 755 490 873.24	4 042 346 472.48
无形资产及其他资产：			
无形资产	520 914 114.72	389 964 228.22	258 716 380.78
商誉	0	45 196 688.32	45 196 688.32
递延资产		0	0
长期待摊费用	43 081 098.38	24 474 192.28	7 276 174.76
其他长期资产	10 203 295.89	4 387 868 022.61	16 514 564 686.85
无形资产及其他资产合计	574 198 508.99	4 847 503 131.43	16 825 753 930.71
递延税项：			
递延税项借项	0	15 554 966.79	6 536 212.01
非流动资产合计	5 415 316 523.52	9 188 103 079.96	21 745 649 081.00
资产总计	11 744 547 092.94	17 249 649 921.98	35 344 369 876.34

续 表

资　　产	2005 年 12 月 31 日	2006 年 12 月 31 日	2007 年 12 月 31 日
负债及股东权益			
流动负债：			
短期借款	2 901 217 802.00	2 297 429 328.00	5 905 186 413.00
应付票据	312 380 000.00	122 054 252.50	165 608 596.50
应付账款	300 979 613.80	325 791 530.50	439 741 668.10
预收账款	1 666 670 293.00	2 294 390 847.00	5 485 733 063.00
代销商品款	0	0	0
应付工资	107 037 894.80	191 005 340.30	241 704 445.80
应付福利费	27 931 966.51	0	0
应付股利	0	2 400 000.00	2 400 000.00
应交税金	367 758 578.30	485 798 243.60	586 190 994.90
其他应交款	−714 989.53	0	0
其他应付款	397 463 626.30	604 077 752.90	658 284 990.00
预提费用	13 229 138.36	0	0
预计负债	0	0	0
一年内到期的长期负债	879 518 568.80	980 000 000.00	235 000 000.00
其他流动负债	0	3 913 644.20	15 715 803.70
职工奖励及福利基金	0	0	0
国内票据结算	0	0	0
流动负债合计	6 973 472 492.34	7 306 860 939.00	13 735 565 975.00
长期负债：			
长期借款	353 340 560.60	646 985 120.70	1 933 930 604.00
应付债券	0	0	0
长期应付款	0	0	0
专项应付款	277 357.00	5 900 312.17	9 326 870.79
其他长期负债	0	0	0
长期负债合计	353 617 917.60	652 885 432.87	1 943 257 474.79
递延税项贷项	0	1 337 992 775.00	3 092 751 712.00
负债合计	7 327 090 409.94	9 297 739 146.87	18 771 575 162.79
少数股东权益	616 811 646.00	695 038 865.50	838 020 635.90
股东权益			
股本	1 644 412 202.00	1 781 289 356.00	2 226 611 695.00
已归还投资	0	0	0

续　表

资　　　产	2005 年 12 月 31 日	2006 年 12 月 31 日	2007 年 12 月 31 日
股本净额	1 644 412 202.00	1 781 289 356.00	2 226 611 695.00
资本公积金	273 389 421.90	3 265 440 210.00	9 381 602 567.00
盈余公积金	846 041 408.10	380 822 537.30	592 909 549.20
公益金	200 407 111.10	0	0
未确认的投资损失	0	0	0
未分配利润	1 036 802 005.00	1 831 024 870.00	3 537 057 216.00
货币换算差额	0	−1 705 063.69	−3 406 949.55
股东权益合计	3 800 645 037.00	7 256 871 909.61	15 734 774 077.65
负债及股东权益总计	11 744 547 092.94	17 249 649 921.98	35 344 369 876.34

表 6-2　雅戈尔集团 2005—2007 年度利润表数据　　　　　　　　　　单位：元

项　　目＼时　　间	2005 年度	2006 年度	2007 年度
一、主营业务收入	4 628 151 622.00	6 127 939 181.00	7 033 897 110.00
主营业务成本	2 896 694 976.00	3 904 280 180.00	4 539 462 811.00
主营业务税金及附加	88 764 700.64	134 605 615.90	151 668 464.20
二、主营业务利润	1 642 691 945.36	2 089 053 384.10	2 342 765 834.80
其他业务利润	27 542 442.15	0	0
营业（销售）费用	587 975 099.50	682 751 994.80	781 777 281.40
管理费用	237 575 143.00	327 264 281.60	550 688 482.50
财务费用	122 080 174.70	84 960 894.79	100 403 024.90
三、营业利润	722 603 970.31	958 828 141.60	887 738 609.80
投资收益	4 805 840.25	52 854 854.84	2 754 226 714.00
补贴收入	81 007 176.20	678 832.64	1 254 559.74
营业外收入	11 409 017.35	184 160 235.40	90 690 743.82
营业外支出	5 812 600.92	39 632 411.48	42 613 877.36
四、利润总额	814 013 403.19	1 156 889 653.00	3 691 296 750.00
所得税	168 403 759.50	274 338 022.70	1 040 709 908.00
少数股东权益	80 818 707.83	109 984 151.60	174 876 847.60
五、净利润	564 790 935.86	772 567 478.70	2 475 709 994.40

注：2007 年度有 57.76 万元的营业收入来源于关联交易。

表 6-3　雅戈尔集团 2005-2007 年度现金流量表数据　　　　单位：元

项　　　目	2005 年度	2006 年度	2007 年度
一、经营活动产生的现金流量			
销售商品、提供劳务收到的现金	4 799 721 954	7 004 806 380	10 333 864 022
收到税费返还	178 997 138	154 731 425.7	117 803 498.7
收到的其他与经营活动有关的现金	128 845 451.7	231 166 454.9	181 874 526
经营活动现金流入小计	5 107 564 543.70	7 390 704 260.60	10 633 542 046.70
购买商品接受劳务支付的现金	2 562 092 665	4 130 125 351	3 970 090 674
支付给职工以及为职工支付的现金	462 387 752.8	604 432 507.1	840 796 343.1
支付的各项税费	406 672 937.6	604 878 114	1 181 426 915
支付的其他与经营活动有关的现金	557 353 730.9	677 175 337	917 600 734.3
经营活动现金流出小计	3 988 507 086.30	6 016 611 309.10	6 909 914 666.40
经营活动产生的现金流量净额	1 119 057 457.40	1 374 092 951.50	3 723 627 380.30
二、投资活动产生的现金流量			
收回投资所收到的现金	36 296 663.51	13 459 974.45	3 203 618 841
取得投资收益所收到的现金	21 042 590	51 923 981.2	122 893 937.8
处置固定无形和长期资产收回的现金	71 001 845.19	67 401 918.36	54 713 499.82
收到的其他与投资活动有关的现金	0	135 626 282.8	1 674 551.74
投资活动现金流入小计	128 341 098.7	268 412 156.8	3 382 900 830
购建固定无形和长期资产支付的现金	877 757 348.1	1 327 677 746	3 951 106 097
投资所支付的现金	109 990 268.1	39 216 903.39	4 682 654 757
支付的其他与投资活动有关的现金	0	0	206 354 830.4
投资活动现金流出小计	987 747 616.20	1 366 894 649.39	8 840 115 684.40
投资活动产生的现金流量净额	-859 406 517.6	-1 098 482 492.58	-5 457 214 854.04
三、筹资活动产生的现金流量			
吸收投资收到的现金	36 296 663.51	4 000 000	61 082 105.21
借款所收到的现金	5 586 702 820	5 117 176 000	11 850 953 213
收到的其他与筹资活动有关的现金	132 077 467.49	725 850 000	314 641 260
筹资活动现金流入小计	5 755 076 951	5 847 026 000	12 226 676 578.21
偿还债务所支付的现金	5 261 032 135	5 538 618 063	7 621 533 353
支付的其他与筹资活动有关的现金	483 808 062.00	696 186 459.00	1 325 337 764.00
筹资活动现金流出小计	5 744 840 197	6 234 804 522	8 946 871 117
筹资活动产生的现金流量净额	10 236 753.78	-387 778 522	3 279 805 460
四、汇率变动对现金的影响	-1 125 855.56	-1 970 759.41	-14 537 014.9
五、现金及现金等价物净增加额	268 761 838.34	-114 138 822.49	1 531 680 972.36

【讨论分析】

根据雅戈尔集团的资料,对企业财务状况质量进行综合分析。

一、资产负债表分析

根据导入案例表 6-1 的资料,采用环比的方法对资产负债表的主要项目进行趋势分析,编制资产负债表的趋势分析表(如表 6-4 所示)。

表 6-4　资产负债表主要项目的趋势分析表　　　　单位:%

资　产	增减(%)		结构(%)		负债及所有者权益	增减(%)		结构(%)	
	2006 年	2007 年	2006 年	2007 年		2006 年	2007 年	2006 年	2007 年
流动资产合计	27.37	68.69	46.73	38.47	流动负债合计	9.48	87.98	78.59	73.17
货币资金	−13.10	231.66	3.83	6.20	短期借款	−20.81	157.03	24.71	31.46
应收账款	35.75	11.95	2.36	1.29	应交税金	32.10	20.67	5.22	3.12
存货	38.79	34.84	31.69	20.85	长期负债合计	84.63	197.64	7.02	10.35
长期投资合计	−40.39	52.93	3.30	2.46	长期借款	83.11	198.91	6.96	10.30
固定资产合计	−3.35	7.64	21.77	11.44	负债合计	26.90	101.89	53.90	53.11
其中:净额	−3.93	1.03	21.15	10.43	所有者权益合计	90.94	116.83	42.07	44.52
无形资产及其他资产	744.22	247.10	28.10	47.61					
总资产合计	46.87	104.90	100%	100%					

注:上表中的增减%、结构%分别指的是各项目与上年相比的增减幅度,各项资产占总资产的结构比,各负债占负债合计的结构比,负债合计与所有者权益占总权益的结构比。由于少数股东权益的存在,因此负债和所有者权益的结构比之和不等于 1。

(一) 资产负债表总体状况的初步分析

从总体上来看,企业的资产总额从 2005 年末的 11 744 547 092.94 元、2006 年末的 17 249 649 921.98元,增加到 2007 年末的 35 344 369 876.34 元,增幅分别为 46.87% 和 104.90%。可见,企业的资产规模增速还是很快的。

2007 年末的企业资产总额中,流动资产占 38.47%,长期投资占 2.46%,固定资产占 11.44%,无形资产及其他资产占 47.61%。这样的资产结构,基本上可以满足企业内部产品生产,同时我们也看到企业的无形资产及其他资产比重比 2006 年的 28.10% 提高很多,比 2005 年的 4.89% 提高得更多,说明企业进行了新的投资项目,据了解该企业进入了房地产行业,同时有一些金融资产。

从 2005—2007 年的发展趋势上看,货币资金 2006 年比 2005 年增长 −13.10%,2007 年比 2006 年增长 231.66%,可以看出 2007 年增长势头太猛,这说明该企业在 2006 年没有进行规模扩张,因此也就没有进行大规模的融资,而 2007 年企业的规模进行了相当程度的扩大,从而融资规模也相应地扩大,企业为了更好地运营下去,势必要有足够的货币资金,同时从应收账款的增长幅度我们也可以看出企业货币资金的增加也得益于应收账款的大量收回;应收账款 2006 年的增长比例较高,为 35.75%,2007 年得到有效控制,增长速度为 11.95%,但绝对额还是增大的,因此应收账款的管理仍需不断加强;存货的增长速度 2007 年比 2006 年的增速有所下降,比重也有相当程度的下降,说明企业的存货管理取得了明显的进步。但从各项资产的构成上看,存货在流动资产中占较大的比重,所以加强存货的管理仍是今后工作的重点。

长期投资在 2006 年曾下降 40.39%,2007 年增幅为 52.93%,说明企业的长期投资波动较大;无形资产及其他资产增长速度过快,尤其是 2006 年的增幅为 744.22%,竟然达到惊人的程度,这也与前面无形资产的比重变化相对应,2006 年无形资产比重 28.10% 远远高于 2005 年 4.89%,而 2007 年在 2006 年的基础上又有 247.10% 的增长,但从增长速度上看,2007 年的增幅得到一定程度的控制,对无形资产及其他资产的增幅仍需根据实际情况实施有效管理与控制。

从负债与所有者权益的结构来看,企业负债总体水平 2007 年和 2006 年都有较大的增幅,其中长期负债增幅最大。2007 年短期借款增长 157.03%,应交税金增幅为 20.67%,长期负债增长 197.64%,使负债总水平有相当程度的上升,负债仍维持较高水平。所有者权益每年都有所增加,且 2007 年的增幅远大于 2006 年的增幅,同时所有者权益占总权益的比重也是增加的,说明企业的抗风险能力有一定的提高。

(二)资产负债表各主要项目的分析

1. 对货币资金及其质量的分析。从总体规模来看,企业货币资金规模由 2006 年的 3.83% 上升为 2007 年 6.20%,货币资金维持在一定水平。

从融资方面来说,企业的银行短期借款 2007 年的增幅较大,虽然表明企业有较强的融资能力,但是企业负债融资要有一定的适宜程度,企业 2007 年末货币资金余额远远低于企业的短期借款余额,货币资金余额是短期借款余额的三分之一左右,因此企业应继续控制应收账款与存货的增长速度,从而提高企业资金运用的质量。

2. 对短期债权质量分析。

应收票据:从报表资料中我们可以看到公司各年的应收票据年末与年初数字差别不大,且比重较低。

应收账款:公司应收账款的增长速度 2006 年为 35.75%,2007 年为 11.95%,且其所占资产的比重也由 2006 年的 2.36% 下降到 2007 的 1.29%,这种情况我们必须结合公司年报中的应收账款账龄分析表及主营业务的销售规模来分析,从而对应收账款的变化情况作出相应的判断。如应收账款的比重下降是由于企业收账政策的加强或信用政策的调整,同时销售收入有所增加,这样是可以接受的。如果是因为销售收入的下降而出现以上情况,则必须给以足够的重视,尽快改变现状。

其他应收款:公司的其他应收款 2007 年为 179 412 897.9 元,比 2006 年的 92 247 134.33 元增加了 87 165 763.57 元。与应收账款的分析一样,应结合账龄分析表进行判断,对其他应收账款也要及时清理,防止坏账的发生。

3. 对存货质量的分析。公司的存货 2006 年占 31.69%,2007 年下降为 20.85%;同时,存货的增长速度也由 2006 年的 38.79% 下降到 2007 年的 34.84%。存货比重的下降及增速的放缓都说明企业加强了存货管理。这两方面的变化需要结合公司年报中有关存货的注释来分析其变化的具体原因,从而对存货的质量作出合理的判断。

4. 对外投资质量的分析。从公司长期投资规模来看,公司长期投资的增长速度2006年为-40.39％,2007年为52.93％,增加了很多。这与前面总体状况评价中提到的企业的无形资产及其他资产的增加是对应的,正因为2006年企业将大部分资金用于了无形资产及其他资产的投资,因此在长期投资没有保持原来的增长,而是有所下降,而2007年企业在长期投资方面又回归了正常。

5. 对固定资产质量分析。从公司固定资产净额来看,2006年增长速度为-3.93％,2007年增长速度为1.03％。这说明企业在2006年固定资产规模没有增加,同时由于折旧和减值准备等原因,固定资产净额是减少的。2007年固定资产净额增加,说明企业有新增的固定资产,新增的固定资产可以极大地改善公司未来从事经营活动的技术装备水平,从而使企业长期发展的后劲得以显著提高。同时,我们也发现,固定资产净额的增速远小于固定资产合计的增速,说明固定资产的折旧和减值幅度较大。还应注意的是,如果本年增加的固定资产在以后各年得不到充分利用,新增固定资产的折旧就有可能成为未来业绩下降的新因素。

6. 对无形资产质量的分析。该公司无形资产的比重很大,且增速很快,必须结合公司的报表中披露的无形资产的具体项目进行分析,从而对无形资产的质量作出客观的评价。

7. 对企业融资情况的分析。从短期借款和长期借款的规模来看,公司短期借款的比重由2006年24.71％上升到2007年的31.46％,增长速度由2006年-20.81升至2007年的157.03％,说明企业在2006年短期借款的偿还金额大于其所借入的金额,而2007年由于投资的需要,又进行了大规模的短期借款融资;长期借款比重由2006年的6.96％增加到2007年的10.30％,增长速度由2006年的83.11％升至2007年的198.91％,说明企业这两年的投资机会增加,投资规模扩大,因此借款规模也呈逐年上升趋势。

(三)资产负债的总体评价

综上所述,企业的资产总体质量较好,能维持企业的正常周转。从负债和所有者权益来看,公司长期负债和流动负债都维持在适中的水平上,公司两年来的负债总体维持在53.90％和53.11％的水平,说明企业的财务状况乐观,具有一定的抗风险能力,但必须重视货币资金的比重,从而提高企业偿还到期债务的能力。

二、利润表分析

根据导入案例表6-2的资料,按环比方法编制利润表的趋势分析表(如表6-5所示)。

表6-5　利润表项目趋势分析表　　　单位:％

项　　目	增　减(％)		
	2005年度(已知)	2006年度	2007年度
一、主营业务收入	11.38	32.41	14.78
减:主营业务成本	8.64	34.78	16.27
主营业务税金及附加	-15.34	51.64	12.68
二、主营业务利润	18.68	27.17	12.14
加:其他业务利润	33.58	-100.00	0
减:营业(销售)费用	11.54	16.12	14.50

项　　目	增　减（%）		
	2005 年度（已知）	2006 年度	2007 年度
管理费用	27.78	37.75	68.27
财务费用	37.31	−1.53	1.96
三、营业利润	19.88	32.69	−7.41
加：投资收益	−86.79	999.80	5 110.92
补贴收入	−5.01	−99.16	84.81
营业外收入	−72.77	1 514.16	−50.75
减：营业外支出	−47.37	581.84	7.52
四、利润总额	7.78	42.12	219.07
减：所得税	1.14	62.90	279.35
少数股东权益	161.56	36.09	59.00
五、净利润	1.24	36.79	220.45

（一）利润表总体状况的初步分析

仔细考察上表可以看出，公司主营业务利润三年来都有一定的增长，但 2006 年的增幅最大，2007 年的增长幅度有所减小；营业利润 2006 年增幅较大，但 2007 年却出现了负增长，从表中可以看出主要是管理费用的大幅增加；利润总额每年也都有增长，2007 年增长了219.07％，这主要是投资收益的大幅增加；最终净利润也是逐年增长，2007 年的净利润增幅达到了 220.45％。

（二）利润表主要项目的分析

1. 对营业利润的分析。公司 2005 年至 2007 年，主营业务收入都有增长，2006 年增长32.41％，增长幅度较大；2006 年与 2007 年主营业务成本的增长幅度均超过了主营业务利润和主营业务收入的增长幅度，说明公司在降低成本上还有很多工作要做。这说明，公司销售产品的毛利率在下降，此项因素的影响，使主营业务利润的增长速度不容乐观。

其他业务利润在 2006 年和 2007 年两年均为 0，同时也应看到营业费用和管理费用都有较大幅度的增加，从而使营业利润的增长速度受到严重的影响，在主营业务收入增长的同时营业利润不增反降。

2. 对净利润的分析。2006 年，公司从营业利润到最后的净利润都有一定的增长，虽然有 581.84％的营业外支出的增幅，但由于高的投资收益增长和营业外收入的增长，最终使得净利润的增长速度达到了 36.79％。2007 年虽然营业利润的增长速度为−7.41％，营业外收入的增幅为−50.75％，但是，由于受到投资收益的强有力的拉动，再加之营业外支出增长速度的放缓，最后净利润的增长率竟达到了 220.45％，这也是企业东方不亮西方亮的决策使然吧。

3. 对关联方交易的分析。该分析应结合公司有关关联方关系以及交易在附注中的披露。应该指出的是，在关联方交易中不仅要关注交易价格，还应当关注关联交易的规模、交易的时间以及交易的必要性等。

(三) 利润表的总体评价

从利润表揭示出来的信息可以看出,公司 2007 年的净利润的增长率较 2006 年上升很多,其主要原因是投资收益大幅上升;营业费用、管理费用有大幅上升,使得营业利润出现负增长,但我们必须清楚,如果公司是为了加大市场开发力度,而使营业费用增长,未必不是一件好事情。

三、现金流量表分析

根据导入案例表 6-3 的资料,采用环比的方法编制现金流量表的趋势分析表(如表 6-6 所示),同时编制结构分析表(如表 6-7、6-8 所示)和内部结构分析表(如表 6-9 所示)。

表 6-6 现金流量趋势分析表 单位:%

项　　目	2005 年增减(已知)	2006 年增减	2007 年增减
一、经营活动产生的现金流量			
销售商品、提供劳务收到的现金	−0.71	45.94	47.53
收到的税费返还	−15.24	−13.56	−23.87
收到其他与经营活动有关的现金	49.64	79.41	−21.32
经营活动现金流入小计	−0.46	44.70	43.88
购买商品、接受劳务支付的现金	20.72	61.20	−3.87
支付给职工以及为职工支付的现金	26.10	30.72	39.11
支付的各项税费	29.91	48.74	95.32
支付其他与经营活动有关的现金	30.09	21.50	35.50
经营活动现金流出小计	23.46	50.85	14.85
经营活动产生的现金流量净额	41.13	22.79	170.99
二、投资活动产生的现金流量			
收回投资收到的现金	−6.31	−62.92	23 701.08
取得投资收益收到的现金	−35.71	146.76	136.68
处置固定资产、无形资产和其他长期资产收回的现金净额	−3.92	−5.07	−18.83
收到其他与投资活动有关的现金			−98.77
投资活动现金流入小计	16.89	109.14	1 160.34
购建固定资产、无形资产和其他长期资产支付的现金	−69.34	51.26	197.60
投资支付的现金	−68.85	−64.35	11 840.40
支付其他与投资活动有关的现金		0	

续　表

项　　目	2005 年增减（已知）	2006 年增减	2007 年增减
投资活动现金流出小计	−69.37	38.39	546.73
投资活动产生的现金流量净额	−72.01	−27.82	−396.80
三、筹资活动产生的现金流量			
吸收投资收到的现金	−73.98	−88.98	1 427.05
取得借款收到的现金	21.97	−8.40	131.59
收到其他与筹资活动有关的现金	−47.11	449.56	−56.65
筹资活动现金流入小计	15.76	1.60	109.11
偿还债务支付的现金	84.97	5.28	37.61
支付其他与筹资活动有关的现金	−99.32	43.90	90.73
筹资活动现金流出小计	49.29	8.53	43.50
筹资活动产生的现金流量净额	−99.09	−3 888.10	−945.79
四、汇率变动对现金及现金等价物的影响	3 380.10	−75.05	−637.64
五、现金及现金等价物净增加额	−680.43	142.47	1 441.95

表 6−7　　2006 年度现金流量结构分析表

项　　目	现金流入		现金流出		现金流量净额	
	金额（元）	比例（%）	金额（元）	比例（%）	金额（元）	比例（%）
经营活动	7 390 704 260	54.72	6 016 611 309	44.18	1 374 092 951	−1 225.03
投资活动	268 412 156.8	1.99	1 366 894 649	10.04	−1 098 482 492	979.32
筹资活动	5 847 026 000	43.29	6 234 804 522	45.78	−387 778 522	345.71
合　　计	13 506 142 417	100.00	13 619 310 480	100.00	−112 168 063	100.00

表 6−8　2007 年度现金流量结构分析表

项　　目	现金流入		现金流出		现金流量净额	
	金额（元）	比例（%）	金额（元）	比例（%）	金额（元）	比例（%）
经营活动	10 633 542 047	40.52	6 909 914 666	27.98	3 723 627 381	240.82
投资活动	3 382 900 830	12.89	8 840 115 684	35.79	−5 457 214 854	−352.94
筹资活动	12 226 676 578	46.59	8 946 871 117	36.23	3 279 805 460	212.12
合　　计	26 243 119 455	100.00	24 696 901 467	100.00	1 546 217 987	100.00

表6-9　现金流量内部结构分析表　　　　　　　　单位：%

项　　　目	2005 年度（已知）	2006 年度	2007 年度
一、经营活动产生的现金流量			
销售商品、提供劳务收到的现金	93.97	94.78	97.18
收到的税费返还	3.51	2.09	1.11
收到其他与经营活动有关的现金	2.52	3.13	1.71
经营活动现金流入小计	100.00	100.00	100.00
购买商品、接受劳务支付的现金	64.24	68.65	57.45
支付给职工以及为职工支付的现金	11.59	10.05	12.17
支付的各项税费	10.20	10.05	17.10
支付其他与经营活动有关的现金	13.97	11.25	13.28
经营活动现金流出小计	100.00	100.00	100.00
二、投资活动产生的现金流量			
收回投资收到的现金	28.28	5.01	94.70
取得投资收益收到的现金	16.40	19.35	3.63
处置固定资产、无形资产和其他长期资产收回的现金净额	55.32	25.11	1.62
收到其他与投资活动有关的现金	0	50.53	0.05
投资活动现金流入小计	100.00	100.00	100.00
购建固定资产、无形资产和其他长期资产支付的现金	88.86	97.13	44.70
投资支付的现金	11.14	2.87	52.97
支付其他与投资活动有关的现金	0	0	2.33
投资活动现金流出小计	100.00	100.00	100.00
三、筹资活动产生的现金流量			
吸收投资收到的现金	0.65	0.07	0.50
取得借款收到的现金	97.07	87.52	96.93
收到其他与筹资活动有关的现金	2.28	12.41	2.57
筹资活动现金流入小计	100.00	100.00	100.00
偿还债务支付的现金	91.58	88.83	85.19
分配股利、利润或偿付利息支付的现金	8.35	10.00	10.29
支付其他与筹资活动有关的现金	0.07	1.17	4.52
筹资活动现金流出小计	100.00	100.00	100.00

现金流量表的总体评价如下。

(一)现金流入结构评价

2006、2007 两年的现金流入结构中,经营活动现金流入的现金比重一直较高,说明企业的现金流入主要来源于经营活动,也说明企业的现金流入应该是比较可靠和稳定的,但 2007 年有所下降,需引起重视;投资活动的现金流入 2006、2007 两年来的比重相对较低,但 2007 年有所上升,从现金流量的来源我们知道主要是处置固定资产产生了一定的投资现金流入;筹资活动的现金流入比例一直较高,2007 年又有所升高,一方面说明公司的融资能力较强,另一方面也说明,企业的还债压力也大,财务风险较高。

(二)现金流出结构评价

2006、2007 两年的现金流出结构中,经营活动的现金流出已从 2006 年的 44.18%,下降到 2007 年的 27.98%,这与经营活动的现金流入比重下降二者是对应的,从下降的幅度来看,流出下降的幅度要大于流入下降的幅度,因此企业对经营活动的管理应该是取得了一定的成效;投资活动的现金流出在 2007 年有大幅的增加,前面已经阐述是因为企业购置了新的固定资产、无形资产等;2006 年筹资活动的现金流出量大于流入量,说明企业在融资的同时进行了一定的还贷(收回投资)活动,2007 年现金流出量小于流入量,说明企业融资的规模超过了还贷(收回投资)的规模,且维持在较高水平。

(三)现金净流量评价

从现金净流量的正负我们可以判断流入流出的比率,各年经营活动的流入流出比均大于 1,表明经营活动带来了一定金额的现金净流量,2007 年比 2006 年的金额和比重(2007 年现金流入流出比为 1.54,2006 年现金流入流出比为 1.23)都有所提高,说明公司经营活动创造现金的能力在增强;两年投资活动的流入流出比均小于 1,说明企业的资产规模在不断扩大,其中用于购建固定资产、无形资产和其他长期资产所支付的现金占绝大比重;筹资活动的现金流入流出比 2006 年小于 1、2007 年大于 1,这是很正常的现象,企业筹资活动各年的现金流入流出比就应该是正负相间的,这才说明企业有借有还,也说明公司的举债能力较强。

综上所述,公司经营活动现金流量还是比较充裕的,有一定程度的现金流动实力;投资活动所固有的风险不容忽视;筹资活动产生的现金流入预示着筹资能力较强,但还债的压力较大。今后公司现金流量管理仍需保持并增强经营活动的获利能力,另一方面也要警惕由于投资活动不当造成的财务状况恶化。

四、财务比率分析

为便于进行分析,我们以雅戈尔集团股份有限公司各年的合并报表的数据为基础,我们计算了公司三年的有关比率,但由于条件所限,没有取得同类企业的可比性资料,因而不能进行企业间的比较。根据雅戈尔集团股份有限公司前面 2005—2007 年度年报的数据,将各年的有关比率计算如下表 6-10 所示。

表 6-10　雅戈尔集团 2005—2007 年的基本财务比率计算表

比　率		计算公式	2005 年（已知）	2006 年	2007 年
偿债能力	流动比率	流动资产/流动负债	0.91	1.10	0.99
	速动比率	速动资产/年末流动负债	0.34	0.16	0.21
	现金流动负债比率	年经营现金净流量/年末流动负债	0.16	0.19	0.27
	资产负债率	负债总额/资产总额×100%	62.39%	53.90%	53.11%
	产权比率	负债总额/所有者权益总额×100%	1.93	1.28	1.19
	利息保障倍数	(利润总额＋利息费用)/利息费用	7.67	10.62	31.12
营运能力	应收账款周转率	主营业务收入净额/平均应收账款余额	18.05	17.31	16.28
	存货周转率	主营业务成本/平均存货余额	0.88	0.83	0.71
	流动资产周转率	主营业务收入净额/平均流动资产总额	0.77	0.85	0.65
	固定资产周转率	主营业务收入净额/平均固定资产净额	1.30	1.65	1.92
	总资产周转率	主营业务收入净额/平均资产总额	0.41	0.42	0.27
盈利能力	毛利率	(主营业务收入—主营业务成本)/主营业务收入×100%	37.41%	36.29%	35.46%
	主营业务利润率	主营业务利润/主营业务收入×100%	35.49%	34.09%	33.31%
	销售净利率	净利润/主营业务收入×100%	12.20%	12.61%	35.20%
	成本费用利润率	利润总额/成本费用总额×100%	21.17%	22.38%	60.06%
	盈余现金保障倍数	经营现金净流量/净利润	1.98	1.78	1.50
	净资产收益率	净利润/平均净资产×100%	15.65%	13.97%	21.54%
	总资产报酬率	息税前利润/平均资产总额×100%	8.36%	8.81%	14.50%

（一）偿债能力分析

通常认为,流动比率的下限为 1,等于 2 时较为适当。从短期偿债能力指标来看,该公司只有 2006 年的流动比率为 1.10,2005 年、2007 年均小于 1,流动比率远低于国际公认的"适当"标准,速动比率三年的数据也明显低于国际公认的"适当"标准 1,而现金流动负债比率就更低了。这说明公司短期偿债能力较弱,偿债压力很大,财务风险也较大。

反映短期偿债能力的指标,除了流动比率、速动比率、现金流动负债比率等指标外,还应当考虑应收账款周转率和存货周转率的快慢,如果应收账款与存货的周转率相对较好,也会缓解一下短期偿债的压力,然而,该公司存货周转率太慢,从而可以判断公司的短期偿债能力较弱,短期偿债的压力是不容忽视的。

长期偿债能力方面,从相关指标中看出,公司近三年的资产负债率均在 50% 以上,说明该公司很好地运用了财务杠杆的作用,同时以理想的资产负债率标准 50% 为限,也表明企业通过长期负债融资的空间已经很小。此外,从已获利息倍数指标来看,公司各年的已获利息倍数均在 7 倍以上,说明公司的盈利能力尚可,具有一定的长期偿债能力。

（二）营运能力分析

从相关指标中可以看出，公司除应收账款的周转率维持较高的水平外，其他周转率指标都不理想，说明公司资产的总体运转情况不是很理想。从应收账款周转率的发展趋势上看，也呈逐年递减的趋势，从 2005 年的 18.05 次降到 2007 年的 16.28 次。这表明公司在营运管理上还须加大力度，尤其是要加快存货的周转，否则，会使产品积压，收账费用、坏账损失增加，从而影响企业的经济效益。但在市场供大于求的形势下，进一步扩大市场占有率，采取灵活的营销策略，加强销售回款，是公司今后运营中的重点。可以初步认为，企业资产的整体周转质量并不高。

（三）盈利能力分析

从相关指标来看，公司各年的毛利率、主营业务利润率均维持在较高的水平上，但都有逐年小幅下降的趋势。而销售净利润却有逐年上升的趋势，尤其 2007 年竟达到了 35.20％，说明企业在三项费用的开支方面控制有力。2005 年的盈余现金保障倍数为 1.98，而后两年都有下降趋势，说明经营活动产生现金净流量的能力在相对减弱，企业应该加强现金的回流。成本费用利润率、净资产收益率、总资产报酬率的上涨幅度较大，2007 年的形势还是乐观的。同时，由于存货周转率、流动资产周转率、固定资产周转率和总资产周转率等指标与企业营业利润之间的内在联系，因该公司上述周转率很慢，影响了公司的盈利能力，因此公司应加快各项资金的周转速度，使盈利能力得到更大幅度的提升。

综合上述分析，该公司目前的盈利能力较强，但短期偿债能力和资产的营运能力较差。从前面对企业资产负债表项目、利润表项目及现金流量表项目的分析，我们认为企业的资产总体质量较好，能够维持企业的正常周转。但各项资产的周转率低，说明资产管理方面存在问题，如存货积压严重、各种资产周转缓慢，应当引起特别的重视。从分析中，我们也看出这两年企业营业费用、管理费用都有一定程度的增长，财务费用增长速度在减慢。要想得到长期的现金支持，缓解短期偿债的压力，必须提高经营活动创造现金的能力，否则会影响公司的应变能力。

项目 2　掌握财务分析报告的撰写

一、财务分析报告的性质和作用

（一）财务分析报告的性质

财务分析报告是反映企业财务状况和财务成果意见的报告性书面文件。撰写财务分析报告是对财务分析工作概括和总结的重要环节。财务分析人员将财务分析评价结果向会计报表的使用者报告，以便他们通过财务分析报告了解企业的财务状况、经营成果、发展前景以及存在的障碍，从而作出科学、合理的决策；同时财务分析报告也是财务分析人员分析工作的最终成果，其撰写质量的高低，直接反映出报表分析人员的业务能力和素质。可见，财务分析报告是会计报表使用者作出决策的依据，也是财务分析人员工作能力的最好体现，使相关人员对财务分析予以足够的重视。

（二）财务分析报告的作用

财务分析报告是投资者、债权人、经营者、政府有关部门及其他会计报表使用者客观地了解企业的财务状况和经营成果的必不可少的资料,历年的财务分析报告也是企业进行财务管理的动态分析、科学预测和决策的依据。因此,财务分析报告对于各个会计报表使用者而言,都具有十分重要的作用。写好财务分析报告的重要作用表现在以下几个方面:

(1) 有利于掌握和评价企业的财务状况、经营成果和现金流量现状。

(2) 有利于制订出符合客观经济规律的财务预算。

(3) 有利于改善企业经营管理工作,提高财务管理水平。

二、财务分析报告的类型及特点

了解财务分析报告的分类有助于掌握各类不同内容分析报告的特点,按不同的要求撰写财务分析报告。财务分析报告可按不同标准进行分类。

(一) 财务分析报告按其分析的内容范围分类

企业一般都应根据企业财务通则和行业会计制度的规定,结合其业务的特点,既要对企业的财务活动进行综合分析,又要进行专题分析,有时根据具体需要进行简要分析,相应的财务分析报告也就有综合分析报告、专题分析报告和简要分析报告,并各有不同的特点。

1. 综合分析报告。综合分析报告又称全面分析报告,是企业通过资产负债表、损益表、现金流量表、会计报表附表、会计报表附注及财务情况说明书、财务和经济活动所提供的信息及内在联系,运用一定的科学分析方法,对企业的业务经营情况,利润实现情况和分配情况,资金增减变动和周转利用情况,税金缴纳情况,存货、固定资产等主要财产的盘点、盘亏、毁损变动情况及对本期或以后时期财务状况将发生重大影响的事项等作出客观、全面、系统的分析和评价,并进行必要的科学预测和决策而形成的书面报告。一般进行年度或半年度分析时采用这种类型。

综合分析报告具有内容丰富、涉及面广、对会计报表使用者作出各项决策有深远影响等特点。它具有以下两个方面的作用。

(1) 为当前企业财务管理及宏观上的重大财务决策提供科学依据。由于综合分析报告几乎涵盖了对企业财务各项指标的对比、分析和评价,通过分析,能够对企业经营成果和财务状况一目了然,及时发现存在的问题。因此,综合分析报告为企业的经营管理者作出当前和今后的财务决策提供了科学依据,也为政府部门、企业主管部门、投资者、债权人提供了多方面的财务信息。

(2) 作为今后进行财务管理动态分析等的重要历史参考资料。综合分析报告主要在进行半年度、年度分析时撰写,必须对分析的各项具体内容的轻重缓急作出合理安排,既要全面又要抓住重点,还要结合上级主管部门和财税部门的具体要求进行,切忌力量均等、事无巨细、面面俱到。

2. 专题分析报告。专题分析报告又称单项分析报告,是指针对某一时期企业经营管理中的某些关键问题、重大经济措施或薄弱环节等进行专门分析后形成的书面报告。它具有不受时间限制、一事一议、易被经营管理者接受、收效快的特点。因此,专题分析报告能总结经验,引起领导和业务部门重视所分析的问题,从而提高管理水平。专题分析报告有助于宏观、微观财务管理问题的进一步研究,为作出更高层次的财务管理决策开辟有价值的思路。

专题分析的内容很多,比如关于企业清理积压库存、处理逾期应收账款的经验,对资金、成本、费用、利润等方面的预测分析,处理母子公司各方面的关系等问题均可进行专题分析,从而为各级领导作出决策提供现实的依据。

3. 简要分析报告。简要分析报告是对主要经济指标在一定时期内,对存在的问题或比较突出的问题,进行概要的分析,进而对企业财务活动的发展趋势以及经营管理的改善情况进行判断而形成的书面报告。

简要分析报告具有简明扼要、切中要害的特点。通过分析,能反映、说明企业在分析期内业务经营的基本情况,以及企业累计完成各项经济指标的情况并预测今后的发展趋势。简要分析报告主要适用于定期分析,可按月、按季进行编制。

(二) 财务分析报告按其分析的时间分类

1. 定期分析报告。定期分析报告一般是由上级主管部门或企业内部规定的,每隔一段相等的时间应予编制和上报的财务分析报告,如每半年、年末编制的综合财务分析报告就属定期分析报告。

2. 不定期财务分析报告。不定期分析报告,是从企业财务管理和业务经营的实际需要出发,不作时间规定而编制的财务分析报告,如上述的专题分析报告就属于不定期分析报告。

三、财务分析报告的结构

结构是指分析报告如何分段而又构成一个整体的问题。一般根据报告所反映的内容可以多种多样。综合财务分析报告的结构大致如下:

1. 标题。标题应简明扼要,准确反映报告的主题思想。标题是对财务分析报告的最精练概括,它不仅要确切地体现分析报告的主题思想,而且要用语简洁、醒目。由于财务分析报告的内容不同,其标题也就没有统一标准和固定模式,应根据具体的分析内容而定。如"某月份简要会计报表分析报告","某年度综合财务分析报告","资产使用效率分析报告"等都是较合适的标题。财务分析报告一旦拟定了标题,就应围绕所搜集的资料进行分析并撰写报告。

2. 报告目录。报告目录应当显示财务分析报告所分析的内容以及所在的页码。

3. 重要提示。重要提示主要是针对本期报告新增的内容或须加以重点关注的问题事先作出说明。

4. 报告摘要。报告摘要是概括公司综合情况,让财务报告使用者对财务分析报告有一个总括的认识,是对本期财务分析报告内容的高度浓缩,要求言简意赅、点到即止。

5. 正文。正文是财务分析报告的最主要部分,全面、细致地反映出所要分析的内容。正文具体包括:说明段、分析段、评价段以及具体改进措施和建议。

总之,财务分析人员应明确财务分析报告的作用,掌握不同类型报告的特点,重视撰写报告的几个问题,不断提高自己的综合业务水平,做好财务分析工作,这样才能当好企业经营管理者的参谋和助手。

四、财务分析报告的撰写步骤

一般而言,企业应按半年、全年财务决策的要求各撰写一次综合分析报告。简要分析报告和专题分析报告可根据需要随时撰写。在撰写财务分析报告时需经过以下几个步骤。

(一) 撰写前的准备工作

1. 搜集资料。搜集资料是一个调查过程,深入全面的调查是进行科学分析的前提,但调查要有目的地进行。分析人员可以在日常工作中,根据财务分析内容要点,经常搜集积累有关资料。这些资料既包括间接的书面资料,又包括从直属企业取得的第一手资料。财务分析人员应搜集的资料具体包括:① 各类财务资料;② 各类业务资料;③ 各类报纸、杂志公布的行业资料;④ 其他资料。

2. 整理核实资料。各类资料搜集齐全后,要加以整理核实,保证其合法性、正确性和真实性,同时根据所规划的财务分析报告内容进行分类。整理核实资料是财务分析工作中的中间环节,起着承上启下的作用。在这一阶段,分析人员应根据分析的内容要点做些摘记,合理分类,以便查找和使用。

应该指出的是,搜集资料和整理核实资料不是截然分离的两个阶段,一般可以边搜集边核实整理,相互交叉进行。但切忌临近撰写分析报告时才搜集资料,应把这项任务贯穿在日常工作中进行,这样才能搜集到内容丰富、涉及面广、有参考价值的资料,在进行分析时就会胸有成竹,忙而不乱。

(二)财务分析报告的选题

由于财务分析报告的形式多种多样,因此报告的选题没有统一的标准和模式,一般可以根据报告所针对的主要内容和提供的核心信息确定报告的选题,如"某季度财务分析"、"负债情况分析"、"税法变更对企业效益的影响分析"等都是比较合适的选题。报告的选题应能准确地反映出报告的主题思想。报告的选题一旦确定,就可紧紧围绕选题搜集资料、整理资料并编制财务分析报告。

(三)财务分析报告的起草

资料准备完毕,选题确定后,就可以进入财务分析报告的撰写阶段,而财务分析报告撰写的首要工作就是报告的起草。财务分析人员需要具备较强的综合素质,才能胜任编制财务分析报告这一重要工作。

报告的撰写应围绕报告的选题并按报告的结构进行,特别是专题分析报告,应将问题分析透彻,真正地分析问题、解决问题。对综合分析报告的起草,最好先拟写报告的提纲,提纲必须能反映综合分析报告的主要内容,然后只需在提纲框架的基础上,依据所搜集、整理的资料选择恰当的分析方法,起草综合分析报告。

(四)财务分析报告的修订

财务分析报告形成初稿后,可交由财务分析报告的直接使用者审阅,并征求使用者的意见和建议,充实补充新的内容,使之更加完善,最后由直接使用者审定即可定稿。

五、财务分析报告的撰写要求

财务分析是以企业财务报告等会计资料为基础,对企业的财务状况和经营成果进行分析和评价的一种方法。财务分析的作用从最初评价借款人的偿债能力发展到现在已经有了充分的发展。它既可以正确评价企业的过去,也可以全面反映企业的现状,还可以通过对过去与现状的分析评价来估计企业的未来发展状况与趋势。这些作用不仅有利于企业内部生产经营管理,也有利于企业外部债权人作出正确的贷款决策、赊销决策以及投资者作出正确的投资决策等。而这一作用是否能够得到充分发挥还有赖于财务分析及其最终的载体,即财务分析报告质量的高低。为了最终得到一份高质量的财务分析报告,在财务分析及其分析报告编制过程中应注意以下几个问题。

(一)财务分析报告应满足不同报告使用者的需要

在实际工作中,因为财务分析报告的使用者有各自不同的要求,因此使得分析的内容也应有一定的区别,如对企业外部投资者所作出的投资分析报告要提供有关企业能否投资方面的分析资料,而企业内部经营者却想得到企业整体经营状况的分析结论。所以,要做好分析工作,应首先明确分析的目的,这样才能抓住重点,集中分析与分析目的直接相关的信息,从而提高分析效率,避免不必要的成本浪费。具体工作中,要注意与分析报告使用者的沟通,了解他们最想得到的信息是什么,针对这些信息提出分析应解决的主要问题,如投资分析报告应解决投资项目的可行性、未来的盈利能力等问题。而贷款分析报告则应将重点放在企业的还款能力以及贷款的使用效率等方面。确定了分析的内容以后,还要确定分析的范围并根据分析的范围和分析报告使用者的不同,确定分析报告的详略程度以及专业化程度。如分析范围仅限于一个车间、部门或小厂,则分析应尽量详细而具体,若分析范围扩大到一个集团公司,分析的内容就可以稍微总括一些。同样,若分析报告使用者本身是专业人士,分析报告自然也应该专业一些,反之分析报告使用者是非专业人士,则分析报告的文字就应尽量简明、通俗,如上市公司的财务分析报告由于使用者是广大投资者,其中有许多对财务本身了解就不多,太专业会降低其对分析报告的理解程度,甚至出现误导投资者的现象。

(二)财务分析报告须具备真实性

真实性是财务分析报告质量好坏的重要评价标准。很难想象,一份不论什么原因所引起的虚假、失真的分析报告会导致什么样的分析结论,会给予报告使用者怎么样的决策指导。要完成一份真实可靠的分析报告,得出正确的分析结论,与有效的分析密不可分。这不仅要求在分析资料的搜集过程中应保证分析资料的真实,也要求在具体分析时选择科学而高效的分析技术和方法。要保证分析资料的真实可靠,应先注意资料来源的权威、合法性,并且尽可能通过实际考证确保资料的真实。如对企业财务数据资料的分析应关注审计师出具的审计报告,这对于企业报表的真实性、合理性有重要说明作用。较常用的信息资料来源有政府机关(包括财政部、商贸部等公布的数据)、各行业协会公布的信息、一些专业的商业职业组织(如投资咨询公司、资信评级公司等)公布的各类数据以及一些专业计算机数据库的各类信息等。另外,还要注意尽可能地全面搜集所有分析所需要的资料,以避免"偏听偏信"。由于财务分析的基本资料是企业各财务报表,因此在具体分析过程中,应先进行会计分析,即从会计数据表面揭示其实际含义。分析中不仅包括对各会计报表及相关会计科目内涵的分析,而且包括对会计原则与政策变更的分析、会计方法选择与变动的分析、会计质量及变动的分析等。实质上,会计分析是为了明确会计信息的内涵和质量,毕竟会计数据本身由于会计货币计量假设以及会计职业判断等原因有着一定的局限性。要正确分析一家企业必须通过会计分析还原企业业务,同时还要求分析人员熟悉企业的业务,深刻领会数据背后的业务背景,从而能够揭示业务中存在的问题,据此判断经济业务发生的合理性、合规性,由此写出来的分析报告也就能真正为业务部门提供有用的决策信息。传统的财务分析更注重定量分析,即借助于数学模型,从数量上测算、比较和确定企业各项财务指标变动的数额,以及各财务指标变动的影响原因和各因素影响大小的一种分析方法。该方法既运用于事前预测分析,又运用于事中控制分析,还运用于事后总结分析。具体的定量分析方法主要有比较分析法、比率分析法、因素分析法、损益平衡分析法、线性规划分析法、回归分析法、指数分析法、净现值分析法、现金流量分析法等。定量分析是财务分析的基础和重要步骤。这种分析方法有它的科学性,但同时也有其局限性,特别是在预测分析中,基本上都是假设历史条件或过去资料的数学模型在今后继续存在为前提的。因此,预测分析的值基本上是近似值,有指导性的作用,但也有一定误差。预测的结果只有在起决定作用的各种条件未来不发生变化的情况下才是可靠的。显然,这是不可能的。因为自然条件的变化、生产技术的发展、社会消费习惯和方式的改变、市场情况的变化,以及国际、国内政治、经济形势和企业内部职工和管理人员的素质等的变化,都会影响未来的经济活动。而定性分析则是指对企业各项财务指标变动的合法性、合理性、可行性、有效性进行科学的论证和说明。这一步骤就是对定量分析的结果,根据国家有关财务制度、法规和政策进行相互联系的研究,考虑各种不可计量的因素加以综合论证,并对定量分析结果进行切合实际的修正。如在评价企业综合绩效时,除了计算反映企业盈利能力、营运能力等一系列财务比率外,还应加上对于经营者基本素质、产品市场占有能力、顾客满意度、在岗职工素质等定性方面的评议指标。而银行在对贷款企业进行贷款分析时,除了考虑其还款能力、盈利能力外,还需考虑借款企业对于还款的态度、以前贷款的归还情况等。常用的定性分析方法有经验判断法、会议分析法、专家分析法和类比分析法等。

(三)财务分析报告必须明晰

财务分析要求报告的内容应条理清晰,表述顺畅,没有语法错误,不易使人误解。这就要求分析报告的行文要尽可能流畅、通顺、简明、精练,避免口语化、冗长化。基于这一原则,要完成一份高质量的财务分析报告,必须有一个清晰的思路,建立一个好的框架报告是分析者与使用者交流的载体,若分析者的思路不清,分析报告条理混乱,必然也会使使用者不知所云,难以作出正确的决策。在分析的第一个步骤中,分析者已经通过分析目的的确立,明确了要解决的具体问题,现在就要按照解决这些问题的先后顺序设立好分析的框架结构,最有利于说明问题、解决问题的分析当然应排在最前面,然后依重要性依次进行分析。如投资分析报告,首先应分析投资的盈利能力,然后分析投资的风险大小。若分析贷款的可行性,则应先分析贷款企业短期偿债能力,然后预计该企业未来可利用和处置的现金,这就需对企业的获利能力进行分析。如分析一家跨国公司的经营情况,该公司在世界各国分别有多家分公司。财务报告的分析思路是:公司总体指标分析—总公司情况分析—各分公司情况分析;在每一部分里,采用对最近几年经营情况进行比较分析,具体分析时,按盈利能力分析—销售情况分析—成本费用控制情况分析展开。如此层层分解,环环相扣,各部分间及每部分内部都存在着紧密的联系。另外,清晰的分析过程可以提高分析者的判断能力,发现分析信息的不完整或不恰当,有助于分析者从重要的分析证据中提炼出正确的分析结论。

(四)财务分析报告必须体现出重要性原则

财务分析报告要求在编制过程中,要根据其重要性大小做到详略得当。如上所述,对于重要的、对决策有着重要影响的内容不仅要详细地反映,而且要放在报告前面。对于可作为决策参考的不太重要的内容则放在报告后面作较为简略的反映。在具体确定重要分析内容时可采用交集原则揭示异常情况。例如,某公司下属有十个销售分公司,为分析这十个分公司的销售情况,可选择一个反映销售情况的指标,如销售收入额,然后分别计算最近几个月各分公司的销售收入增长额和增长率,选取增长额和增长率都较高的分公司或都较低的分公司作为主要分析对象,并进行重点分析。头脑中有重要性原则的意识,分析人员就会始终"抓重点问题、主要问题"。

（五）财务分析报告必须及时提供给使用者

由于财务分析报告是用于评价企业经营状况、作为相关决策依据的重要信息来源，而影响企业经营的内外部经济环境都在不断变化，企业面对的是复杂多变的市场，在这个大市场里，任何宏观经济环境的变化或行业竞争对手政策的改变都会或多或少地影响着企业的竞争力甚至决定着企业的命运，所以报告的时限性非常强。在分析中应尽可能地立足当前，瞄准未来，以便分析报告发挥预测的作用。

另外，在编制财务分析报告的过程中，还应遵守成本效益原则，要在本着圆满完成分析任务的前提下，尽量利用较为便利的分析手段简化工作。所以对于一些基于会计报表所进行的较为繁杂的定量分析可以利用电脑进行，财务软件中大多有财务分析这一模块，能利用财务报表的特点，以企业不同时期、不同单位报表数据为依据，从经营业绩、成本、资产结构合理性、偿债能力、盈利能力、发展潜力、管理水平、现金流量、经营健康状况、经营风险大小等多方面，对企业经营和财务状况进行分析诊断，从而能够得出财务分析和经营诊断报告，满足不同客户的需求。但这一技术也有其自身的局限性，它不仅不能提供所有必需的信息（如缺少企业会计政策和原则方面的信息、缺少附注和其他解释性的信息、缺少对数据的追溯性调整等），不能帮助调整会计数字使它们具有可比性或满足分析的特定需要，而且不具备一名合格的和有洞察力的财务分析师所必备的直觉判断和敏锐洞察力。因此，尽管财务软件分析可以提高分析效率，但不能完全取代人工分析。

综上所述，要完成一份高质量的财务分析报告不仅需要明确分析目的，搜集真实可靠且全面的信息，掌握较高的财务分析基本技术和方法，还得掌握分析报告的一些写作技巧，合理安排分析报告的框架结构，清晰地反映分析的思路和结论。本着上述几大原则进行报告的编制，应该能够达到分析的目的，满足报告使用者的需求了。

知识链接

财务分析报告范例
——电器机械及器材制造业投资分析报告

一、行业分析

2005年，主要家电产品的产量和出口依然保持增长态势，但从今年前五个月的累计增幅水平看，主要家电产品产量增幅显现稳中趋降的形势；出口方面需要指出的是，除了彩电累计出口量的同比增幅持续走高外，其他家电产品的增幅水平都持续出现不同程度的回落。比较目前全球家电生产的供给能力，中国在彩电、空调和冰箱、洗衣机等大家电的市场中，分别占据着大约30%、60%和25%的份额，在短时期内很难找到替代中国廉价劳动力的生产基地，因此需求是有一定保障的。但是人民币升值对行业产生一定的负面影响。对处于微利状态、出口比重较大的彩电厂商而言，其进口原材料比例较小，国际市场定价能力又差，人民币升值带来的负面影响由于无法完全转嫁而影响程度较大，如四川长虹出口占的比重超过30%，回款不力，公司承受的汇兑风险仍然较大。基于以上研究，我们认为该行业近阶段发展仍会较为稳定，不会有太大的变化。

二、公司概况

（一）格力电器

1989年12月，由珠海经济特区工业发展总公司作为发起人将其下属企业珠海经济特区冷气工程有限公司空调器厂、珠海经济特区塑胶工业公司、珠海经济特区冠英贸易公司改组,并向社会募集一定股份成立珠海市海利冷气工程股份有限公司,形成总股本为1 200万股。1991年3月,公司进行增资扩股并更名,新增发行法人股1 236万股及362.82万股社会个人股,同时公司改名"珠海市格力集团电器股份有限公司",总股本为2 800万股。1992年3月公司再次扩股,增发法人股及社会个人股4 700万股,由此形成总股本7 500万股。1994年5月,公司更名为"珠海格力电器股份有限公司"。

本企业及成员企业自产产品及相关技术的出口、生产、科研所需的原辅材料、机械设备、仪器仪表、零配件等商品及相关技术的进口;经营本企业的进料加工和"三来一补"业务(按〔99〕外经贸政审函字第1167号文经营)。制造、销售:家用空气调节器、商用空气调节器、家用电器、清洁卫生器具、音响设备、扩音系统配套设备、模具、塑胶制品;商用空气调节器的施工、安装。

(二)青岛海尔

海尔集团创立于1984年,20年来持续稳定发展,已成为在海内外享有较高美誉的大型国际化企业集团。产品从1984年的单一冰箱发展到拥有白色家电、黑色家电、米色家电在内的96大门类15 100多个规格的产品群,并出口到世界100多个国家和地区。2004年,海尔全球营业额突破1 009亿元。2004年,海尔蝉联中国最有价值品牌第一名,品牌价值高达616亿元。由世界品牌实验室(World Brand Lab)独家编制的2005年度《世界品牌500强》排行榜于4月18日揭晓,海尔再次入围世界品牌百强,荣居第89位。2005年8月30日,英国金融时报公布"中国十大世界级品牌"调查结果,海尔荣居榜首。企业发展的同时,海尔首席执行官张瑞敏也赢得世界的尊敬。2005年11月17日,英国《金融时报》评出"全球50位最受尊敬的商业领袖",张瑞敏荣居第26位,是唯一一位上榜的中国企业家。2004年8月美国《财富》杂志选出"亚洲25位最具影响力的商界领袖",张瑞敏排名第6位,是入选的中国内地企业家中排名最靠前的。2005年4月出版的《财富》杂志中文版推出"中国最具影响力的25位商界领袖",张瑞敏首席执行官位居榜首。

海尔集团坚持全面实施国际化战略,已建立起一个具有国际竞争力的全球设计网络、采购网络、制造网络、营销与服务网络。现有工业园15个,海外工厂及制造基地30个,海外设计中心8个,营销网点58 800个。

在国内市场,据中怡康公司统计:海尔是名副其实的中国第一品牌;海尔在中国家电市场的整体份额已达21%,大大领先于竞争对手;海尔在白色家电市场上处于垄断地位;海尔白色家电市场份额为34%,已经大大超过国际公认垄断线;海尔在小家电市场上后来居上;海尔小家电市场份额为14%,已经超越小家电传统强势品牌而位居第一。

在国际市场,海尔小冰箱、酒柜在美国市场占据第一的市场份额;海尔洗衣机在伊朗占据第一的市场份额;海尔空调在塞浦路斯占据第一的市场份额。

据全球权威消费市场调查与分析机构EUROMONITOR最新调查结果显示,按营业额统计,海尔集团目前在全球白色电器制造商中排名第四,海尔的目标是成为世界白色家电行业第一制造商。

为应对网络经济和加入WTO的挑战,海尔从1998年开始实施以市场链为纽带的业务流程再造。第一个五年中,海尔主要实现组织结构的再造,改变传统企业金字塔式的直线职能结构为扁平化、信息化和网络化的市场链流程,以订单信息流为中心带动物流、资金流的运动,加快了与用户零距离、产品零库存和零营运资本"三个零"目标的实现。进入2003年后的第 25 年,海尔市场链流程再造的目标是把每一个员工经营成自我创新的主体,也就是 SBU(策略事业单位),激发每个细胞的活力以提升企业整体的国际市场竞争力。

20 年来,海尔向社会奉献了真诚。海尔向全球的用户提供了数亿台的产品,创造了很多用户的需求,海尔成为用户喜爱的产品。海尔累计上缴约 136 亿元税金,2004 年上缴约 20 亿元税金,平均每天上交 550 万元税金。

海尔向社会奉献了海尔的管理模式。到目前为止先后有美国的哈佛大学和南加州大学、瑞士洛桑国际管理学院、法国的欧洲管理学院、日本神户大学等 7 所商学院共做了 16 个案例,涉及企业兼并、财务管理、企业文化的方方面面,特别是颇具权威的瑞士洛桑国际管理学院为海尔做的市场链案例已被纳入欧盟案例。

(三)美的电器

创建于 1968 年的美的集团,坐落于名列"中国百强县(市)"榜首的广东顺德,是一家以家电业为主,涉足房产、物流、金融、机械制造等领域的大型综合性现代化企业集团,是中国最具规模的家电生产基地和出口基地之一。1980 年,美的正式进入家电业;1981 年开始使用美的品牌;2001 年,美的转制为民营企业;2004 年,美的相继并购合肥荣事达和广州华凌,继续将家电业做大做强。目前,美的集团总资产达 160 亿元,员工 6.5 万人,拥有美的、威灵等十余个品牌,在顺德、广州、中山、安徽芜湖、湖北武汉、江苏淮安、云南昆明、湖南长沙、安徽合肥、重庆、浙江上虞、苏州等地建有 12 大生产基地,总占地面积达 700 万平方米;营销网络遍布全国各地,并在美国、德国、日本、香港、韩国、加拿大、俄罗斯等地设有分支机构。

美的集团主要产品有家用空调、商用空调、大型中央空调、风扇、电饭煲、冰箱、微波炉、饮水机、洗衣机、电暖器、洗碗机、电磁炉、热水器、灶具、消毒柜、电火锅、电烤箱、吸尘器、小型日用电器等大小家电和压缩机、电机、磁控管、变压器、漆包线等家电配套产品,拥有中国最大最完整的空调产业链和微波炉产业链,拥有中国最大最完整的小家电产品和厨房用具产业集群。

2003 年,美的被广东省政府评为"广东省先进民营企业"。在商务部公布的"2003 年中国出口额最大的 200 家企业"名单中,美的位列第 83 位。2004 年 9 月,国家统计局中国行业企业信息发布中心公布的"2003 年度中国最大 500 家大企业(集团)"中,美的荣列第 88 位。2004 年 7 月,美的入选由广东省中小企业局主办评选的"广东省首届百强民营企业",名列第一。

在保持高速增长的同时,美的集团也为地方经济发展作出了积极的贡献,从 20 世纪 90 年代至今上交税收超过 50 亿元,为社会福利、教育事业捐赠超过 6 500 万元。

美的集团一直保持着健康、稳定、快速的增长。80 年代平均增长速度为 60%,90 年代平均增长速度为 50%。21 世纪以来,年均增长速度超过 30%。2004 年,美的集团整体实现销售收入突破 300 亿元,其中出口额超过 10.5 亿美元,同比增长分别超过 70% 和 110%。在最近揭晓的"2004 年中国最有价值品牌"的评定中,美的品牌价值已从 2003 年的 121.5 亿元跃升到 201.18 亿元,居全国白色家电行业的第二位。

展望未来,美的将在现有家电业务坚持专业化、规模化和总成本领先战略的基础上,在发展成为中国最大的白色家电生产企业的同时,通过收购、兼并等途径实现相关多元化发展,培育并拥有除家电外至少两个处于国内同行业领先地位的新支柱产业,力争到 2010 年,集团整体销售收入突破 1 000 亿元,集团整体从单一的家电制造企业发展成长为国内知名的综合性、国际化制造企业集团。

（四）上海机电

上海机电股份有限公司是上海电气集团股份有限公司旗下的上市公司。目前，公司拥有电梯制造、冷冻空调设备、印刷包装机械、焊接器材、工程机械、人造板机器及人造板制造等产业板块。

公司1999年7月增发A股12 000万股，增发后总股本为44 838.108万股。2003年6月24日召开2003年第二次临时股东大会通过将公司名称由"上海上菱电器股份有限公司"变更为"上海电气股份有限公司"。2004年8月12日召开2004年第一次临时股东大会审议通过将公司名称变更为"上海机电股份有限公司"。经公司申请，并经上海证券交易所核准，公司简称自2004年10月18日起发生变更，变更后的证券简称为：上海机电（A股）；机电B股（B股）。公司的证券代码不变。

上海机电股份公司牢牢把握振兴装备制造业这个千载难逢的机遇，按照上市公司规范运作的要求，推行管资产、管人、管事相统一的"一体化"管理模式；实施产品结构调整、组织结构调整、生产方式调整、人员结构调整；健全经济运行系统、投资管理系统、资产财务系统、重大信息披露系统；改变增长方式，夯实管理基础，提高运作质量。

面对优势与机遇，困难与挑战，机电股份立足现有产业，巩固优势板块，建成三菱电梯、印刷包装机械、冷冻空调设备这三大基地。加大改革力度，加快对焊材器材、工程机械、人造板机械及人造板制造业等产业的大调整，力争成为行业中的"小巨人"。利用上市公司融资平台，加强对现有板块的投资力度，在完成现有板块的布局调整的同时，通过兼并收购等途径迅速在机电一体化产业领域内得到扩张。

三、财务分析

我们选取几个财务指标对上市公司进行分析说明，下面首先是对其中的一些指标进行介绍说明。

（一）每股收益

每股收益是企业净收益与发行在外普通股股数的比率，它是评价上市公司盈利能力最基本和核心的指标，它决定了股东平均的收益水平。每股收益值越高，企业的盈利能力越强，股东的投资效益就越好，每一股所得的利润也越多；反之，则越差。不过由于该指标具有高度的概括性，因此存在着一些问题，如：它不能反映企业经营成果的质量和持续性，不能反映企业营运资金的重大变化，不能确切表达公司营业性质的变化，其所依据的数据本身含有不确定性的估计等。

（二）净资产收益率

净资产收益率是指企业利润净额与平均股东权益之比，该指标表明公司股东所获报酬的水平。该指标越高，说明企业经营盈利能力、资本的增值能力越强，即企业所有者通过投入资本经营所取得利润的能力越强，企业股东价值越大；反之，说明企业资本的盈利能力较弱。

（三）管理费用

如果管理费用高，说明企业的利润被组织、管理性的费用消耗了；如果管理费低，说明企业加强了管理费用的控制，如此，才能提高企业的盈利水平。若销售成本占75%，在25%的毛利中，期间费用可约占一半，可稍多一点，可占13%。一般认为，期间费用的增长幅度应当低于主营业务利润的增长幅度。销售的增长会使相应的应收账款和存货规模扩大，资产规模的扩大会增加企业的管理要求，比如人员扩充，从而增加管理成本。尽管管理层可以对管理费用采取控制或降低其规模等措施,但是,在企业寻求发展或者面临发展困境,而企业希望扭转困境的条件下,管理费用是难以降低的。

(四)流动比率

流动比率是流动资产总额和流动负债总额之比。该比率越大,表明短期偿债能力越强,流动负债的安全性越高。但流动比率过高可能意味着较高的现金持有成本,较多的库存积压和较多的应收账款,也可能意味着公司未能充分利用短期负债的利息免税效应。从一般经验来看,流动比率为2∶1时,认为是比较合适的,此时企业的短期偿债能力较强,对企业经营也是有利的。如果流动比率大于2时,说明企业可变现的资产多,短期债务少,偿债能力强。

(五)速动比率

速动比率是速动资产与流动负债之比。其计算公式为速动比率=速动资产/流动负债=(流动资产-存货-预付账款-待摊费用)/流动负债。如果该比率越大,表明企业对债务的偿还能力越强;但如果该比率过高,则说明企业引用有过多的货币性资产,而可能失去一些有利的投资和获利机会。一般经验认为,该指标为1时,说明企业有偿债能力;低于1时则说明企业偿债能力不强,表明企业必须变卖部分存货才能偿还短期负债;该指标越低,企业偿债能力越差。值得注意的是,在速动比率中仍包含有应收账款,若应收账款金额过大或质量较差,则同样的速动比率下短期偿债能力可能较低。

(六)资产负债率

资产负债率是负债总额与资产总额之比。资产负债率越低,上市公司的长期偿债能力越强。当企业总资产收益率大于借款利率的情况下,资产负债率越高,对股东越有利。

600651 格力电器

表 6-11 格力电器前三年财务指标

时间 项目	2002 年	2003 年	2004 年
每股收益(元)	0.55	0.63	0.78
净资产收益率(%)	16.17	15.53	17.24
主营利润增长率(%)	0.41	20.72	30.26
主营收入增长率(%)	6.70	42.86	37.74
管理费用(元)	177 915 381	268 773 239	407 462 369
流动比率	1.16	1.13	1.02
速动比率	1.00	0.93	0.67
资产负债率(%)	73.93	73.53	80.28

前三年格力电器的每股收益处于较高的水平且增长较快,2003 年较 2002 年增长了15%,2004 年又较 2003 年增长了24%。本行业,比较合理的净资产收益率是7%,三年来企业的净资产收益率都非常高,且基本保持稳定,企业的经营盈利能力较强。但 2002 年的主营利润增长率和主营收入增长率比较低,不过 2003 年开始迅猛增长,分别从 2002 年的0.41%和6.7%增长到 2003 年的20.72%和42.86%,主营利润增长率到 2004 年时又进一步增长到30.26%,主营收入增长率虽有所下降,但还是处于高水平状态。不过企业的这三

年来管理费用的增长速度过快,2003 年较 2002 年增长了 51%,2004 年又较 2003 年增长了 52%,企业在管理方面的控制能力不是很强。三年来,企业的流动比率和速动比率呈下降趋势,且处于非合理水平。同时企业的资产负债率过高,偿债能力比较弱。

表 6-12　格力电器 2005 年前三个季度的财务指标

时间　　项目	2005 年第一季度	2005 年第二季度	2005 年第三季度
每股收益(元)	0.18	0.50	0.78
净资产收益率(%)	4.07	10.72	15.84
主营利润增长率(%)	32.22	38.94	32.78
主营收入增长率(%)	37.44	37.66	29.07
管理费用(元)	125 874 460	323 337 801	439 301 643
流动比率	1.00	0.98	0.99
速动比率	0.66	0.69	0.63
资产负债率(%)	83.64	82.01	79.85

从表 6-12 可以看出,格力电器 2005 年前三个季度的每股收益处于较高的增长态势,到第三个季度已增长到 0.78 元,其一季度的净资产收益率偏低,不过二、三季度又增长到合理水平,企业的经营盈利能力还算较好。其三个季度的主营利润增长率和主营收入增长率都处在较高的水平,且保持稳定,不过管理费用过高。企业的流动比率和速动比率偏低,且资产负债率虽有下降趋势但水平仍过低,企业的偿债能力较弱。

总体来说,格力电器的经营盈利能力还是比较好且比较稳定的,在主营业务经营上面也较好,不过企业的管理水平有待提高,且偿债能力比较弱,因此持观望态度。

600690 青岛海尔

表 6-13　青岛海尔前三年财务指标

时间　　项目	2002 年	2003 年	2004 年
每股收益(元)	0.50	0.46	0.31
净资产收益率(%)	7.80	6.85	6.46
主营利润增长率(%)	−21.81	14.11	18.14
主营收入增长率(%)	0.98	1.17	30.89
管理费用(元)	509 239 369	483 198 752	562 983 267
流动比率	1.84	2.89	5.05
速动比率	1.52	2.46	3.97
资产负债率(%)	25.74	20.85	13.09

青岛海尔前三年的每股收益呈递减趋势,特别是 2004 年下跌比较严重,从 0.46 元跌为 0.31 元,净资产收益率只有 2002 年达到了合理水平,2003 年和 2004 年都偏低,企业的经营

盈利能力不是很好。企业的主营利润增长率和主营收入增长率在2002年时过低,特别是2002年的主营利润增长率为-21.81%,不过企业在2003年和2004年时这两项指标有很大幅度的上升,主营收入增长率从2003年的1.17%增长到2004年的30.89%,企业的主营业务经营效益有很大的提高。其管理费用能够连续三年保持稳定,且流动比率和速动比率也较合理,企业的资产负债率也比较低,其偿债能力很强,但2004年资产负债为13.09%,这指标过低说明企业的资金利用效率不高,浪费了一定的盈利机会,这种情况应结合企业的实际情况作进一步的分析。

表 6-14　青岛海尔 2005 年前三个季度的财务指标

时间 项目	2005 年第一季度	2005 年第二季度	2005 年第三季度
每股收益(元)	0.05	0.12	0.18
净资产收益率(%)	1.09	2.69	3.82
主营利润增长率(%)	7.12	-4.01	-6.06
主营收入增长率(%)	27.13	10.39	8.14
管理费用(元)	144 096 072	315 736 468	438 003 927
流动比率	6.30	3.47	6.22
速动比率	4.65	2.74	4.83
资产负债率(%)	10.99	18.84	10.99

从表6-14可以看出,青岛海尔2005年前三个季度的每股收益比较低,且净资产负债率更是过低,说明企业的经营盈利能力不是很好。第二、三季度时,企业的主营利润增长率为负值,其主营收入增长率在这三个季度里也是呈下降趋势的,企业的主营业务经营效益不是很好,企业的管理费用也有小幅的增长,不过其流动比率和速动比率非常高,且资产负债率过低,这说明企业在资金的利用上的确存在着很大的浪费,没有充分使其创造价值。

总体来说,企业的盈利能力不是很好,且主营业务的经营效益越来越差,虽然企业的管理费用控制得比较稳定,增长幅度不大,但其有过多的资金没有发挥价值,所以需进一步待其发展。

000527　美的电器

表 6-15　美的电器前三年财务指标

时间 项目	2002 年	2003 年	2004 年
每股收益(元)	0.32	0.346	0.674
净资产收益率(%)	7.21	7.34	12.94
主营利润增长率(%)	1.42	1.22	1.7

续　表

时间＼项目	2002 年	2003 年	2004 年
主营收入增长率(%)	3.25	26.63	39.53
管理费用(元)	511 782 848	602 215 488	748 531 776
资产负债率(%)	64.52	64.72	67.91
流动比率(%)	1.074	1.094	0.988
速动比率(%)	0.323	0.281	0.126

　　由表 6-15 可以看出,美的电器在过去的三年里每股收益与同行业相比不是很具有优势,但呈上升趋势特别在 2004 年有较大幅提高。其净资产收益率也同样如此,企业的经营盈利能力和资本增值能力增强。该企业主营利润增长率在 2003 年下降后 2004 年又上升,同时主营收入增长率逐年大幅上升,管理费用也是如此。这说明在 2003、2004 年企业加强了管理,实力增强,可能正是这样才提高了企业的盈利水平。其流动比率和速动比率都较低,而且资产负债率偏高,因此企业的偿债能力比较弱。

表 6-16　美的电器 2005 年前三个季度的财务指标

时间＼项目	2005 年第一季	2005 年第二季	2005 年第三季
每股收益(元)	0.11	0.50	0.50
净资产收益率(%)	1.99	8.53	10.54
主营利润增长率(%)	32.25	32.66	0.16
主营收入增长率(%)	62.29	56.05	27.66
管理费用(万元)	22 540.03	51 496.69	64 938.76
资产负债率(%)	69.28	69.64	59.65
流动比率	0.98	0.96	1.18
速动比率	0.51	0.55	0.82

　　由表 6-16 可以看出,美的电器 2005 年初的每股收益较之于过去的三年下降很多,但第二季、第三季又迅速回升。净资产收益率也同样如此。主营利润增长率在 2005 年前两季发展势头还是很可观的,但在第三季突然回落到 0.16%,这与该公司主营收入增长率一直下滑有关,并不能完全否定其经营盈利能力和资本的增值能力,并且管理费用逐季增加,说明其可能在对主营业务进行一定的调整。其流动比率和速动比率都较低,而且资产负债率高,因此企业的偿债能力仍比较弱。

600835　上海机电

表 6 - 17　上海机电前三年财务指标

项　目　　时　间	2002 年	2003 年	2004 年
每股收益(元)	0.461	0.58	0.345
净资产收益率(%)	9.75	13 43	8.78
主营利润增长率(%)	6.10	7.41	4.48
主营收入增长率(%)	16.22	24.43	17.91
管理费用(元)	601 321 216	450 852 416	584 589 120
资产负债率(%)	51.24	45.5	40.12
流动比率(%)	1.409	1.546	1.719
速动比率(%)	0.894	0.954	1.070

由表 6 - 17 可以看出,上海机电在过去的三年里每股收益与同行业相比不是很具有优势,特别在 2003 年有所提高后 2004 年又回落。其净资产收益率也同样如此,企业的经营盈利能力和资本增值能力不强。该企业主营利润增长率在 2003 年上升后 2004 年又突然下降。同时主营收入增长率也是如此。管理费用 2003 年有所控制,2004 年又涨回来,说明在 2003 年企业加强了管理,经营盈利能力和资本增值能力有所增强。其流动比率和速动比率都较低,而且资产负债率偏高,因此企业的偿债能力比较弱。

表 6 - 18　上海机电 2005 年前三个季度财务指标

项　目　　时　间	2005 年第一季	2005 年第二季	2005 年第三季
每股收益(元)	0.09	0.14	0.16
净资产收益率(%)	2.08	3.62	3.93
主营利润增长率(%)	−4.78	0.01	−0.01
主营收入增长率(%)	−4.29	1.71	5.35
管理费用(万元)	11 728.54	26 577.10	36 341.35
资产负债率(%)	38.03	39.33	36.45
流动比率(%)	1.81	1.70	2.85
速动比率(%)	1.37	1.28	1.34

由表 6 - 18 可以看出,上海机电 2005 年初每股收益较之于过去的三年下降很多,但第二季、第三季又有所回升,净资产收益率也同样如此。主营利润增长率在 2005 年第一季为负值,第二季刚好转一些又为负值,主营收入增长率虽不具优势,但总的发展还是向前的。经营盈利能力和资本增值能力很弱,并且管理费用逐季增加。这说明其可能在寻求发展或者面临发展困境,而企业希望扭转困境的条件下,管理费用是难以降低的。其流动比率和速动比率都升高,而且资产负债率降低,因此企业的偿债能力增强。

从以上几家家电企业的分析中,我们不难看出,经济环境对每家企业指标的影响基本是一致的,几家企业的大部分指标变动方向是一致的,但不同的企业抵抗风险的能力是不同的,因此影响程度不同。

表 6-19　家电行业综合财务指标

类　别	指　标	本行业 a	全部工业行业 b	与全部工业行业相比 a/b(%)
盈利能力	净资产收益率(%)	6.78	7.24	93.71
	总资产报酬率(%)	4.70	5.55	84.57
	销售利润率(%)	0.14	7.05	2.04
	成本费用利润率(%)	3.44	6.28	54.78
营运能力	总资产周转率(次)	1.17	0.76	154.29
	流动资产周转率(次)	1.84	1.74	105.55
	应收账款周转率(次)	6.22	6.57	94.64
偿债能力	资产负债率(%)	61.75	59.25	104.22
	已获利息倍数	5.68	4.81	118.08
发展能力	资本积累率	8.38	13.49	62.08
	销售增长率	22.44	27.69	81.05
	总资产增长率	14.94	14.60	102.33

(资料来源:新浪网 http://www.sina.com.cn)

能力训练

一、珠海中富实业股份有限公司财务报表分析

下表是根据珠海中富实业股份有限公司 2007 年度财务报表数据(如表 6-20、6-21、6-22所示)。

表 6-20　珠海中富资产负债表　　　　　　　　　　　单位:元

资　　产	附　注	2007 年	2006 年	2005 年
流动资产				
货币资金	7	284 979 689.39	768 082 284.81	369 079 405.04
应收票据	8	20 807 383.36	8 869 295.95	22 338 392.13
应收账款	9	520 411 926.54	448 298 457.45	395 315 207.04
预付款项	10	60 065 806.19	266 943 747.22	223 993 535.80
应收股利	11	—	1 974 334.91	1 362 884.95
其他应收款	12	95 582 320.43	106 629 723.83	106 821 806.98
存货	13	526 630 678.23	574 293 624.28	591 441 818.54

资　产	附　注	2007 年	2006 年	2005 年
应收补贴款				6 032 835.74
待摊费用				1 842 500.78
流动资产合计		1 508 477 804.14	2 175 091 468.45	1 718 228 387.04
非流动资产				
长期应收款		26 606 770.63	25 867 266.71	
长期股权投资	14	38 368 858.38	73 241 526.85	130 114 481.23
固定资产	15	3 207 250 270.81	3 086 848 530.57	2 955 805 898.62
在建工程	16	102 989 836.30	71 197 921.25	274 748 165.24
无形资产	17	191 498 776.13	201 760 162.01	39 836 496.26
商誉	18	11 874 511.51	7 847 425.96	
长期待摊费用	19	19 626 444.38	20 291 549.04	17 533 989.61
递延所得税资产	20	5 065 135.29	4 675 595.50	
非流动资产合计		3 603 280 603.43	3 491 729 977.89	3 418 039 030.96
资产总计		5 111 758 407.57	5 666 821 446.34	5 136 267 418.00
负债和股东权益				
流动负债				
短期借款	23	1 666 733 122.30	2 023 900 000.00	1 822 108 709.78
应付票据	24	99 843 556.50	315 064 202.80	409 550 099.60
应付账款	25	131 426 900.10	190 447 632.03	189 436 304.40
预收款项	26	10 228 125.14	42 072 674.92	35 364 857.49
应付职工薪酬	27	33 635 352.75	28 901 273.96	7 918 638.99
应交税费	5(3)	−10 822 477.98	2 554 797.62	−8 009 883.20
应付利息		3 989 467.72	4 158 785.87	
应付股利	28	2 528 153.07	19 792 906.74	2 524 142.85
其他应付款	29	174 557 407.08	115 134 295.74	90 245 137.53
一年内到期的非流动负债	30	241 892 986.57	75 261 270.00	25 047 576.30
流动负债合计		2 354 012 593.25	2 817 287 839.68	2 574 185 583.75
非流动负债				
长期借款		240 156 307.53	387 525 351.66	139 281 627.71
非流动负债合计		240 156 307.53	387 525 351.66	139 281 627.71
负债合计		2 594 168 900.78	3 204 813 191.34	2 713 467 211.46

续　表

资　产	附　注	2007 年	2006 年	2005 年
股东权益				
股本	32	688 295 600.00	688 295 600.00	688 295 600.00
资本公积	33	526 196 436.33	554 498 769.82	570 529 285.00
盈余公积	34	315 800 906.89	308 484 514.86	363 503 264.92
未分配利润		323 699 212.24	286 353 504.64	251 679 637.49
未确认的投资损失				−3 757 579.32
外币报表折算差额		2 166 686.63	4 105 536.82	−4 242 318.61
归属于母公司股东权益合计		1 856 158 842.09	1 841 737 926.14	1 309 215 572.42
少数股东权益		661 430 664.70	620 270 328.86	556 792 317.06
股东权益合计		2 517 589 506.79	2 462 008 255.00	1 866 007 889.48
负债和股东权益总计		5 111 758 407.57	5 666 821 446.34	5 136 267 418.00

表 6 - 21　珠海中富利润表　　　　　单位：元

项　目	附　注	2007 年	2006 年
营业收入	36	2 661 563 391.75	2 345 545 178.74
减：营业成本	37	2 044 726 399.87	1 813 390 922.12
营业税金及附加	38	1 879 941.04	2 365 832.36
销售费用		95 387 882.74	88 290 846.04
管理费用		209 659 873.23	154 811 614.45
财务费用	39	128 919 585.23	116 701 862.88
资产减值损失／（转回）	40	17 578 124.20	−1 575 153.24
加：投资（损失）／收益	41	−332 395.55	3 272 330.70
（其中：对联营企业的投资收益）		1 377 353.27	2 808 289.13
营业利润		163 079 189.89	174 831 584.83
加：营业外收入	42	11 201 683.03	5 697 965.48
减：营业外支出	43	10 795 607.11	10 318 003.53
（其中：非流动资产处置损失）		7 487 027.89	3 468 616.92
利润总额		163 485 265.81	170 211 546.78
减：所得税费用	44	31 780 563.41	25 136 341.71
净利润		131 704 702.40	145 075 205.07

表 6 - 22　珠海中富现金流量表　　　　　　　　　　　单位：元

项　目	附注	2007 年	2006 年
经营活动产生的现金流量：			
销售商品、提供劳务收到的现金		2 819 951 362.92	2 401 481 348.03
收到的税费返还		7 737 144.41	10 247 048.41
收到其他与经营活动有关的现金		92 503 137.16	533 209 915.34
经营活动现金流入小计		2 920 191 644.49	2 944 938 311.78
购买商品、接受劳务支付的现金		−1 864 996 573.65	−1 987 521 790.25
支付给职工以及为职工支付的现金		−175 563 196.55	−133 954 781.18
支付的各项税费		−199 320 832.73	−196 187 891.93
支付其他与经营活动有关的现金		−305 874 783.21	−223 608 319.49
经营活动现金流出小计		−2 545 755 386.14	−2 541 272 782.85
经营活动产生的现金流量净额	45(1)	374 436 258.35	403 665 528.93
投资活动产生的现金流量：			
取得投资收益收到的现金		1 800 000.00	1 470 000.00
处置固定资产和无形资产所收回的现金净额		102 055 152.05	45 018 390.52
收到其他与投资活动有关的现金		10 650 840.49	3 682 154.21
投资活动现金流入小计		114 505 992.54	50 170 544.73
购建固定资产和无形资产所支付的现金		−390 755 365.9	−394 477 572.77
取得子公司支付的现金净额	45(4)	−12 740 314.28	−8 644 237.23
支付其他与投资活动有关的现金		—	−144 223.97
投资活动现金流出小计		−403 495 680.17	−403 266 033.97
投资活动产生的现金流量净额		−288 989 687.63	−353 095 489.24
筹资活动产生的现金流量：			
吸收投资收到的现金		23 466 211.76	30 712 033.54
（其中：子公司吸收少数股东投资收到的现金）		23 466 211.76	30 712 033.54
取得借款收到的现金		1 795 233 122.30	2 615 262 372.47
收到的其他与筹资活动有关的现金		202 675 224.56	—
筹资活动现金流入小计		2 021 374 558.62	2 645 974 406.01
偿还债务支付的现金		−2 133 137 327.56	−2 115 002 648.88
分配股利、利润或偿付利息支付的现金		−253 303 390.78	−176 200 490.91
（其中：子公司支付给少数股东的股利、利润）		−50 875 801.04	−31 268 998.46

续　表

项　目	附注	2007 年	2006 年
支付其他与筹资活动有关的现金		－	－132 809 021.39
筹资活动现金流出小计		－2 386 440 718.34	－2 424 012 161.18
筹资活动产生的现金流量净额		－365 066 159.72	221 962 244.83
汇率变动对现金及现金等价物的影响		－807 781.86	－550 725.61
现金及现金等价物净（减少）/增加额	45(2)	－280 427 370.86	271 981 558.91
加：年初现金及现金等价物余额		477 096 563.95	205 115 005.04
年末现金及现金等价物余额	45(3)	196 669 193.09	477 096 563.95

【能力训练要求】

根据上述资料,按以下步骤对企业的财务状况质量进行综合分析。

(一) 利润分析

1. 利润总额。

2007 年实现利润_____万元,与 2006 年的_____万元相比_____,增长率为_____%。

2. 营业利润。

2007 年营业利润为_____万元,与 2006 年的_____万元相比_____,增长率为_____%。

使营业利润增加的主要因素有:_____。

使营业利润减少的主要因素有:_____。

3. 投资收益。

2007 年实现投资收益_____万元,与 2006 年的_____万元相比_____,增长率为_____%。

4. 营业外利润(营业外收入－营业外支出)。

2007 年营业外利润_____万元,与 2006 年的_____万元相比_____,增长率为_____%。

5. 主营业务的盈利能力。

2007 年主营业务收入_____万元,与 2006 年的_____万元相比_____,增长率为_____%。主营业务成本为_____万元,比 2006 年的_____万元增加_____%,主营业务收入增长幅度_____(大于/小于)主营业务成本增长幅度,表明公司主营业务盈利能力_____。

(二) 成本费用分析

1. 成本费用构成情况。

2007 年珠海中富公司成本费用总额为_____万元,其中:营业成本为_____万元,占成本费用总额的_____%;销售费用为_____万元,占成本费用总额的_____%;管理费用为_____万元,占成本费用总额的_____%;财务费用为_____万元,占成本费用总额的_____%。

表 6 - 23　成本费用构成表(占成本费用总额的比例)

项目名称	2007 年		2006 年	
	数值(万元)	百分比(%)	数值(万元)	百分比(%)
成本费用总额				
主营业务成本				
销售费用				
管理费用				
财务费用				
营业税金及附加				
资产减值				

2. 各成本费用占营业收入比例的变化情况分析。

表 6 - 24　各成本费用占营业收入比例变动情况分析表

项目名称	2007 年		2006 年	
	数值(万元)	百分比(%)	数值(万元)	百分比(%)
营业收入				
营业成本				
营业税金及附加				
销售费用				
管理费用				
财务费用				
资产减值				

3. 销售费用变化情况。

2007 年销售费用为_____元,与 2006 年的_____万元相比_____,增长率为_____%

4. 管理费用变化情况。

2007 年管理费用为_____万元,与 2006 年的_____万元相比_____,增长率为_____%

5. 财务费用变化情况。

2007 年财务费用为_____万元,与 2006 年的_____万元相比_____,增长率为_____%

(三)资产结构分析

1. 资产构成基本情况。

2007 年末资产总额为_____万元,其中流动资产为_____万元,其中:存货_____万元、应收账款为_____万元、货币资金_____万元,分别占公司流动资产合计的_____%、_____%、_____%。非流动资产为_____万元,其中:在建工程_____万元、固定资产_____万元,分别占公司非流动资产的_____%、_____%。

表 6 – 25　总资产构成表

项目名称	2007 年		2006 年		2005 年	
	数值(万元)	百分比(%)	数值(万元)	百分比(%)	数值(万元)	百分比(%)
总资产						
流动资产						
长期投资						
固定资产						
无形资产						
其他						

从资产构成来看,公司流动资产所占比例为＿＿＿＿＿＿,固定资产所占比例为＿＿＿＿＿＿。

表 6 – 26　流动资产构成表

项目名称	2007 年		2006 年		2005 年	
	数值(万元)	百分比(%)	数值(万元)	百分比(%)	数值(万元)	百分比(%)
流动资产						
存货						
应收账款						
其他应收款						
应收票据						
货币资金						

表 6 – 27　总资产构成各项增量表　　　　　　单位：万元

年 份　　　　　项目名称	2007 年	2006 年
流动资产		
长期投资		
固定资产		
无形资产		
其他		

表 6 – 28　流动资产构成各项增量表　　　　　　单位：万元

年 份　　　　　项目名称	2007 年	2006 年
存货		
应收账款		
其他应收款		
应收票据		
货币资金		
其他		

2. 资产的增减变化。

2007 年总资产为＿＿＿＿＿＿＿ 万元，与 2006 年的＿＿＿＿＿＿＿万元相比＿＿＿＿＿＿＿，增长率为
＿＿＿＿＿＿＿％；其中流动资产为＿＿＿＿＿＿＿万元，与 2006 年的＿＿＿＿＿＿＿万元相比＿＿＿＿＿＿＿，增
长率为＿＿＿＿＿＿＿％。2007 年总资产中流动资产所占比例为＿＿＿＿＿＿＿％，与 2006 年的
＿＿＿＿＿＿＿％相比，增长率为＿＿＿＿＿＿＿％。

3. 资产的增减变化原因。

使资产总额减少的主要因素有：＿＿＿＿＿＿＿＿＿＿＿＿＿＿＿＿＿＿＿＿＿＿＿＿＿＿＿＿＿＿＿＿。

（四）资本结构分析

1. 资本构成基本情况。

2007 年负债总额为＿＿＿＿＿＿＿万元，资本总额为＿＿＿＿＿＿＿万元，所有者权益为＿＿＿＿＿＿＿
万元，资产负债率为＿＿＿＿＿＿＿％。在负债总额中，流动负债为＿＿＿＿＿＿＿万元，占负债和权益
总额的＿＿＿＿＿＿＿％；短期借款为＿＿＿＿＿＿＿万元，长期借款为＿＿＿＿＿＿＿万元。

表 6－29　资本构成表

项目名称	2007 年		2006 年		2005 年	
	数值(万元)	百分比(％)	数值(万元)	百分比(％)	数值(万元)	百分比(％)
资本总额						
所有者权益						
流动负债						
非流动负债						

2. 流动负债构成情况。

公司有息负债及应付票据占流动负债的＿＿＿＿＿＿＿％，表明公司的偿债压力＿＿＿＿＿＿＿。
公司的应付账款金额＿＿＿＿＿＿＿，占流动负债＿＿＿＿＿＿＿％，应付职工薪酬金额＿＿＿＿＿＿＿，占流动
负债＿＿＿＿＿＿＿％。

表 6－30　流动构成情况表

项目名称	2007 年		2006 年		2005 年	
	数值(万元)	百分比(％)	数值(万元)	百分比(％)	数值(万元)	百分比(％)
流动负债						
应付账款						
应付职工薪酬						
有息负债及应付票据						

3. 负债的增减变化情况。

2007 年负债总额为＿＿＿＿＿＿＿万元，与 2006 年的＿＿＿＿＿＿＿万元相比＿＿＿＿＿＿＿，增长率为
＿＿＿＿＿＿＿％。公司负债规模＿＿＿＿＿＿＿，负债压力＿＿＿＿＿＿＿。

表6-31　流动负债各项增量表

年份/项目名称	2007年	2006年
短期借款		
应付账款		
应付票据		
其他应付款		
应交税费		
预收账款		
其他		

4. 负债的增减变化原因。

使负债总额减少的主要因素有：_____。

5. 权益的增减变化。

2007年所有者权益为_____万元，与2006年的_____万元相比_____，增长率为_____%。

表6-32　所有者权益构成情况表

项目名称	2007年		2006年		2005年	
	数值(万元)	百分比(%)	数值(万元)	百分比(%)	数值(万元)	百分比(%)
所有者权益合计						
资本公积						
盈余公积						
未分配利润						
少数股东权益						

6. 权益的增减变化原因。

使所有者权益增加的主要原因有：_____。

（五）偿债能力分析

1. 流动比率。

从变化情况来看，2007年流动比率为_____，与2006年的_____相比_____。

2. 速动比率。

2007年速动比率为_____，与2006年的_____相比_____。

表6-33　偿债能力指标

年份\指标名称	2007年	2006年
流动比率		
速动比率		
利息保障倍数		
资产负债率		

（六）盈利能力分析

1. 盈利能力基本情况。

珠海中富公司 2007 年的营业利润率为 _____ ％,总资产报酬率为 _____ ％,净资产报酬率为 _____ ％,成本费用利润率为 _____ ％。

表 6 - 34　盈利能力指标表

年　份 指标名称	2007 年	2006 年
营业利润率		
成本费用利润率		
总资产报酬率		
净资产报酬率		

2. 对外投资的盈利能力。

对外投资收益 2007 年为 _____ 万元,与 2006 年的 _____ 万元相比 _____ 。

（1）净资产报酬率。

2007 年净资产报酬率为 _____ ％,与 2006 年的 _____ ％相比 _____ 。

2007 年净资产报酬率比 2006 年变化的主要原因是:

1）净利润与 2006 年相比 _____ 万元。

2）2007 年所有者权益为 _____ 万元,与 2006 年的 _____ 万元相比 _____ ,增长率为 _____ 。

3）净利润增加速度 _____ 所有者权益的增长速度,致使净资产报酬率 _____ 。

（2）总资产报酬率。

2007 年总资产报酬率为 _____ ％,与 2006 年的 _____ ％相比 _____ ％。

2007 年总资产报酬率比 2006 年 _____ （下降/上升）的主要原因是:2007 年利润与 2006 年利润相比 _____ （下降/上升）。2007 年平均总资产与 2006 年平均总资产相比 _____ （下降/上升）。利润 _____ （下降/上升）速度 _____ 平均总资产的 _____ （下降/上升）速度,致使总资产报酬率 _____ （下降/上升）。

（七）营运能力分析

1. 存货周转天数。

珠海中富公司 2007 年存货周转天数为 _____ 天,2006 年为 _____ 天。

2007 年存货周转天数比 2006 年增加/减少的主要原因是:2007 年平均存货为 _____ 万元,与 2006 年的 _____ 万元相比 _____ ,增长率为 _____ ％。2007 年营业成本为 _____ 万元,与 2006 年的 _____ 万元相比 _____ ,增长率为 _____ ％。平均存货增长速度 _____ 营业成本的增长速度,使得存货周转天数 _____ 。

2. 应收账款周转天数变化情况。

2007 年应收账款周转天数为 _____ 天,2006 年为 _____ 天。

2007 年平均应收账款为 _____ 万元,与 2006 年的 _____ 万元相比 _____ 。2007 年营业收入为 _____ 万元,与 2006 年 _____ 万元相比 _____ 。

3. 应付账款周转天数变化情况。

应付账款周转率的计算公式为营业成本除以平均应付账款,应付账款周转天数为 360 除以周转率。2007 年应付账款周转天数为_____天,2006 年为_____天。

2007 年平均应付账款为_____万元,与 2006 年的_____万元相比_____,增长率为_____%。2007 年营业成本为_____万元,与 2006 年的_____万元相比_____,增长率为_____%,应付账款增长速度_____营业成本的增加速度,使得应付账款周转天数_____。

4. 营业周期等于应收账款周转天数加上存货周转天数。

珠海中富公司 2007 年营业周期为_____天,2006 年为_____天。

表 6 − 35　营运能力指标表

年　份 指标名称	2007 年	2006 年
存货周转天数		
应收账款周转天数		
应付账款周转天数		
营业周期		

5. 流动资产周转天数。

珠海中富公司 2007 年流动资产周转天数为_____天,2006 年为_____天,2007 年比 2006 年_____天。

2007 年平均流动资产周转天数比 2006 年_____的主要原因是:2007 年流动资产为_____万元,与 2006 年的_____万元相比_____,增长率为_____%。2007 年营业收入为_____万元,与 2006 年的_____万元相比_____,增长率为_____%。流动资产增长速度_____营业收入的增加速度,使得流动资产周转天数_____。

6. 总资产周转天数。

珠海中富公司 2007 年总资产周转天数为_____天,2006 年为_____天。

2007 年平均总资产为_____万元,与 2006 年的_____万元相比_____,增长率为_____%。平均总资产增长速度_____营业收入净额的增加速度,使得总资产周转天数_____。

表 6 − 36　资产周转速度表

年　份 指标名称	2007 年	2006 年
总资产周转天数		
固定资产周转天数		
流动资产周转天数		
现金周转天数		

7. 固定资产周转天数。

珠海中富公司 2007 年固定资产周转天数为_____天,2006 年为_____天。

2007 年平均固定资产净额为_____万元,与 2006 年的_____万元相比_____,增长率为_____%。平均固定资产净额增长速度_____营业收入的增加速度,使得固定资产周转天数_____。

(八)发展能力分析

1. 销售增长率。

从这两年比较来看,珠海中富公司的销售收入_____。2007 年销售收入为_____万元,比 2006 年_____%。

2. 净利润增长率。

从这两年比较来看,珠海中富公司的净利润_____。2007 年的净利润为_____万元,比 2006 年_____%。

3. 资本增长性。

从这两年比较来看,珠海中富公司的权益资本_____。2007 年的权益资本为_____万元,比 2006 年_____%。

(九)营运资本分析

表 6 - 37　经营性项目增减变化表

项目名称	2007 年		2006 年		2005 年	
	数值(万元)	百分比(%)	数值(万元)	百分比(%)	数值(万元)	百分比(%)
存货						
应收账款						
其他应收款						
预付款项						
其他经营性资产						
应付账款						
其他应付账款						
预收款项						
应付职工薪酬						
应付股利						
其他经营性负债						

(十)现金流量分析

1. 现金流入结构分析。

2007 年现金流入为_____万元,公司通过销售商品、提供劳务所收到的现金为_____万元,它是公司当期现金流入的_____来源,占公司当期现金流入总额的_____%。公司销售商品、提供劳务所产生的现金_____满足经营活动现金支出需求。

2. 现金流出结构分析。

2007 年现金流出为_____万元,购买商品和接受劳务所支付的现金占现金流出总额的_____%。

3. 现金流动的稳定性分析。

2007 年, 最大的现金流入项目依次是: _____。

最大的现金流出项目依次是: _____。

表 6 - 38　现金流入流出对比表

流入项目	数值(万元)	流出项目	数值(万元)
销售商品、提供劳务所收到的现金		购买商品和接受劳务所支付的现金	
借款所收到的现金		支付的其他与经营活动有关的现金	
收到的其他与筹资活动有关的现金		购建固定资产、无形资产和其他长期资产所支付的现金	
收到的其他与经营活动有关的现金		偿还债务所支付的现金	
处置固定资产、无形资产和其他长期资产收回的现金净额		支付的各项税费	

4. 现金流动的协调性评价。

2007 年珠海中富公司投资活动需要资金_____万元;经营活动创造资金_____万元。投资活动所需要的资金_____(能/不能)被经营活动所创造的现金满足,_____(需要/不需要)公司筹集资金。2007 年珠海中富公司从企业外部筹集的资金净额为_____万元。

5. 现金流量的变化。

2007 年现金及现金等价物净额为_____万元。

2007 年经营活动产生的现金流量净额为_____万元。

2007 年投资活动产生的现金流量净额为_____万元。

2007 年筹资活动产生的现金流量净额为_____万元。

(十一) 公司财务状况的总体评价

综合训练

小组讨论

各小组分别选取一家上市公司,参考以下网址,搜集公司 2006 年和 2007 年年度报告。

巨灵经济信息网　http://www.genius.com.cn

中国证券网　　　http://www.stocknews.com.cn

　　　　　　　　http://www.astprince.com

巨潮资讯数据库　http://www.cninfo.com.cn

全景网络　　　　http://www.p5w.net

根据 2006 年、2007 年主要报表项目情况,对公司的财务情况进行分析。具体要求如下:

(1) 计算该公司 2007 年的五大能力(偿债能力、盈利能力、现金能力、营运能力、发展能力)的财务比率。

(2) 对该公司的五大能力分别评价,写出 1000 字的评价报告,制作成 PPT。

(3) 由组长向全班做报告,每组报告时间在 20 分钟以内。